演劇と音楽の創作ワークショップ

アートへの回路をひらく座学・実践12日間

岡本佳子 Okamoto Yoshiko
西尾佳織 Nishio Kaori
野口桃江 Noguchi Momoko

東京大学出版会

Innovative Workshops for Theatre Performance and Music:
A 12-Day Course to Develop Your Path to Artistic Creativity
Yoshiko Okamoto, Kaori Nishio, and Momoko Noguchi
University of Tokyo Press, 2024
ISBN 978-4-13-053099-6

目 次

はじめに ———————————————————岡本佳子 1

演劇と音楽で、創作をしてみませんか？ 2／アーティストが一緒に取り組みます 3／創作がものの見方を変える 4／授業の枠組み 6／授業の進め方と構成 8／この本の方針と内容 9／さあ、やってみよう！ 12

演劇編 ———————————————————西尾佳織 13

1. 授業の基本方針————— 14
   1-1 自分の内側のもやもやした感覚を、外に引っ張りだしてみる。それをしげしげ眺めてみる 14／1-2 私が芸術の道に進むきっかけになった授業 16／1-3 アーティストにならない人にとっての芸術教育の意味 18／1-4 授業の具体的な進め方 20／1-5 本書における〈演劇編〉の構成 23

2. インプットとアウトプットの回路をつくる—「ももいろ」「養老孟司」「家父長制」を身体で表現する！？————— 24
   2-1 単語を身体でやってみる 25／2-2 1分間に聞こえた音の書き取り 27／2-3 絵を見て、見えたものをひたすらメモする 30／2-4 『火星の人と暮らす夏』の記録映像を見る 34／まとめ：評価を気にしながらアウトプットするのをやめてみる 37

3. 見ることとつくること—「何が見えた？」「どう見えた？」が表現の始まり————— 41
   3-1 自分で一から全てをつくらない作品 41／3-2 荒川洋二『詩とことば』—「散文は『異常』なものである」 44／3-3 鈴木志郎康『結局、極私的ラディカリズムなんだ』—『風の積分』と『L 虚空間』 48／3-4 太田省吾『プロセス 太田省吾演劇論集』 50／まとめ：アーティストは「社会的に上手くやる」ことができない人たち？ 56

ii 目 次

4. 「作品」はどこにあるのか―――― 57

4-1 川内倫子『うたたね』 58 ／ 4-2 宮沢章夫『時間のかかる読書』 60 ／ 4-3 ラトヴィア国立美術館「TOP in Formation」展 62 ／まとめ：観客との関係に重きを置くこと（置き過ぎるのも……？） 65

5. 対談記事をつくる―他人の言葉をパッケージする―――― 66

5-1 講師 2 人の対談を、記事にする 67 ／ 5-2 学生がつくった対談記事紹介 67 ／ 5-3 他者を起点に、自分の表現をつくることの倫理 79 ／まとめ：鑑賞者の権利と責任、鑑賞者に対してアーティストの負う責任 86

6. 作者になって答えよう＆劇評を書こう―鳥公園『緑子の部屋』―――― 88

6-1 作者になること 88 ／ 6-2 鳥公園『緑子の部屋』の記録映像を見て、作者になってみる 90 ／ 6-3 鳥公園『緑子の部屋』の劇評を書く 93 ／演劇編まとめ 95

［コラム］休み時間　カンノケント×西尾佳織『遠い親密』―あなたの左手を演じる 39

元受講生へのインタビュー 1 「いろんなものを神秘化しないで『わかる』を増やしていくのが大事だと思います」（長沼　航） 97

音楽編 ―――――――――――――――――――――― 野口桃江 101

1. 音楽編の基本方針―――― 102

1-1 遠い誰かへの手紙 102 ／ 1-2 音楽ワークショップとの出会い 106 ／ 1-3 東大生とアーティストが出会ったら 108 ／ 1-4 ワークの設計 109 ／ 1-5 音楽編で大切にしてきた姿勢と基本理念 111 ／本書〈音楽編〉の構成 113

2. 〈私〉をとりまく外側の音、内側の音に耳をひらく―――― 114

2-1 はじめに―心に残る音響体験を語り合う 114 ／ 2-2 内側の音、想像上の音を聴く 117 ／ 2-3 無音を聴く―ジョン・ケージ《4 分 33 秒》 119 ／ 2-4 この作品をどう捉える？　グループごとに話し合ってみよう 121

3. 分析する―身のまわりの音、楽器の音、あるいは聴くことそのものを―――― 125

3-1 音採集と分析 125 ／ 3-2 楽器の音色を視覚化しながら音を鳴らす 129 ／ 3-3 音の借り物競走 131

4. 即興演奏に挑戦する―――― 135

4-1 即興演奏をするための身体の土台づくり 135 ／ 4-2 ピュタゴラス音律の完全五度を体感する 137 ／ 4-3 一音だけのドローン音楽―指揮者役を立てる

140 ／ 4-4　音を使った対話　141 ／ 4-5　旋法を用いたインプロヴィセーション―教室が沖縄の楽園に　143

5. 即興⇄記譜――――― 145
　　5-1　即興の型を考える　146 ／ 5-2　音楽構造を図式化して、演奏してみる 147 ／ 5-3　自分たちの作品を 3000 年後の未来人に伝えるとしたら？―図形楽譜を書いてみよう　149 ／ 5-4　絵画を観るように楽譜を読む―リゲティとバッハの楽曲分析　152

6. 音楽を言葉にする――――― 154
　　6-1　心に残る「音楽体験」を共有する　155 ／ 6-2　音楽のコンセプトマップを作成する　156 ／ 6-3　講読―岡本太郎『今日の芸術』　161 ／ 6-4　講読―ニーチェ『悲劇の誕生』　163

7. 共感覚・多感覚ワークショップの試み――――― 167
　　7-1　写真から体験を立ち上げる　168 ／ 7-2　感覚を遮断して世界を体験してみる　170 ／ 7-3　ロックダウン中の多感覚体験をデザインする　171 ／ 7-4　触れるとき、触れられたときの感覚をオノマトペにして、音楽にする　174 ／ 7-5　楽譜は紙に書かれたものとは限らない ?!　身体楽譜を描いてみよう　176 ／ 7-6　美しさを "味わう"―音楽編まとめ　179

[コラム] 元受講生へのインタビュー 2「物理学の美しさは、僕にとって芸術みたいなもの」（前野怜太）　182

補論　オンライン授業編　リモートで創作に挑戦！ ――― 岡本佳子　187

1. オンライン授業実施までの経緯―今だからこそ／今であっても、やってみよう――――― 188

2. Zoom ミーティングでのワークショップの準備と実施――――― 189
　　2-1　技術的に可能か？　190 ／ 2-2　どのようなプログラムにするのか？ 191 ／ 2-3　生身の身体をとおさずに実行可能なのか？　194

3. オンライン授業ならではの苦労した話、楽しめた話――――― 196
　　3-1　空間・時間の共有や身体接触は行えず、受講者の様子がつかみづらい 196 ／ 3-2　Zoom の機能による授業改善　197 ／ 3-3　オンライン空間での表現を考える「Zoom ネイティブ」の発想　197 ／ 3-4　海外からのゲスト参加が可能に　200 ／ 3-5　実はオンライン実施で助かった？　開講側の事情　204

iv 目 次

4. オンラインでの創作授業をふりかえって———— 205
[コラム] 生きることと芸術（高橋　舞）207
元受講生へのインタビュー 3「パフォーマーにも、改革者にもなりたい」（杉田南実）211

創作編　思い切って作品を人前に「差し出して」みよう ———— 215

1. 創作プロセス—作品発表までにどのようなことがあったか———— 216
　　1-1　テーマを設定する—サイトスペシフィックな作品を作る（西尾佳織）217／
　　1-2　チームビルディング・引き算のワーク・文脈のリサーチ（野口桃江）223／
　　1-3「発表会」の枠をつくる（岡本佳子）232／ 1-4　フィードバックや評価をもら
　う（岡本佳子）238
2. 発表会を終えて———— 246
[コラム] 元受講生による座談会「どういうふうに考えるのか」は、作ることを通じて得るこ
とができる（中尾幸志郎、増渕健太、南平悠希子）248

ふりかえり編　開講側にとって、この授業の意味とは？————— 263

1.「先生」になったいちアーティストの内面（西尾佳織）———— 264
2. 創作への還元／ミームの伝播（野口桃江）———— 266
3. コーディネート・研究・教育の関わり方（岡本佳子）———— 269

おわりに　「また会える日まで…」———————————————— 281

主要参考文献　285

付録　授業実施の記録（作成：高橋　舞、岡野　宏）289

はじめに

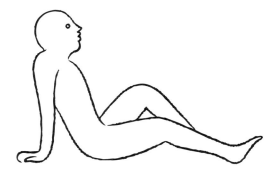

岡本 佳子
（おかもと よしこ）

東京大学大学院総合文化研究科博士課程修了。博士（学術）。研究テーマは舞台芸術学、中・東欧文化研究。学術団体の編集・国際担当職員を経て、2016年から東京大学教養学部附属教養教育高度化機構社会連携部門特任助教、2018年から特任講師として芸術分野の学外連携教育の開発に携わり、本授業の代表教員として企画・コーディネートを行った。2020年から神戸大学大学院国際文化学研究科講師。

演劇と音楽で、創作をしてみませんか？

　これまでに小中高とそれなりに音楽や美術の授業は受けてきたけれど、「ちょっと『芸術』ってわからないから苦手、とくに創作は特殊な人だけが関わっている別世界なんだろうなあ……」と思っている人はいないでしょうか。このように芸術表現や創作に対して敷居が高いと思っている（かもしれない）大学１、２年生を対象に、実際に体を動かし、感性の赴くままに遊び、自分の関心に応じてリサーチしながら作品をつくる授業を、2017 年から 2020 年に東京大学教養学部で実施しました。この本にはその講義内容から実際に発表された作品まで、授業全体のエッセンスがぎゅっとまとめられています。

　ここで取り組むのは「演劇」と「音楽」です。今まで誰かが作った作品を部活動や文化祭で練習して発表した経験はあっても、「創作」という意味ではどちらもあまり馴染みがない、という人は多いのではないでしょうか。あるいは、サークルや個人で片方はやったことがあって得意だけれど、どちらかは苦手、苦手でなくてもよくわからない、という人もいることでしょう。ここでは両方をやります。どちらもパフォーマンスでありながら、言語を中心につみあげていく演劇と非言語の音を中心につないでいく音楽、対照的でありつつも密接に関係しているこの２つをどちらも体験し、実際に作品をつくってみて、ともかくも人に発表するところまで持っていきます。

　いきなり「発表します」と言われて困惑する人もいるかもしれませんが、この授業で大事にしているのは体験、実際にやってみることです。自信がなくても、手本がなくてわけがわからなくても、ちょっと無理やりでも、みんなで創作に取り組んでみることによって「あら案外できちゃった！／少しはわかるようになっちゃった！」という自信をつけること、これまでとは異なる見方や自分を表現する新しい回路や方法を見つけること、そしてそれを芸術だけでなく様々な方面への探究につなげ、自身の世界をさらに押し広げることを目的としています。前提知識は不要ですので、「『芸術』なるものをなんとなくでもわかるようになりたい」「とにかく何かつくって発信してみたい、でも何と表現すればいいかわからない」「普段と何か違うことがしたい」という人も歓迎しま

す。

アーティストが一緒に取り組みます

さて「作品をつくりましょう、発表しましょう」と言っても、実はこの授業は私（開講当時の代表教員・コーディネーター）が進行するのではなく、実際にアーティストとして活躍している二人──演劇は西尾佳織さん（劇作家、演出家、「鳥公園」主宰）、音楽は野口桃江さん（アーティスト、作曲家、パフォーマー）──が担当します。

この授業で取り組む創作とは、あらかじめ決められた特定のものをつくる作業ではありません。自分の興味に基づいてテーマを探し、過程も含めて自由に行うものです。したがってテキストや教科書があるわけではなく、ましてや「こうしてこうやれば誰でもできるようになる」というようなマニュアルで進められるものでもありません。ですから試行錯誤のプロセスのなかで、発見や楽しさだけではなく、迷ったりつまずいたり悩んだり、時には絶望してしまうこともたくさんあることでしょう。そのような時にただ放置されたり、「頑張れ！」という根性論的な応援をもらったりするよりは、実際に作ることを専門とした、作る側の視点を日頃から持っている人に指導や助言を乞うのが一番です。「餅は餅屋」（その道のことはやはり専門家が一番であるという意味）という諺もありますので、このような理由で当時学外にいたお二人に参画していただくことになりました。

ただし西尾さんも野口さんも、「教える」ということを専門としているわけではありません。アーティストのお二人も、その時々の自身の作品や関心事が大きく授業内容に反映されていますし、ワークがうまくいったこともあればいかなかったこともありました。かくいう私自身もこのような授業枠の企画やコーディネートをするのは初めてでしたので、そうした意味では開講側として手探りのことが多く、授業全体のデザインという意味では初心者です。そのため、この本はそうした開講側の3人の試行錯誤の記録でもあります。

もちろん、思いつきだけで授業を実施できるわけではありません。昨今の大学では学内の枠を飛び越えて学外者や組織と連携し、これまで大学のリソース

からだけでは得ることのできなかった新しい視点を取り入れて教育の充実をはかることが強く求められています。そして芸術分野においてもアーティストが授業に参画して生徒や学生を指導し、キャリアの一環として教育経験を積んでいく取り組みがアメリカや、ドイツをはじめとするヨーロッパ、そして近年は日本でも見られるようになってきています。この授業は「教養学部附属教養教育高度化機構」という教育開発組織の社会連携部門が開講元でしたので、私たちの実践もこれらの流れを汲む形で実施されたとも言えます。

　しかしそうした大学教育やアーティストのキャリアの潮流はさておくとしても、そもそもひとつの授業で、アーティストと一緒に、しかも演劇と音楽をいっぺんに、さまざまなワークに取り組んでみんなでディスカッションして、さらに自分の創作過程や作品に指導や助言をしてもらえるなんて、とても面白そうでワクワクしませんか？

創作がものの見方を変える

　では具体的には何をするのでしょうか。発表があるのですから、全ての期間、何かひとつの作品を仕上げるのに費やすのでしょうか？　この授業はそうではなく、以下のように実施にあたっていくつかの方針を決めました。

　1.　講読やディスカッション、鑑賞や批評執筆などの座学の機会も入れる
　2.　専門的な技術や「つくり方」を学ぶ場ではなく、素材を作ったり集めたりまとめたりする考え方や方法、過程を大事にする
　3.　最終発表の場を設ける。ただしそのゴールに向かって最初から一直線に準備をするわけではない

1にあるように授業では創作だけではなく、講読、他の人の作品の分析や鑑賞のほか、批評も書きました。このように座学を取り入れるのにはいくつかの理由があります。まず、普段あまり馴染みのない演劇や音楽でどのような作品や考え方があるのか、ひとまずインプットすることでその分野の理解を深めること。実際にどのようなものが参考資料として紹介・配布されたかは、巻末の授

業記録と Web サイトに掲載していますので、ぜひご覧になってみてください。次に、受講者にとっては座学は普段から慣れている作業なので、それを入り口にして創作へと入るための導入的な役割も兼ねています。実際にどのようにして座学が創作へと広がっていくかは、インプットとアウトプットをつなぐことを重視した〈演劇編〉でとくに大きく取り扱われています。

　最後の理由として、演劇にしても音楽にしても分析と創造は表裏一体であり、このプロセスを経ることによって演劇や音楽の分野自体の理解を深めることに直結するとともに、さらに芸術を離れて「何かを創造する」方法やその枠組み、思考のプロセス自体を学ぶことができると考えられるからです。

　例えば英語の "analysis"（分析）の対義語は何でしょう。"synthesis" です。後者の意味は「総合」とか「統合」というふうによく訳されますが、その動詞である "synthesize" をもとにした音の「シンセサイザー」という楽器もあるように、この単語には「合成」という意味があります。つまり、作り上げるという意味です。

　何かの仕組みを知りたいなと思った時、この分析と合成という二方向のプロセスがあります。そのものをまずはバラバラにしてその成り立ちを調べる（＝分析）という方法以外に、その成り立ちを遡って自ら作り上げてみる（＝合成）ということによって、何が必要なのか、ただの要素の集合と比較してどこが決定的に足りないのかといった理解や想像が及んでいくはずです。この考え方は生命体の起源を探る生物学においても用いられている思考法です。逆に「こういうものを作りたい！」と思った時に、いきなり作ろうとしても途方にくれるだけでしょう。まずできているものを分析することによってその仕組みを学ぶことはとても参考になります。

　戯曲にしてもパフォーマンスにしても楽曲にしても、いきなりそれ自体が出現するわけではありません。この授業でも最初の取りかかりとして、講師自身や他のアーティストによる作品や、受講者が気になった作品を題材に、それらをひたすら文章として説明していったり、どのような秘密が隠れているのか探してみたり、創作の段階では他作品を参照しながら自らの作品との影響関係を考えてみたりしました。全体として 2 にあるように、試行錯誤、他者からのフィードバックなどの相互作用的な作業やプロセスを経ることによって、徐々

6　はじめに

に創造していくことに慣れていき、自分でつくっていく方法を身につけていくという流れになっています。こうしたプロセスや過程重視という側面があるからこそ、3にあるように、最初からゴールを見据えて何かを発表するといった作品発表本位の考え方は取っていません。実際に発表会に向けた準備は大体1週間ほどでした。〈創作編1〉

　このように何かを作り上げる創造力（creativity）は、芸術分野はもちろん、様々な分野を推進・革新する原動力として近年ますます注目されているキーワードです。たとえば文化政策として、ある都市を「創造都市」として位置付け、アーティストを積極的に呼び込み、他事業が衰退している都市の再生戦略として芸術を取り入れて新たな産業や事業を発展させる取り組みがあります。教育分野でも創造性を高めるために演劇的要素を教科教育へ取り込もうという取り組みや、近年ではSTEAM（Science, Technology, Engineering, Arts, Mathmatics）教育という、従来のSTEM教育、いわゆる理系科目に芸術を取り入れることで、美術やデザインで用いられる思考方法をもとに発想を豊かにしながら科学教育を発展させるという試みもあります。この授業は元々このような背景を意識し創造力養成ありきで設計したものではありませんでしたが、作ることとプロセスを大事にするという点では、これらの潮流にも位置付けることができるでしょう。

　この本を読もうとしている人のなかには、創作とは一見無縁の専門分野や得意分野を持っている人もいるかもしれません。もともと教育、工学、観光、地域振興などの様々な現場で芸術を取り入れることに興味がある人も、仕事や専門とは別個にただ純粋に興味があって本を手に取ってくれたという人も、本書にある創作に至るプロセスと、ご自身の分野とのつながりや接点をイメージしながら読んでいただくと、案外、思いもよらないアイデアやひらめきが得られることでしょう。

授業の枠組み

　本書を始める前に、この授業が一体どのような枠組みで実施されたものだったのか、基本的なところを少し説明します。実際のワークや創作へとすぐに入

っていきたい人は、これ以降をとばして〈演劇編〉〈音楽編〉へと読み進んでいただいて問題ありません。

　この授業は東京大学教養学部前期課程の選択必修科目である「主要科目」の「全学自由研究ゼミナール」の枠組みを用いて、2017 年度 A1 ターム、2018 年度 A1 ターム、2020 年度 S2 タームに開講されました。タームというのは 4 学期制の一つの区分けです[1]。この科目は全学の 1、2 年生対象の科目で、文系理系問わず履修することができます。授業は全 13 回、週 2 回実施、1 回の授業時間は 105 分です。履修者は合否判定で評価され、修了時に 2 単位が付与されます。

　2017 年度と 2020 年度は「理論と実践から芸術を学ぶ」、2018 年度は「外に向かうと内がうかぶ・内が見えたら外が見える」という科目名で開講されましたが、履修者募集チラシなどにはシリーズ名として「教養としての芸術学」というタイトルをつけました。厳密にいうとこのシリーズ名で他にも批評を書くゼミやアートマネジメントを学ぶゼミも開講していたのですが、本書で「教養としての芸術学」という名称を用いる時は、西尾さんと野口さんと実施していたこの授業を指すことにします[2]。

　東京大学では学生は入学時に学部選択をせず、1、2 年生全員がまずは教養学部生となり、文科一類、二類、三類、理科一類、二類、三類という、それぞれの「科類」に所属します。この 2 年間を「前期課程」と呼びます。その後、2 年時に学部選択を行い、3、4 年生でそれぞれの学部学科に所属して専門分野を学びます。これを「後期課程」といいます。大学生活の前半は教養教育によって幅広い分野の知識を身につけ、後から学部において専門的分野を学び専門性を深めるというレイトスペシャリゼーションのカリキュラムが組まれています（留学生向けプログラムや推薦入試等の例外はあります）。

　この授業の履修者の人数は、2017 年度に 20 名、2018 年度 5 名、2020 年度 14 名で、パンデミック下の 2020 年度は全面オンライン授業として実施さ

1）東京大学では留学希望者のニーズ等に対応するために、半期ごとの「セメスター」による 2 学期制と 4 半期ごとの「ターム」による 4 学期制が併存しています。

2）関心がある方は授業のアーカイブページをご覧ください。「東京大学教養学部附属教養教育高度化機構社会連携部門　過去の授業『教養としての芸術学』」http://www.sr.komex.c.u-tokyo.ac.jp/courses/arts/（2024 年 12 月 6 日最終確認。以下同様）

れました。なおこの人数の中には、若干の単位付与なしの参加者（興味はあるが履修ができない3年生など）も含まれています。

　案外受講者が少ないと思われるかもしれませんが、それはこの授業が週2回実施だったという事情によるところが大きかったかもしれません。ターム開講授業では、週1回、週2回、または集中講義の実施方式があり、所定の履修時間に応じた単位を取得することができます。この授業は週2回実施でしたので、開講される1ヶ月半のあいだ、かなり密度の濃い時間を過ごすことができるのですが、他の授業と重なって履修ができないと嘆いていたという学生もいた……と聞きました。

授業の進め方と構成

　対面実施だった2017年と2018年については、すべての授業は駒場Iキャンパスにある「コミュニケーション・プラザ」という建物の音楽実習室と舞台実習室で行いました。この2つの部屋は2階にある広い板張りの空間で、窓も多くて天井もそれなりに高く、広い中庭に面したスペースです。時間帯によって日当たりや明るさが大きく変わり、少し薄暗くなったなかで窓を開けてみたら鳥の声がよく聞こえ、自然が感じられる部屋でした（この環境下でのジョン・ケージ《4分33秒》の鑑賞体験といったら何とも贅沢な時間でした！〈音楽編2-3〉）それぞれの実習室は防音機能を備え、グランドピアノが1台あり、マイクとスピーカーが使えます。さらにアップライトピアノを備えた練習

用の小部屋もいくつかついていました。

　授業内では基本的には大きなホワイトボードのかたわらに講師が立って説明や指示をしますが、受講生は靴を脱いで散り散りに床に座り、時には円座を組んで皆で話す自由な形を取りました。チームワークやディスカッションの際は、模造紙や自立型の大判の付箋紙、画用紙を囲んで、色鉛筆やペンを手に、立ったり寝転がったりと思い思いの姿勢でワークをします。時には外に出てキャンパス内を散策することもありました。オンライン授業だった 2020 年は基本的には皆が PC にかじりついている形になりましたが、積極的に立って動けるように工夫もなされていました。その詳しい内容については補論〈オンライン授業編〉をご参照ください。

　そして実際の 13 回の授業の内容や構成も、次のように 3 回の実践の中で変化しています。

- 2017 年度　ガイダンス、演劇 6 回（最終回発表会）、音楽 6 回（最終回発表会）
- 2018 年度　ガイダンス、演劇 4 回、合同回 1 回、音楽 4 回、創作 3 回、最終発表会（授業総回数は 1 回増）
- 2020 年度　ガイダンス、演劇 2 回、音楽 2 回、演劇 4 回（最終回発表会）、音楽 4 回（最終回発表会）

　2017 年と 2020 年では演劇と音楽それぞれの最終回が発表会でしたが、2018 年については共通での発表会を 1 回行う形にしました。内容についても、2017 年と 2020 年のように演劇と音楽でそれぞれ授業テーマを決める年もあれば、2018 年のように全体でテーマを決めた年もあります（詳細は巻末付録を参照）。いずれにしても座学と実践から芸術を学ぶという姿勢は一貫したものでした。

この本の方針と内容

　ここまでが授業の概要になりますが、この本は、読むことによってこの創作

までのプロセスを追体験してもらえるように、実際に「何か作ってみたいな、チャレンジしてみようかな」と思っている初心者の受講者の立場に合わせて書かれています。元々この授業を受けていた東京大学の学部生も理系・文系問わず、演劇と音楽の両分野、もしくはどちらかの分野でほぼ未経験でしたし、かくいうコーディネーターたる自分も、なんとなく創作という分野に対して漠然たる憧れとともにコンプレックスのある一人でした（実はこの授業運営を通じて、後々自分も創作に挑戦するに至りました。要するに、自分が受けたい授業を自分で企画・コーディネートしたようなものです）。

　同時に、先ほども述べたように授業やワークショップを提供する私たちの側の試行錯誤の記録でもあることから、学校・大学の教師やアーティストといったファシリテーションをする側の人にも、読んで参考になる内容がきっとあるかと思います。その場合であっても、演劇と音楽の両方に精通している人はおそらく少数でしょうから、まずはまっさらな状態で、つくる側として参加するつもりで読んでいただくのがいいかと思います。この本を手元に置いて、まずは体を動かしてみる・誰かと話してみる・耳を澄ませてみる・目を見開いてみる、といったところから始めてみましょう。

　そのため本書は、授業の記録というドキュメント的な性格を持ちつつも、3カ年の逐次的な記録ではなく、そのエッセンスをまとめた本として、創作のヒントや過程と、そこから生まれた作品の両方を見せる仕様になっています。実際の授業では演劇パートと音楽パートが比較的独立していたことから、〈創作編〉などの一部の統一を除き、基本的には構成も含めて講師の語りや記述をそのまま生かした形を取りました。

　本論はまず〈演劇編〉と〈音楽編〉に分かれます。創作の入り口となるいくつかのワーク、そして「表現とは何か」を考えるための問いや論考の紹介、議論の記録が書かれています。一つ一つのワークは意外と単純だったり、「これは演劇／音楽なのか？」と思うような、一見つながりのわかりにくいものも含まれています。しかしそうした疑問は少し置いておいて、まずは自分で感覚を研ぎ澄ませて「やってみる」ことをお勧めします。自分がこれまで日々考えもしなかった気づきが得られるかもしれません。

　表現に関して提示される議論やリサーチの問いについては、自分たちがどの

ように思うのか、実際に考えてみましょう。「一つの作品を目の前にしたとき
に何を思うか?」「作品の価値、良し悪しは誰が決めるのか?」「その作品や活
動によってどのようなインパクトがあったのか?」「ここでは何が起こってい
るのか?」「自分はどう思ったのか?」……このように、手を動かしたり考えた
り他の人と話しながら一つ一つの作業を積み重ねることが、実は創作に繋がる
ことに気づくはずです。

　この積み重ねは、皆が一つの場所に集まって意見をぶつけあいながら……と
いうのが理想ではありますが、決して対面でしか実施できないわけではありま
せん。新型コロナウイルス感染症拡大の影響を受け、2020 年は本授業をオン
ラインで実施しました。補論〈オンライン授業編〉ではその Zoom ワークショ
ップの方法や様子、その利点と問題点をまとめました。

　そして〈創作編〉では、実際に自分たちで小作品をつくり発表するプロセス
を紹介します。授業では講師がテーマを設定することもあれば、自分たちです
べて決めているときもあり、また個人で作ることもあればチームで作ることも
ありました。出来上がった作品は実に多種多様です。さらに、発表してみたあ
とで、どのような学びがあったかを振り返ることも大事です。自分たちの作品、
そして他の受講生や観客から受けたフィードバックを見返し、「やりっぱなし」
で終わるのではなく、それらから何を得ることができたのかを考えます。ここ
では実際に起きた様々なエピソードや作品を例に、どのように発表会を迎えた
のかを追体験してもらうとともに、当時受講生が書いた解説や批評を抜粋して
紹介します。

　この授業が行われたのは 2017 年から 2020 年で、本書が刊行される 2024
年までにけっこうな時間が経過してしまいました。ですが、そのぶん良いこと
もあります。この本をまとめるにあたって、かつての受講生による座談会やイ
ンタビューを実施し、彼らにとってのこの授業の意味について振り返ってもら
うことができました。その座談会の記録を〈創作編〉の最後に収録しています。
そして各章のあいだには、インタビューを掲載しています。受講生たちの多く
はすでに大学を卒業し、次の新しいステップを踏み出していますが、創作や発
表体験は、その後の彼らの考え方や進路に影響を与えたのでしょうか。議論や
表現を通して得られたもの、それを「授業」として受講したことの意味につい

て、今どのように考えるかを聞いてみました。

　なお収録された解説や批評は各執筆者の許可を得た上で、一部の誤字脱字を除いて受講当時の提出課題をそのまま掲載しています。また、座談会やインタビュー実施にあたり、振り返りのための記入式の事前アンケートに回答してもらい、それらを元に質問を用意して実施しました（インタビューや座談会中、聞き手側の質問にある「アンケート」の文言はそれを指します）。

　本書最後の〈ふりかえり編〉は、それぞれの著者の立ち位置から見た本授業の位置付けについてのまとめです。アーティストと教育との距離感や、創作活動への影響、芸術を学ぶことの意味、コーディネーターの役割など、授業でこのような創作体験を行う面白さについて、いくつかのキーワードとともに考えるための見取り図を出しました。補論同様、どちらかというと開講側、運営側の視点から書かれた章になりますので、創作やワーク中心で読み進めていきたい人は、やはり読みとばしていただいて構いません。もしくは「ワークショップ」自体をつくることの意味や意義として受け取っていただくか、開講の「秘話」「裏話」として楽しんでいただけたらと思います。

さあ、やってみよう！

　さあ、準備のほどはいかがでしょうか？　とにかくまずはやってみる、そして他の人や自分の声に耳を傾けて考える、そして創ってみる。もちろん、この本を読んでみて挑戦しさえすれば素晴らしい作品がすぐに出来上がる……というわけではないかもしれません。ですが主役である皆さんが一つの取りかかりを得て、創作していくことで自分のなかで何かが変化し、作品をつくった後に異なる自分に出会えること、間違いなしです。

演劇編

西尾 佳織
(にしお かおり)

劇作家、演出家、鳥公園主宰。1985年東京生まれ。幼少期をマレーシアで過ごす。東京大学にて寺山修司を、東京藝術大学大学院にて太田省吾を研究。2007年に鳥公園を結成。2014年に『カンロ』、2018年に『ヨブ呼んでるよ』、2020年に『終わりにする、一人と一人が丘』で岸田國士戯曲賞にノミネート。近年は、からゆきさんと森崎和江のリサーチにもライフワーク的に取り組んでいる。

1. 授業の基本方針

1-1　自分の内側のもやもやした感覚を、外に引っ張り出してみる。それをしげしげ眺めてみる。

芸術が「分かる」とは？

なんとなく芸術に興味があるんだけれど、どう関わったらいいか分からない、自分が作品をつくるのは恐ろしいような気がする……という人は、来てくれたらいいかもしれません。14年前、私もそんな学生でした。この講義では、作品を観ること、言葉にすること、つくることをやります。世の中にある、「作品」と呼ばれていて、どうもそうらしいものと、自分の中にある「何かをつくりたい（ような気がする）」との間から、始めます。

「教養としての芸術学」初年度の2017年、こういう文章をシラバスに載せました。ガイダンスで学生から集めたアンケートには、「芸術の見方を学びたい」「芸術と芸術じゃないものの違いは何なのか、知りたい」といった言葉が並んでいました。

「芸術の（正しい）見方を学びたい」と、かつて東大生だった私も思っていました。よく「正しい見方なんてない。芸術はどんな風に受け取ってもいい自由なものなんですよ」と言われますが、学びたいと思っている側からすると、この返答ではまるで納得がいきません。「自由に見る」ことに困難を感じているから学びたいのです。「正しい」見方がないとしても、「なんとなく鋭い感じのする」見方とか、「妥当な」見方、「説得力のある」見方、あるいはその逆で「的外れな」見方、「イケてない」見方ってものがあるでしょう現実に!?と思っているわけです。

芸術が「分かる」とは何か。芸術が分かるとかっこいい、分からないとばかっぽい、だから下手なこと言えないわ……。そんな感覚が学生だった当時の私にはあって、芸術に惹かれながら、だからこそ高い位置にそれを置き、そこからの抑圧を感じていました。

あの「高さ」は何だったんだろうと考えるに、芸術の構築性、（非論理も含めた）論理性、歴史性ではないか。漠然と感じていた芸術の「高尚な」感じは架空のものではなく、具体的で実体のあるものであったのだと思います（その権威性を良しとするかどうかは別として）。

芸術は学べる

　でも具体的なものには手を掛けられます。一般的に、芸術は感性の世界のもので、持って生まれたもの（才能？）が大きくて、学べるものではないと思われているような気がするのですが、それは芸術を神秘のヴェールの中に置いておこうとするロマンチックな態度だと私は思います。

　身も蓋もないと思われるかもしれませんが、芸術は制度であり、技術であり、思想であって、ある程度学ぶことができます。その具体的な訓練の末にどこまで到達できるかは才能の話になってくると思いますが、それ以前のところで芸術を遠巻きに眺めることに終始している、羨望／妬み／劣等感のないまぜになった視線があるような気がします。

　ほとんどの人が法学部に進学する文科一類に入ったものの法学になじめず、芸術に憧れながらもどう踏み出していいか分からずにいたかつての私がそうでした。自分の内にあるものをアウトプットする方法が分からず、ムッツリと溜め込んでいました。内と外をつなぐ回路を見つけられずにいたのです。

　回路を持つことは、誰でもできます。誰にでもその人固有の世界の受け取り方があって、受け取ったものを表現する方法も、その人固有のものがある。でも、そのインプットとアウトプットをつなぐ路は、その人が自分で開拓するしかありません。他人が教えたり、移植したりできるものではない。ただ、それを開通させるための練習の方法を提案することはできるのではないかと思います。そして自分だけの回路を見つけるためのプロセスに、立ち会って応答してサポートすることはできる。そうして一度回路が組まれれば、あとは自分で育てて／育っていくことができます。

16   演劇編

1–2　私が芸術の道に進むきっかけになった授業

東大の授業で見せられた、高嶺格《木村さん》

　ひとつ、個人的な経験の話をします。

　ムッツリしていた私が大きく一歩芸術に踏み込むきっかけになったのは、2年生の冬学期に取ったパトリック・ドゥヴォス先生の「表象文化論」の授業でした。この授業では、土方巽の暗黒舞踏[1]やニジンスキー振付のバレエ《春の祭典[2]》など、当時の私からしたらかなり意味不明でどう見たらいいか分からないダンス作品を毎回見せられていました。おそらく、舞踊史の授業だったのでしょうか。先生が毎回、個別の作品を舞踊史の文脈に位置付ける解説をしてくださっていたはずですが、何も覚えていません。ただ、困惑しながらも何だか気にはなっていました。これらを自分の中にどう位置付けたらよいのか、自分とどう関わらせたらよいのか、もうちょっと分かりたい……。

　そんなある日、舞台芸術の企画制作をお仕事にされている前田圭蔵さんがこの授業にゲストとしていらっしゃいました。授業終了後に前田さんは、「ここからはオマケです。授業も終了していますし、今から紹介する作品には強い性的な表現が含まれるので、見たくない人は退出してもらってかまいません」と前置きした上で、短い映像を見せてくださいました。それは10分弱のビデオ作品でした。画面が左右に二分割されていて、たしか男性の顔や眼球や身体の一部が断片的に映っていた気がします。その映像では、1人の男性が別の男性の手で身体に触れられ、性器を擦られて射精に至っていました。射精した彼が大きく口を開けて笑う顔が大写しになって、終わりでした。音声もあって、もう内容の詳細は覚えていないのですが、男性の声（2人のうちのどちらか？）が何か言っていた。そして最後に大きな笑い声。たしかそういう内容でした。

　それは現代美術家の高嶺格（たかみね　ただす）の《木村さん》という作品

---

1) 暗黒舞踏は、土方巽（1928-1986）によって創始された前衛舞踊の形式のひとつ。西洋近代的な美に対して、日本人の土着的な身体に注目し、白塗りの裸体や剃髪といったスタイルを採用した。

2)《春の祭典》は、ロシアの作曲家イーゴリ・ストラヴィンスキーによるバレエ曲（1913）。ヴァーツラフ・ニジンスキーによる振付は、内股、首をかしげたまま跳ぶなど、従来のバレエ様式における美の規範からすると異端的な内容で議論を呼んだ。

で、2004 年に横浜美術館で展示されるはずだったが、内容に問題があるということで急遽外されてしまった。木村さんは森永ヒ素ミルク事件の被害者で、意識も思考もハッキリしているが身体が思うように動かない。高嶺さんは木村さんの自宅での介護を 5 年にわたって担っており、その中には性的な介助も含まれていた。木村さんの姿を捉えた映像を公開することを、木村さん自身が了承して、強く望んで、この作品が生まれた。しかしこの作品は「問題がある」として、美術館という公空間からは外された。……そんな解説を、前田さんはしてくださったと思います。

　言葉で聞けば意味は分かります。でもそれより前に、びっっっくりしていました。19 歳の私はとにかく衝撃を受けて、そりゃあ、森永ヒ素ミルク事件というものも、知ってはいる。知識をつなぎ合わせてみれば、その事件の被害者が存在することは分かるし、その人々の生活について思いを馳せようとしてみれば想像することもできなくはない。でもその想像を、実際にしたことはありませんでした。私の生きている範囲の中に、木村さんの存在はありませんでした。その作品がなければ、一切考えることがないまま過ごしていたはずです。

　それまで私は、芸術といえば美しいもの、荘厳なもの、自分に感動を与えてくれるものだと思っていました。心地よい豊かさを求めて「芸術が好き」と思っていました。そこからすると《木村さん》は、これまで私が芸術だと思ってきたものとはまるで違っていて、でも私は、大きく揺り動かされました。当時の私は、障害者と言えばなんとなく「かわいそう」とか「庇護されるもの」というようなイメージを無意識に持っていたと思います。でも画面からこちらに向かって豪快に笑う木村さんはそんな弱々しいものではなく、私はむしろ自分の甘ちゃん具合に直面させられた気がしました。そして、自分が感じた居心地の悪さって何なんだろう……？と帰る道々考えました。今まで自分が捉えてきた美しさとは違ったけれど、あれは「美しくない」のか？　木村さんの存在に、圧倒されたなあ。それに、木村さんを撮って公開することを望んで許された高嶺さんと木村さんの関係って、すごくないか？

　このまま法学部に進学したら、自分はきっと触れないままの存在や考えないまま通り過ぎてしまう領域がある。そこにもう少し踏み込んでみたいと思って、教養学部後期課程の超域文化科学科表象文化論分科[3]に進学しました。「この

18　演劇編

世界にたった一人でも存在するもの、無き者にされるものの声をすくい上げるのが芸術」という私の芸術観は、ここから来ていると思います。

1–3　アーティストにならない人にとっての芸術教育の意味

表象文化論で学んだこと

　もう少し知りたい、と思って選んだ進学先の延長線上で私自身はアーティストになりましたが、作品をつくる生き方を選ばない人にとっても、芸術教育は意味があると思います。

　表象文化論では、字数の多いレポートの課題がたくさん出ました。例えば「ジャクソン・ポロックの作品を一つ取り上げ、4000字以上で批評せよ」というような。ジャクソン・ポロックは、ドリッピングという手法で有名な20世紀のアメリカ合衆国の画家ですが、彼のドリッピングの作品は私にはどれもほぼ同じに見えました。4000字も何書けばええねんと思いました。しかし書かなければ単位がもらえないので、仕方なく、まず画集の解説をいくつか読んでみました。すると、同じように見える絵でもそれぞれに何やらちょっとずつ違うことが書いてありました。ふーん、絵画批評ってこういうことを書くのかと思ったところで、まだ作品に対して自分が何かを思う、意見を持つということは起こらなかったので、仕方なく事実を書いて字数を稼ぎます。作品の素材、サイズ、制作年、それが作家にとってどういうタイミングだったか、その当時の社会のこと、美術界のこと、発表時にどういう反応・評価が返ってきたか、等々。調べていくと、知った事実に対する自分の感想が少しずつ芽生えます。

　だいぶ字数が稼げましたが、それでもまだ埋まらないので、今度は自分の目に見えた画面上の事実をひたすら書いていくことにしました。使われている色、その重ねられた順番、画材の質感、線の太さや勢い、画面全体に対して占めている面積や配置。説明しようとするとよく見ることになって、個々の具体的な箇所に対する自分の感想・評価が出てきます。そして、どれも同じに見えていた作品一つひとつの固有性が見えてきます。

　3）学科の再編があり、現在は、東京大学教養学部教養学科超域文化科学分科　表象文化論コース。

そうなると、ポロックの他作品と比べたときにこの作品はどのようであるとか、そのことを作家活動の流れと絡めて書くこともできるかも？など、書けそうなことがポコポコ浮かぶようになりました。そこに来て、最初に読み比べたポロック作品の解説で提示されていた価値基準に対して、自分は意見が違うなあと思ったり、ということは、私という人間は絵画作品を観るときにこういう価値を重要視しているのだなと気付いたり、し始めます。

そんなこんなで、「私の意見」は初めにはよく分からないというか、ほとんど存在しない状態から始めて、ひたすら自分が知覚・認識できた事実を書いていくと、そこに付随して、作品に対して自分が（実は）抱いていた感想・意見・評価が掘り起こされて認識される、ということが起こりました。表象時代のこの経験の積み重ねが、私のものの見方を大きく形づくったと思います。

世界を／他者をどのように受け止めるかが〈私〉のかたち

〈私〉というのは、独立して先にあるものではなく、世界に対する瞬間瞬間の反応の連続が〈私〉なのだと思います。世界を／他者をどのように受け止めるかが〈私〉のかたちです。

作品をつくるとき、アーティストがゼロからつくるのだ、と考える人がいるかもしれません。でも私は、まず先にあるのは見る、聴く、感じる、味わうというインプットだと思っています。そこに自ずと反応が生じます。そこまでは、作品をつくる人でもつくらない人でも、日々生きる中で無意識に行っていることです。その反応を意識的に捉え、そこに何がしかの形を与えて誰かに手渡すことが、私の考える創作です。

他者をよく受け止め、そこに形づくられる〈私〉を知る練習は、アーティストにならない人にとっても大切です。それが、複雑なものを複雑なままに捉えることや、単なる好き・嫌いに留まらない対話を支える基礎になります。

ということで、私の演劇の授業は「見ることはつくること」を一つ大きな方針にしていました。この世界にすでに存在する何がしかを受け取って、そこで自分に生じる反応を観察して、積み重ねることが創作につながっていきます。

20 演劇編

〈演劇編〉のスタンス

　表象文化論は演劇の専門学科ではなく、文学、美術、写真、建築、等々、「表象」としてこの世界に立ち現れる文化事象であれば、ジャンルを問わずあらゆるものが分析の対象となる学科です。また、創作者（＝作品を構築する人）というよりは研究者（＝作品や先行研究といった「構築されたもの」を分析し、そこから自身の論を再構築する人）のための学科でした。このことは、私の創作スタイルに深く影響しています。

　私がつくっている作品を分類すれば「演劇」になりますが、創作プロセスにおける素材や手法、思考の方法には、ジャンル横断的に様々なものが流れ込んでいます。そして創作の手順として、既存の事象から気になるものを採集し、リサーチし、その過程で生じてくる自身の感想や問いを源泉となったものと織り合わせて編集・再構築して作品をつくるという、プロアクティブというよりはリアクティブな（＝まず自分が動くのではなく、受け取った刺激に応答する）つくり方をしています。

　そのため本書における〈演劇編〉も、一般的な、狭義の演劇のつくり方とは異なるものになっているかと思います。鑑賞者やキュレーターといった、創作者とは異なる立場の人にとっての作品を論じたり、詩や美術、小説、写真を通じて芸術と社会の関係を考えたり、対談記事や劇評を執筆したり……。演劇創作のハウツーというよりは、芸術一般を対象とした作品論と言った方が適切かもしれません。でも私にとっては、これが作品創作に必要な道程です。

1-4　授業の具体的な進め方

　ここまでは、授業の方針や講師である私のバックグラウンドについて書いてきましたが、ここからは105分×6回の授業を実際どのように進めていたのか、2017年度を例にご紹介します。

　ご覧いただければ分かるように、105分の中でかなり雑多な内容を扱っています。芸術教育の意味や目指すべきところは、生徒×講師の属性によって変わると思いますが、「教養としての芸術学」の場合は、

生徒：作品創作を専門的に学んでいくわけではない学生

1. 授業の基本方針　21

	講義・議論・ワーク内容
演劇1	• 言葉を体で表現するワーク • 体を動かすワーク「ピンポンパンゲーム」、「せんだみつおゲーム」 • 鳥公園『火星の人と暮らす夏』記録映像鑑賞 • 『火星の人と暮らす夏』の印象をスケッチし班ごとに発表 • ブレヒトの「異化」について
演劇2	• 川内倫子 写真集『うたたね』から「作品」とは何か考える • 『火星の人と暮らす夏』のスケッチからチーム分け • 宮沢章夫『時間のかかる読書』感想共有とチーム発表 • キュレーションとコミュニケーションについて • 体を動かすワーク「ピンポンパンゲーム」 • 鈴木志郎康『結局、極私的ラディカリズムなんだ』、太田省吾『プロセス』グループディスカッションと発表 • 想田和弘、森達也のドキュメンタリー映画について
演劇3	• 1分間に聞こえた音の書き取り • 演劇における戯曲／演出／演技の3要素について • 〈自然に過ぎない演技〉と〈自然を破る演技〉について • 絵画を言葉で表現する • 既存の絵からシーンを立ち上げる
演劇4	• 言葉を体で表現するワーク • 「つなぐ」ことと表現 • 鳥公園『緑子の部屋』作者になりきって質問に答える • 『緑子の部屋』についてディスカッション • 公共、国籍、マジョリティについて • ジョージ・オーウェル『象を射つ』のあらすじを自分なりに話す • チーム分けのための「短い話」 • 「サイトスペシフィック」の説明 • どのように「劇をつくる」か
演劇5	• 課題『緑子の部屋』劇評への講評と書くことの意義 • 大学構内でサイトスペシフィックな作品を集団創作する • 公共劇場について • 講師によるサイトスペシフィックな創作の例 • チームごとの中間発表と講師による講評
演劇6	学内発表会 「駒場キャンパスでサイトスペシフィックな作品をつくる」

講師：（教えることの専門家ではない）現場のアーティスト
の組み合わせでした。芸術教育の専門家が他者の創作を支援するプロフェッショナルであるとすれば、アーティストは自分の作品をつくることのプロフェッショナルです。

この授業で自分に何ができるのか？と考えたときに、いちアーティストとして、自分の反応や手付きや態度をあけっぴろげにしてその場にいることが、私にできる最大のことだと思いました。加えて授業時間が限られていたこともあり、普遍を俯瞰的に眺めるよりも、ピンポイントな極点に深くもぐることと、その点と点を結ぶ個人的・身体的な文脈を伝えることを意識しました。そのため授業の内容は、体系的・網羅的というよりは極私的であり、授業参加者からの応答や質問を拾い上げながらしばしば予定をおおいに逸脱し、その偶然性込みで流れを編み上げていくという意味でブリコラージュ的に生成されていきました。

進行としては、1〜4回目にワークショップや文献購読、ディスカッションを通じて作品論や鑑賞／創作行為について学び、5〜6回目にはもう創作〜発表会です。創作に向けて共通の土台をつくるために、2017年度は宮沢章夫『時間のかかる読書』（2014年）という読書エッセイ1冊（これはわりと軽く面白く読めます）と太田省吾『プロセス　太田省吾演劇論集』（2006年）のうちの1編「自然と工作」（こちらはページ数としては42ページですが、難解で非常に骨が折れる内容です）を事前の課題図書としました。

創作論を文章として読解し、「で、これは結局どういうことを言ってるの？」とざっくばらんにディスカッションすることで共通理解をつくっていくプロセスは、創作未経験者も多くいたわれわれの集団創作の背骨になってくれました。また、芸術をどこか「高尚なもの」と見て、分からないことに恥ずかしさや引け目を感じていた学生たちにとっては、分からなさに真正面から「分からん！」「どういうこと⁉」と踏み込んでいけたことも、良い作用があったように思います（ただし、難解な創作論の読解がうまく機能したのは東大生だったからという面があるかも、ということも一言付け加えておきます）。

加えて、レポート等の課題提出や質問受付と、講師からのフィードバックをFacebookグループの全員が見られる場で行っていたので、そこでのコミュニケーションも受講生の理解と関係性構築を助けてくれました。さらに、授業内で言及した参照項や関連書籍と、そのときに観られるオススメの舞台やアートの情報もFacebook上に載せていたのですが、熱心な学生はそこにも触手を伸ばしていたようです。

1. 授業の基本方針　23

　ということで、授業内で受け取った種を、個々に授業外でも広げ、また次の授業で質問や応答として返してくれるアグレッシブな学生がかなり多く、そこから他の学生たちも刺激を受けて場が活気づくという好循環がありました。

　授業内容としては、年度ごとにかなり違ったことを扱いましたが、前半 4 回のワークショップでベースを共有し、後半 2 回で創作〜発表を行う流れと、Facebook グループもしくは Slack を用いて授業外のコミュニケーションを補足する形式はどの年度も共通でした。2018 年度、2020 年度についてもシラバスが巻末および補論〈オンライン授業編〉に掲載されているので、よろしければご参照ください。

1-5　本書における〈演劇編〉の構成

　どの年度も、作品創作に入るまでの 4 回はおおむね以下のような流れで進めていました。

①知覚しているものとそこから生じた感想・思考を、外に引っ張り出す（「芸術の見方が分からない」と思っているかもしれないけれど、あなたはすでに十分よく見てよく聴いている）。同じ作品に対して、一人ひとりが非常に多様な受け取り方をしていることを体験してもらう（「正解」は本当にない）。
②大勢に伝わる・ウケる表現ではなく、どんなに分かりにくくても、「少なくとも一人はそのように世界を見た人がいた」ことに立つ表現をすることの意味について、作品や作品論から学ぶ。見ることの固有性が、つくることの固有性につながっていることを伝える。
③今度は作品を、鑑賞者との〈関係〉から捉えてみる。作品が「分かる」とは何か？　作品はどこにあるか？　作品は誰のものか？
④他者の作品について、作者になってみる／劇評を書いてみることで、作品との距離や関係の取り方を学ぶ。

①〜④の内容が、〈演劇編〉各節と以下のように対応しています。
①＝ 2 節「インプットとアウトプットの回路をつくる──『ももいろ』『家

父長制』『養老孟司』を身体で表現する!?」

②＝3節「見ることとつくること──『何が見えた？』『どう見えた？』が表現の始まり」

③＝4節「『作品』はどこにあるのか」

③と④のあいだ＝5節「対談記事をつくる──他人の言葉をパッケージする」

④＝6節「作者になって答えよう＆劇評を書こう──鳥公園『緑子の部屋』」

　①〜④は、必ずしも①を終えてから②に進むべし、というものではありません。実際私は、①〜④のワークを組み合わせて1回の授業を構成していて、特に①のワークは準備運動的なものなので作品制作に入るまでの4回の授業内で繰り返し実施していました。

　次節から、作品創作に入るまでの授業をご紹介していきます。授業では毎回車座になって座って、気になったことや分からないことをざっくばらんに話しながら、ワークや問いに取り組んでいました。よかったら読者のみなさんも、その輪の中にいるつもりで読んでいただければ幸いです。

2. インプットとアウトプットの回路をつくる
──「ももいろ」「養老孟司」「家父長制」を身体で表現する!?

　2節では、4つのワークを紹介します。

- 単語を身体でやってみる
- 1分間に聞こえた音の書き取り
- 絵を見て、見えたものを書く
- 講師の作品をみんなで見て、あーだこーだ言う

　いずれも、知覚しているものとそこから生じた感想・思考を、外に引っ張り出すこと。そしてそれらを並べてお互いに眺め合い、「同じものに対してわれわれはこんなに違った受け取り方をしているのか！（でも、どれが正解という

2. インプットとアウトプットの回路をつくる　25

ことでもないぞ)」と体感してもらうことを目的にしています。

　創作に取りかかる準備運動的なものなので、すきまの時間でぜひくり返しや
ってみてください。

2-1　単語を身体でやってみる

ウォーミングアップ

　今日から「教養としての芸術学」の授業が始まります。作品を一度もつくっ
たことがない人も大歓迎です。初回なので、軽くウォーミングアップからいき
ましょう。

　他の人とぶつからないように、適当に広がってください。今から私が、一つ
単語を言っては手を叩きます。そしたらみなさんは、瞬時にその単語のイメー
ジを身体で表して静止してください。正解も間違いもないので、迷わないで、
直感でパッとポーズを決めてください。いいですか?

〈以下の単語を言っていく。一つ言っては手を叩き、3秒ほどでまた次の単語
に移る〉
コンセント　兵士　おもち　鹿　筆　宇宙　マニキュア　イデオロギー　上履
き　お坊さん　たまちゃん　労働組合　セルフィー　マチュピチュ遺跡　教授
桃太郎　ラテン系　田舎　バケーション　夏休み　染み　穴　後悔　ももいろ

　西尾　ちょっと戸惑ってそうに見えたけど、どんな感じ?
　学生A　単語から自分が連想するものと、周りの人のやっているイメージに
ギャップがあって、どういうことを求められているのか分からなくて……。
　西尾　戸惑うのも当然だと思います。というのは、このワークのお題は、敢
えてイメージが一つに収束しないような単語を選んでるんだよね。例えば
「コンセント」なんかは、形のイメージがあるからまだやりやすかったと思
うけど、「イデオロギー」は形がない。でも何かしらのイメージや感触はあ
ると思うんです。それを、無茶なんだけど身体でやるとしたら。例えば私だ
ったら、握った右手が上がるかな。そしてその腕には力が入ってて、身体全
体もなんかギュッとしてカクカクしてる (と言いながら、やって見せる)。

　今の私のポーズを見て「あーたしかに『イデオロギー』だ!」と思ってもらえなくてもいいんです。まずは自分の中のインプットとアウトプットの回路をつなぐ、というのがワークの趣旨です。もう1回、やってみましょう。

フランスパン　ブロッコリー　あくび　黄色いあくび　苦しみ　まるい苦しみ　水玉模様　金髪　赤ちゃん　死　空気　モアイ　眉毛　わるい眉毛　田んぼ　養老孟司　虫歯　運慶快慶　レオナルド・ダ・ヴィンチ　痛い　トイレ　痛いトイレ　手術　妊娠　瞑想　家父長制　苦行　パックマン　ヒョウ柄　カーディガン　モヘアのカーディガン　綿のカーディガン

自分の内で起こっていることに目を向ける

　「なんじゃこら、わかんない!」というときにも、とりあえず何かをつかんでみるのが大事です。何かっていうのは、クオリア、つまり主観的な質感ですね。普段私たちは、言葉で意味を伝達するコミュニケーションに慣れていますが、その場合は〈相手に伝わること〉が重視されています。でも今はそれより

も、〈自分の中で起こっていること〉に注目してください。

　例えば、「死」という単語に硬さを感じる人と、溶けてぐずぐずな感じを浮かべる人がいるかもしれません。「死」を重さで感じる人や、色で感じる人もいるかもしれない。いずれにせよ、それを身体の形に瞬時に置き換えるのは簡単ではないと思いますが、アウトプットとして上手くできるかどうかより、言葉を聞いて自分の内で何が起こるかを気にしてください。「あくび」と「黄色いあくび」では、違う感受が起こりますよね？

2-2　1分間に聞こえた音の書き取り

聞こえた音を、自由な方法でひたすら書く

　次に、1分間に聞こえた音を、紙にどんどん書く、ということをしてもらいます。1枚ずつ白い紙と書くものを持って、空間内に散らばってください。

> 〈1分間で、聞こえた音をひたすら紙に書いて（描いて）いく〉
> 音の内容を名詞形で書く（車の音、紙に手が擦れる音、雀の声など）、聞こえた音を擬音語で書く（バタン、トントン、キーッなど）、音の種類・大きさ・方向などを図示する等々、記述する方法は色々とあり得るが、「方法は自由です」とだけ伝えて始める。

　　※本来このワークは、参加者が同じ空間にいる状態を想定していますが、以下の受講生の反応はオンラインで実施した2020年度のものを参照したため、各人が別の空間で、別の音を聞いた場合の内容になっています。

　紙を真ん中に集めて、眺めてみましょう。気になる音や、気になる記述の仕方を大体眺められたら、一人ずつ書いたものを紹介していきましょう。

　学生A　えーっと、まず鳥の鳴き声っぽい音でキュルキュルみたいな音と、カラスのカーカーカー、機械音でピーって音、子どもの声でギャーっていう声と、壁を叩くようなドンっていう音と、あと家族の話し声ですね。
　西尾　音の説明もしてくれたけど、書き取り自体は擬音で書いたってことね。
　学生A　はい。擬音で書き始めて、でも話し声がなんて言ってるか聞こえなかったので、それは「〜〜の声」という形で書きました。あとカラスがたぶ

28　演劇編

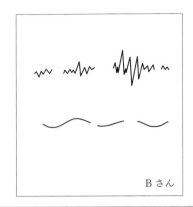

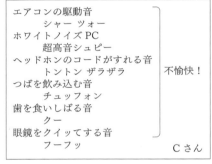

図1　学生が聞き取った音の記述（再現）

ん3羽くらいいて、微妙に鳴き方とか声が違ってたんですけど、全部文字で「カーカーカー」しか書けなくて、あーっと思いました。
西尾　あ、だから「カーカーカー」が2行に分かれてるのか！
学生A　書き分けようと一瞬思って、すぐ断念しました（笑）

学生B　私は、今日は暑いのでエアコンをつけてるんですけどその音と、あとは自分が紙に書いてる音しか聞こえなかったので、それを描きました。ずっと二つが重なって聞こえていて、どう描こうか迷ったんですけど……。
西尾　線の形に、音の質感と、音量も反映されてるということかな？

学生C　僕は、遮音性の高いヘッドホンで外部の音がカットされる分、自分の中から発せられる音が聞こえてしまって。つばを飲み込むときの音が、表現しにくいんですけども、チュッフォンみたいな感じの音。で、歯を動かしたとき、食いしばるときの音がクー……っと聞こえて、フーフッは眼鏡が下がってくるのでクイッとするときの音ですね。それ全部まとめて不愉快だと思いました。

西尾　感想も含めて、ありがとう。また後で話しますが、観察された「事実（出来事）」と自分の「感想」を区別することは重要です。今やっているのは、「事実」を拾って記述することなので、「感想」は言わなくていいです。

学生D　せっかくなんで、音が聞こえた方向を書いたんですけど。

西尾　この中心にある丸が自分ってこと？

学生D　そうです。左後ろと右後ろから、換気せんの音。左に窓があるんで、奥の方からエンジン音が聞こえてて、パソコンの画面が前にあるので、そこから先生の声。あとは鉛筆とか肘が机にぶつかる音が聞こえました。

　この世界で生じ続けている膨大な出来事を、瞬間瞬間私たちは受け取っています。でもそれを意識的に切り出して提示し直そうとすると、1分間で対象を音だけに限定しても、なかなか大変です。このとき、記述する方法を選択する必要がありますが、その方法次第で、掬い上げられる情報が変わります。

　例えば「子どもの声」のような名詞形で書く場合は、それが何の音なのか、判別できないと書き残せません。そうなったときに、例えば何の音か分からなかったけど「ギュワー」と聞こえて、咄嗟に方法を切り替えて擬音で書く、ということがあり得ます。名詞形でも擬音でも、文字で箇条書きにしていく方法の場合は時間性（どの順番で音が聞こえたか）を反映させやすいです。

　自分のいる地点を含めて、音の聞こえてきた方向性を描いてくれた人もいました。この方法だと空間性を記録できます。でも時間性がこぼれます。図示するパターンで、音の表情をギザギザ線や波線のような形に置き換えたり、音量を図の大きさで示したり、という表現もありました。

　……ということで、1分間世界を切り取ってみるだけでも、私たちがみんな

30　演劇編

違ったところにフォーカスを当てて、それを違った方法でつかみ出してくることが分かったと思います。このワークは「作品」をつくるつもりでやったわけではなかったけれど、それでもそれぞれの「表現」がありました。

同じことを、別の方法でやる

　今からもう一度、同じことをやります。ただし 1 回目とは違う形式でアウトプットしてください。さっき「〜〜の音」と名詞形の箇条書き形式でやった人は、次は図にしてみるとか。でも、「表現として面白くしてやろう」なんて欲は出さなくていいです。今はまだ、人に何かを伝えるためのアウトプットではなく、インプットを確かめるためのアウトプットなので。表現としての構成のことを考え出してしまうと、インプットが歪みます。たださっきと違う方法だけ選んだら、後はそのやり方で入れて出す、をやってみてください。

〈1 分間で、聞こえた音をひたすら紙に書いて（描いて）いく。1 回目とは違った方法で。書けたらそれをまた全員で眺め合い、何が起こったかを言語化する〉

　このとき、出来上がりの表現としての面白さに捕われて、インプットを恣意的に取捨選択する人が出てくるかもしれない。例えば、音を図示する方法を選択した場合に、その図を絵画的に面白くしたいと考えて、聞こえた音の全てをプロットせず都合のいいものだけ描くなど。それは、「自分が何を聞いているのか（聴いてしまうのか）」を観察する、というこのワークの狙いとズレてしまうので、注意する。「他人にとっての面白さ（評価）」を気にする必要はないと分かってもらうことが、重要である。

2–3　絵を見て、見えたものをひたすらメモする

「見えたもの」を書く

　次は、絵を見て、見えたものをひたすらメモする、ということをします。見えたものというのは、例えば「女の人」、「赤」、「肌」、「裸」、「とがり（肘）」のような感じで、自分の視覚が捉えたものを、ランダムでいいので捉えた順にどんどん書いていくということです。同じ部分に何度も目が行くようなことがあったら、同じことを重ねて書いてもかまいません。

2. インプットとアウトプットの回路をつくる　31

〈萬鉄五郎《裸体美人》を見せ、2分間で「見えたもの」を書き取ってもらう〉

図2　萬鉄五郎《裸体美人》

西尾　はい、2分です。Aさん、書いたものを読み上げてみてください。
学生A　まず女性の眉に目がいって、
西尾　あ、説明するんじゃなくて、書いた文字をそのまま読んでください。
学生A　分かりました。女性の眉毛。手首が曲がっているところ。腰のところにある布の、変な形。で、乳房。ズボンと草が重なって、草が上に出ててズボンが下にある、そこが気になって。夕日のようなもの。その夕日のようなものの右に、尻尾のようなもの。木の葉っぱの丸っこい何か。
西尾　このメモは人に伝えるためじゃなくて、自分と絵の関係を結ぶためのものなので、人に分からない書き方でも全然かまいません。今は、どういう風に書けたかを試しに聞いているので、聞いてる人が意味が分からなくても大丈夫です。では次、Bさん。
学生B　上裸の女性。赤いズボンにショートカット。くの字。左手（頭に添えている）。草原。たぶん4本ぐらいの木。夕焼けをあびて赤く染まった雲。空。遠くに山々。……みたいな感じで箇条書きで書いてあります。
西尾　うん、いい感じ。このワーク、「見えたもの」と「自分の感想」を分けられない人が多いんですが、みなさんなかなか上手です。

　感想もどうでもいいわけではなくて大事なのですが、例えばこの絵を「明るい」と思う人と、「ふてぶてしい」と思う人と、「生命力がある」と思う人と、色々います。その「感想」だけを話してしまうと、一体どの部分からそう思ったのかが分かりません。
　このワークはつくることより批評に近いと思うのですが、批評においては批評対象となる表現の、具体的にどの部分について扱っているのかを示すことが大事です。

「見えたもの」と「感想」を書く

　では同じ２分間で、さっきは見えたものだけでしたが、今度は感想も書いてください。ただし、分けて書くこと。「見えたもの」と「感想」を分けて、両方書いてください。

図３　エゴン・シーレ《家族》

〈エゴン・シーレ《家族》を見せ、２分間で「見えたもの」と「感想」を書いてもらう〉

西尾　はい、では書いたものを読んでください。

学生Ｃ　まず、離れている裸の女性と裸の男性。絵のタイトルが《家族》だったので、この二人がたぶん親だなと分かった。親はどうして裸なんだろう？　その下に、子供。……たぶん、子供、が服を着ていて、子供だけ服を着ているのはなぜ？っていうのと、もうひとつ、３人の目線が気になって。３人とも、どこかを見ているのか？　あとは絵の色調が、下はちょっと明るいんですけど、上にいくにつれて暗くなっていて、それはどうしてだろうと思いました。

西尾　描かれているモチーフだけでなく、色調も絵の重要な要素ですが、それが「見えたもの」として挙がっているのがいいですね。《家族》っていうタイトルも、この絵を見るときのヒントになったのかな。

学生Ｄ　私は、「見えたもの」が奥から、裸の男（筋肉）、女、靴下（茶）、子供がしゃがんで重なっている、背景は黒っぽい、女と子供は左、男は前を向いている。「感想」は、不気味、おぞましい、迫力がある、です。

西尾　ほんとだ、女だけ靴下履いてる……！　いま、聞きながら色々発見がありました。男は、前というか画面のこちら側を見てる感じがしますね。
　Ｄさんの場合は、「見えたもの」と「感想」が一対一対応ではなく、「見えたもの」が色々あって、そこから総合して「おぞましい」という感想になってますね。その書き方でも、もちろんＯＫです。

　もうひとつやりましょう。ガイダンスのときにちょっと話しましたが、私が

2. インプットとアウトプットの回路をつくる　　33

学部生だったときにレポートの課題で苦戦したジャクソン・ポロックの絵です。抽象画なので、ここまでの2つと少し違うことになるかもしれませんが、同じように、2分間で「見えたもの」と「感想」の両方を書いてみてください。

〈ジャクソン・ポロック《convergence》を見せ、2分間で「見えたもの」と「感想」を書いてもらう〉

批評を書くつもりで、問いを設定してみる

　最後にもうひとつ。今日見た3つの絵について、もし批評を書く課題が出たら？という場合を考えてみましょう。

　ここまでは、「見えたもの」とそこに直結した「感想」を書き出してきましたが、例えば4000字の批評を書くとなるとそれだけでは厳しいですよね。もう一段抽象化された「問い」や「テーマ」の設定が必要になります。

　この3枚だと、エゴン・シーレは比較的とっつきやすいかもしれません。物語性があるし、タイトルと絡めて、モチーフや色調の分析などもできそうです。その点、ポロックは難しいですね。技法や作家の思想、時代背景のような切り口が入りやすいかもしれません。

　ということで、3作品を批評する場合のアプローチを考えてみましょう。1分半で、それぞれについて一つずつ挙げてください。

〈萬鉄五郎《裸体美人》、エゴン・シーレ《家族》、ジャクソン・ポロック《convergence》を見せ、各作品の批評を書く場合の問い、テーマを考えてもらう〉

　ちなみに、時代背景という点で萬鉄五郎の作品についてちょっと話すと、この絵の「美人」は画家のパートナーで、萬はこの絵を芸大の油絵科の卒業制作として描きました。裸婦というのは昔から絵画におけるスタンダードなモチーフですが、こういう裸体は想定されていませんでした。おそらくみなさんの中にも、絵画や彫刻の裸婦像のイメージがあると思いますが、それとこの絵はだいぶ違っていますよね？

　足の「くの字」ラインや、右肩から右手首にかけての「コの字」感、下から煽って鼻の穴が見えているアングル、腋毛など、「美人」として描かれたこの

34 演劇編

作品は、当時の学生たちが教えられていた美の規範を大胆に逸脱していたわけ
ですが、どうでしょう、あなたはこの人を美人だと思いますか？

　私は、この人を美人と思うかどうかはさておき、ある人間ののびのびと生命
力あふれる自由な姿を「美しい」と思って絵にした画家の目を、いいなあと思い
ました。その目を経由して、私も新しい美しさに触れるような、このぐりぐり
と濃い草の緑に自分も野放図さを分けてもらえるような気持になります。

　いつの時代も、ある場所において、「正統な美しさ」の範囲は限られていま
す。美に限らずあらゆる価値について、正統性を認められる範囲というものが
あります。でもそこからこぼれるものに自分が心惹かれるなら、それを描いて
かまわないし、むしろ既存の規範を問うたり揺り動かしたりすることが芸術の
役割でもあるのです。

2-4 『火星の人と暮らす夏』の記録映像を見る

講師の作品をみんなで見る

　ここまでは絵画作品を見てきましたが、次は私のつくった演劇作品（の記録
映像）をみなさんに見てもらいます。どんな作品をつくっているのか知ってお
いてもらった方が、授業も進めやすいと思うので。

〈講師が過去につくった演劇作品の記録映像をみんなで見る〉
①上演台本（と演出ノート等の資料も、もしあれば）を配布する。
②作品の概要をごく簡単に説明する。
③記録映像を鑑賞する。（授業内で全編見て、その上でディスカッションの時間も取
　りたいので、あまり長過ぎないものを選ぶ。）
※ 2017 年度は、授業の約 2 年前に上演した鳥公園『火星の人と暮らす夏』という、
　45 分程度の作品を選んだ。

　この作品は、まず 2015 年の 9 月半ばに東京の多摩ニュータウンで、そして
10 月前半に北九州の枝光本町商店街で上演しました。どちらも「多摩 1 キロ
フェス」と「枝光まちなか芸術祭」という野外フェスティバルに参加しての上
演です。

その後10月末に、同じ作品を今度は名古屋の公民館のような屋内スペースでやることになったのですが、上演環境の変化が大きいので演出方針をどう変更すべきか……という懊悩が、配布した演出メモに書かれています。

　多摩と枝光では、野外フェスティバルに参加しての上演だったので、たまたま通りがかった人や演劇を見慣れていない人にも作品を観てもらえる機会でした。そういう意味で、「お、何かやってるぞ？」と一見さんにも興味を持ってもらえて、かつ途中から足を止めて観てくれた場合にもおいてきぼりにならないようなキャッチーさと分かりやすさが必要だったので、結果としてよく知られた歌謡曲やJ-POPをつなぎ合わせたサンプリングミュージカルという形式になりました。上演時間は20分程度で、物語的にも軽いものです。

　しかし名古屋では鳥公園の単独公演として、この作品を観るために会場に足を運んでくれるお客さんに向けた内容にしなければいけなかったので、物語を深め、上演時間としても45分ほどにつくり直しました。みなさんに見てもらうのは、この名古屋公演の記録映像です。

鳥公園『火星の人と暮らす夏』
2015年10月29日、30日
名古屋市青少年プラザ　ユースクエア
作・演出：西尾 佳織　出演：武井 翔子、浅井 浩介

（作品紹介）
　認知症の老婆が一人。「はやく火星に帰りたい」と口癖のように言う彼女は、若い頃は「カルメン」と呼ばれる歌手で、プロデューサーの恋人「ホセ」のつくる曲を歌う売れっ子だったらしい。だがそのわりに、彼女の歌う曲はよく知られた歌謡曲やJ-POPばかりで、どこまでが本当なのか疑わしい。
　老婆が介護士の男性に昔語りを続けるうち、現実と妄想、現在と過去の境があやふやになり、介護士はいつしか「ホセ」になっている。老婆が主体として語っていたはずの彼女の物語はホセに乗っ取られ、老婆はホセによってプロデュースされた曲を歌い、与えられた役割を演じる「歌姫カルメン」にさせられていく。そしてカルメ

36 演劇編

ンがこぼす言葉から、彼女が母親に虐待されていたこと、その延長で芸能活動に従
事させられていたことが分かってくる。

　他者のつくった曲を歌い、他者から与えられた役割を遂行するパフォーマーの受
動性について考察した、歌謡曲と J-POP のサンプリングミュージカル。

演出メモ（配布物）

2015 年 10 月 22 日

①「火星の人と暮らす夏」、稽古してます。で、いま小室哲哉の本を読んでるんです
　が、小室が「曲の分かりやすさ、伝達速度ばかりを考えた結果、J-POP の幼児性
　を強めてしまった」と言っていて、すでに終えた多摩、枝光の野外での上演を振
　り返って考えてます。

②多摩と枝光では努めてシンプルにつくっていて、それは野外という条件下で、幅
　広い年代、演劇を見るためにそこに来たわけではない（演劇を見慣れているとは
　限らない）人にも楽しんでもらえるカタチにする意図だったのだけど、名古屋で
　屋内の会場（≒劇場）に持っていく段になったら、そのカタチに苦しんでいる。

③野外でやったことをそのまま劇場に持ち込んだら、正直耐えられないだろうなぁ
　と感じる。去年初めて多摩１キロフェスに参加した際も、その時はその時で、こ
　れまで劇場でやってきたやり方そのままだと野外ではてんで歯が立たずに弾き飛
　ばされてしまった！　私たちってひ弱！と思ったのでした。

④今書いた内容はすごく当たり前のことだと思うけど、身をもって初めて実感しま
　した。多摩は無料で、枝光は有料だったけど通りがかった人は実は立ち止まって
　フリーで見ることがわりと出来て、その大らかな感じはとてもいいなぁと思いま
　した。特に枝光。

⑤枝光では、俳優たちのやっていることは「芸術作品」というよりは町の行事とか
　儀式みたいな位置に置いてもらった感じがして、それが心地良く感じられたんだ
　と思う。でも劇場へ入っていくには、ちゃんと独立して存在できる「作品」であ
　ることが必要のような気がします。どちらがいいということでなく。

⑥行事や儀式は必ずしもわかりやすくない。むしろ取っ付きにくい場合もあるだろ
　うし、なんにせよマイペース、って感じがする。マイペースを持てずに相手に譲
　るばかりだと、「わたし」と「あなた」が違うものとして出会って、お互いに己を
　知って変形する、ということが起こせずに幼児になるのだろうか。

2. インプットとアウトプットの回路をつくる　37

講師の作品について、みんなであーだこーだ言う

　どうでしたか？　これから、まず各自で自分の内側に浮かんでいる感想を外に取り出してもらいます。それからそれを材料に、みんなで話します。

①作品を見た感想を、単語で付箋に書いていく。あまり考えず、2分間でできるだけたくさん書く。作品の内容と直結しない感想でも構わない。

例）「もやもや」「オレンジ色」「なめくじ」「男女のケンカ」「マーブル」「結露した窓」「頑な」「ふざけてる」「ギャップ」……「なめくじは作品のキャラクターとして登場するわけではないが、なんとなく、ねっとりした感じ、触れたくない感じがした」など、客観的に納得されないことでも本人にとってしっくりくる単語であればOK。

②書いた付箋をA3の紙に貼っていく。右側にポジティブなもの、左側にネガティブなもの、真ん中にニュートラルなもの。このポジティブ／ネガティブ／ニュートラルは主観でかまわない。

例）「独り」という単語を「ポジティブ」に置く

③作品の印象を1分でスケッチする（見たものを正確に「デッサン」するのではなく、自分の印象や受けとった感触をえいやっと外に出してみる）。講師側は色の種類や画材の種類を複数用意できると望ましい。

④付箋を貼った紙とスケッチを並べ、全員で眺めつつ、5分間感想を話す。他人の付箋やスケッチの中で、気になったものについて質問して、書いた本人の話を聞く、などのやりとりもよい。

まとめ：評価を気にしながらアウトプットするのをやめてみる

　単語を聞いて、瞬時にそのイメージを形として身体で表現するワークで「何を求められているのか分からない……」という戸惑いの声が上がりました。その戸惑いの背景には、「求められていることをきちんと理解して、そこに応えるアウトプットをしたい」という気持ちがあるように思います。求められていることを理解して、場合によっては評価基準も踏まえて、高い評価を得られるようなアウトプットをする訓練を、私たちは学校で、そして社会に出てからも積んでいます。でも本当は、外側にある基準に合致しようとしなかろうと、他人に理解されようとされなかろうと、まずあるのは「私の知覚」です。

　「他人に理解されるよう、分かりやすく説明すること」を善とするシステムに適応していくと、いつの間にか「自分の感じていること」が分からなくなります。インプットと関係なく、望ましいと思われるアウトプットを捏造してしまったりします。でも、それでは作品はつくれません。

　整っていないアウトプットを見せることは恥ずかしかったり、抵抗があったりするかもしれません。でもいいんです、他人にどう思われたって。これは作品ではなく、創作に取りかかるための準備運動なのですから。「他人にどのようにジャッジされるか？」を気にし続ける状態から脱して、「あるもんは、ある」と観念して、自分の中から取り出されたものを眺めてみましょう。

　安心しておおらかな気持ちで創作に取り組んでもらう上では、講師の作品について、感想を自由に話してもらうワークが果たす役割も大きいです。まずは講師自身がみんなの前に身をひらき、各々の応答を受け入れることで、学生の側も、リスペクトを持ちながら本気で言葉を発することのラインを体得してくれるように思います。

休み時間　カンノケント×西尾佳織『遠い親密』
──あなたの左手を演じる

図4　SICF19にて　カンノケント×西尾佳織『遠い親密』(2019年、撮影：市川勝弘、写真提供：スパイラル／株式会社ワコールアートセンター)

　この左側の男の人は、カンノケントさんというミュージシャンです。右が私です。ケントさんと一緒に2017年につくって、2019年に再演した作品の話を、ちょっとさせてください。

　ケントさんは生まれつき左手が、手首から少し先までしかないんですね。掌にあたる部分が少しだけあって、その先に第一関節の半分くらいまでの短い指があります。彼にとっては生まれたときからそれが自分の手だから、「ない」っていう感覚はないんですよね。「失った」という経験をしていないので、自分にとってはこの状態の手が「ある」なんだと。でも多くの他人の手と比較すると、やっぱり他の人の手の「ある」に比べて自分は「ない」になってしまうというか、そこを何だか埋められずにきていて、そのことを作品にしたいと思ったときに、私を誘ってくれました。

　ケントさんが「もし西尾さんみたいな左手だったら、やってみたいことが色々あるんだよね」と話してくれて、例えばギターの弦を押さえて弾くとか、ペットボトルのキャップを開けるとか、拍手をするとか、そういうことを一個一個、私がケントさんの左手になって、一緒に実行するっていうのがこの『遠い親密』という作品です。

　一つひとつの行為は全部、すごく当たり前で、私にとってはよく知っている、慣れ切ったものだったんですね。だから例えばケントさんが「二つの手で拍手をするとどういう音が出るのか知りたい、掌がどんな感触か知りたい」って言ったとき、私はそれを知ってる者として、知らない人に協力することになるのかなと思ったの。でもいざペットボトルの蓋を開けようとしたら、分からないんですね、普段左手が身体に対してどのくらいの高さでボトルを握ってるもんか、右手が蓋を開けよ

うとするときに左手も反対向きに力を入れるのか、入れないのか、とか。

　慣れ切った行為って、自分の中でもう全身が連動した一連の動きになってしまってるから、その一部だけを意識的に取り出そうとすると頭がショートするみたいな感じになるんです。それで「ごめん、ちょっと」って言って一回丸々自分でやってみて確認して、ああそうか、蓋を閉めるときって私はこうやってボトルの本体を傾けてるのか、とかそういう改めての発見があってから、「すいません、もう一回左手やらせてくださーい！」って。

　「お菓子の袋を開ける」を観客の前でやったときは、小さい飴とか個包装のおせんべいとか、端がギザギザってなった袋あるでしょう、あれを私は、右手を前に押し出して左手は身体の側に引く形で開けるんですよ。でも客席から「え、私逆……！」って聞こえてきて、みんなその場で「あれ、自分は普段どうやってるかな？」って試してて。たぶん、ケントさんの左手を私がやる、を見てた人たちの脳の中で、もう慣れ切って改めて触れられることなしに生きてたシナプスが、すごい勢いでもう一回ヴィヴィッドに繋がれ直すようなことが起こってたと思うんですね。ケントさんという人の持ってた固有の状況がスタートになってはいるんだけど、その上演の影響は、立ち会ったお客さん個々の中に生じてて。いやー、すごくいい作品だったなあ……。

　観客のインプットの回路を揺さぶる作品という意味で、この流れで紹介したいと思って、お話ししました。

3. 見ることとつくること
──「何が見えた？」「どう見えた？」が表現の始まり

　3節では、荒川洋治と鈴木志郎康（しろうやす）という詩人の詩論と、太田省吾という劇作家、演出家の演劇論を読んで、詩、演劇、ひいては芸術全般と社会の関係を考えます。

　荒川さんは、詩というのは分かりにくく、他人にとっては「異常な」もの、「やっかいな」もの、「見せられてはこまるもの」だと言います。志郎康さんは、「ことばというのは、他者が理解しなければならないものなのに、」「ことばによるしかない」人間の書くことばは「他者には自然には理解できないことばになってきてしまう」と言います。

　ある人に見えている世界を本人にとって一番しっくりくる形で書こうとすると、それは他人が容易には理解できない表現になる。しかし同時にそれは、「少なくとも一人はそのように世界を見た人がいた」ことに立つ表現です。

　太田さんは表現を〈理解系〉と〈了解系〉に分け、前者が「表現者がわかっていることの表現」だとしたら、後者は「わからなさへ踏み込む表現者の歩みがそこでなされること」であって、自分は後者を求めていると言います。

　そのような、観客にとっては決して分かりやすくなく、「我慢のいる関わり」となるような表現に、一体どのような意義があるのでしょうか？

3-1　自分で一から全てをつくらない作品

内藤礼《顔（よろこびのほうが大きかったです）》

　今日はまず一つ、作品を紹介します。内藤礼という美術作家の《顔（よろこびのほうが大きかったです）》。内藤さんは、雑誌やなんかに載ってる女性の笑顔の写真の切り抜きをたくさん集めていたらしいんですね。で、その集めた切り抜きを、ただクシャクシャにして壁に貼ってあるっていうのがこの作品です。だから個々の写真自体は、内藤さんが撮ったものではありません。

　なんでクシャクシャになってるかというと、内藤さんが生きている中である

42　演劇編

日すごくショックなことがあって、自分が大事に集めていた切り抜きを、もう全部クシャクシャクシャ！と丸めて、ウワーッ！とぶちまけたくなったらしいんです。でも少しして心が落ち着いたら、ああ大事にしてたのに……と思って、丸められた切り抜きを拾い上げて開くと、その中で女の人たちがそのまま笑っていて、すごくいいなあと思ったと。それを重要なことだと感じて、作品にしたそうです。つまり、切り抜きを完全に丸めてしまった状態から少し戻して、壁に配置して、《顔（よろこびのほうが大きかったです）》というタイトルを付けた、それが「内藤礼の作品」になっているわけです。

文脈上に置く／切り取って見せる／視座を与える

　前にやった、聞こえた音を書き取るワーク〈演劇編2-2〉を思い出してほしいんですが、同じ空間で1分間に聞こえた音を書いていくだけでも、「この人には世界がこう聞こえている」がそれぞれ違うものとして現れましたよね。

　絵画を見ながら「何が見えた」「どう見えた」をひたすら挙げていくワーク〈演劇編2-3〉もやりました。いずれの場合も、ワーク自体は「鑑賞」の範疇のことですが、それらのワークを通して立ち上がってくる「私の見方」を伸ばしていった先に作品がある、というのが私の考えです。そういう意味で、見ることはつくることと直結しています。

　自分で一から全てをつくるんじゃなく、既存のものをある文脈の中に置くことや、特定の切り取り方で切り取って見せること、視座を与えることも作品になり得るという話がしたくて、内藤礼の作品を紹介しました。

『象を射つ』のあらすじを話す

　つくるというのは、「Whatをつくる」ことだと思っている人が多いのではないでしょうか。でも、「Howを提示する」ことも作品になり得ます。特に演劇においては、戯曲を書くことは「Whatをつくる」ことに当たりますが、上演をつくることは「戯曲（＝What）をどのように読んだか（＝How）を形として示す」ことです。ワークを通して、これを体感してもらいましょう。

〈物語のあらすじを話す〉

①課題図書を事前に読んできてもらう（何も見ずあらすじを話せるくらいには、内容を理解しておいてもらう）。

②授業内で、一人ずつあらすじを話してもらう。その際、身体を動かせる状態で話す方がよいので、あらすじを話す人は前に出て、立って話す。

③それを3〜4人続ける。多くの場合、2人目以降から「同じ内容になっちゃいますけど、いいんですか？」という反応が出るが、「同じ内容でかまいません。特に変化を付けようとする必要もありません」と伝える。

④話した側と見ていた側に、同じ内容がどのように異なる形で語られていたか？を聞く。講師は、話した一人ずつについて、「この人は〇〇な点に注目していたので〜〜という表現になっていましたね」など、要点を紹介する。

※内容は、同じ本を題材にしているので当然同じになる。しかし話し方が同じになることはない。ナレーター的な位置からの語り／登場人物になり切っての語りをどのように行き来するかや、内容の捉え方、要約の仕方などの個性が、語りに表れる。語りかける対象（観客に向けるのか、落語のように物語内の相手に向けるのかなど）や目線、空間性の扱い等に、その人が「物語をどのように捉えたか（＝How）」が表れるので、椅子に座った状態ではなく、ある程度広い空間に立った状態で話してもらうことが重要。

※課題図書は、多様な解釈や登場人物の立場の複層性のあるものが望ましい。2017年度に取り上げたジョージ・オーウェルの小説『象を射つ』（『動物農場』角川文庫、2015年に収録）は、イギリスの旧植民地ビルマに警察官として派遣されていた「わたし」が、農家から逃げ出した象を追い、捜索の末に発見して撃ち殺すまでを描いた短編である。通報時点で興奮状態にあった象は、発見時にはすっかり落ち着いており、殺す必要はなかったのだが、現地人の野次馬たちの「黄色い顔」に囲まれて、「わたし」は白人植民者としての威厳を保つためだけに象を撃たざるを得なくなる。支配者は、自らが生み出した被支配者たちによって、支配者を演じ続けることを余儀なくさせられているのだと「わたし」は言う。

　ちなみに、この小説のあらすじを語ってもらうと、帝国主義に対するその人の認識や、個人の意志ではどうにもできない構造に対する解像度なども、自ずと表れてしまう。「表現する」ということは、「表す」ことと「現れる（現れてしまう）」ことである。

44 演劇編

3-2 荒川洋治『詩とことば』——「散文は『異常な』ものである」

詩人の詩論を読む

ここから、2つの文章をみんなで読みます。荒川洋治の『詩とことば』(2012年)と、鈴木志郎康の『結局、極私的ラディカリズムなんだ』(2011年)。いずれも、「詩とは何か」が書かれた創作論です。

詩とは何か？　作品、もしくはそれを生み出す人は、社会の中でどのような位置を占めているのか？　そこにどのような意味や役割があるのか？

この2人にとっての詩は、私にとっての演劇あるいは芸術と重なる部分が大きいです。ということで、今日はこの文章から芸術と社会の関係を考えていきましょう。まずは荒川洋治の『詩とことば』から、いくつかの章を読みます。

　詩のかたちは、詩を書く人、読みなれた人にとってもやっかいなものである。[……]

　それは、なぜか。行分けには、作者その人の呼吸の仕方がそのまま現れるからである。その人のもの、その人だけのものだから他の人はその呼吸に合わせることはできない。それが壁になるのだ。黒田三郎（一九一九－一九八〇）の『定本　黒田三郎詩集』（昭森社・一九七六）の一編で、行分けのようすを見てみよう。

「夕焼け」
いてはならないところにいるような
こころのやましさ
それは
いつ
どうして
僕のなかに宿ったのか
色あせた夕焼け雲のように

大都会の夕暮の電車の窓越しに
僕はただ黙して見る
夕焼けた空
昏れ残る梢

灰色の建物の起伏
影
美しい影
醜いものの美しい影

　「それは／いつ／どうして」は、「それはいつ／どうして」と二行に、あるいは「それはいつどうして」と一行にすることもできる。でも作者は三行に分けた。［……］それがこの作者のこの詩における決断である。何かのルールに従ったわけではない。あくまで作者個人の判断。行分けはその人が決める。書いていくなかで決める。
　詩を書く人は、詩のなかに身を置くと、その人そのものを示すようになる。その人そのものがそこに立ち現れるのは他人には迷惑な話である。文章表現というのは、できるだけわかりやすいもの、一般の規格に合うもの、人がそれを受けいれられるものでなくてはならない。そうではないものは異常なものとみなされる。特にいまはそう考える人がふえたように思う。詩のかたちは、あまり見たくないもの、見せられてはこまるものとなる。わかりよいことがらだけを知りたい。そういう人にとって、詩のかたちはうっとうしい。

荒川洋治『詩とことば』「その人が決めること」pp. 8-11

学生と講師のディスカッション

西尾　読んでみて、どうでしたか？　感想や疑問点をシェアしましょう。

学生A　「それは／いつ／どうして」の改行なんですけど、この詩の作者にとってその改行が絶対に必要なものだったのか、それとも気まぐれで書いたのかは、分からないことじゃないでしょうか。結局読み手にとっては、作品として提出されたその詩がすべてなので、そこから始めることしかできないっていうのが大事なことなのかなと思いました。

西尾　うん、本当のところ、作者が何を考えてたかなんて分からないよね。作者の考えが正解なわけでもないし。読者はただ、そこに現れたものを鑑賞することしかできない。作者と作品と読者の関係って、そういうものですね。

学生B　「詩を書く人は、詩の中に身を置くと、その人そのものを示すようになる」っていうの、僕は逆じゃないかと思うんです。逆というか、詩の中に立ち現れてきたものって、その人そのものではないんじゃないかと。
　例えばこの「夕焼け」の詩の、「醜いものの美しい影」の部分で改行しな

かったのも全て自覚的にやっていたかというと、なんとなくこっちの方が良いと思ったとか、そもそも他の可能性を考えもしなかった可能性もある。読者には作者がどうしてこのようにしたのかは分からないけど、少なくともこういう表現になってることで、こういう効果が出てきてるんじゃないかって議論することの方に意味があるのであって、作者の意図をそこまで重視する必要はないんじゃないかなと思いました。

西尾　はい。2つのことがありましたね。まずひとつ目は、詩に立ち現れるのは、その人そのものではないんじゃないか、なぜなら詩人も全てを自覚的にやっているわけではないと思うから、ということですが。詩人も全てを（説明できるという意味で）自覚的にやっているわけじゃないというのは、私もそうだと思います。でも、「その人そのもの」って「その人が自覚的にやった表現、意図」のことなんでしょうか？

　例えば、詩の行分けについて「何でここを分けるんですか？　ひと続きじゃダメなんですか？」と聞かれても、作者が説明できないことはたぶんある。でもその「説明できないけど、とにかく、なんか私にはこうなんだ」みたいなことこそが「その人そのもの」だって荒川さんは言ってるんじゃないのかな。言葉で説明できて他人にも通じる意図よりも、説明できなかろうが納得してもらえなかろうが譲れない表現自体が、その人そのものの現れである、というのが荒川さんの捉え方なんだと思います。

　それからふたつ目、結局のところ作者が何をどこまで自覚的にやっているかは知りようがないのだから、読者は作者の意図を気にし過ぎず、表された表現とその効果について自分なりに考えるべきではないか、と。さっきのAさんの意見と通じますね。これは、私もそう思います。そして荒川さんもそう考えていると思います。今読んだ箇所では、荒川さんは「詩に対して読者はこうあるべき」ということは何も言っていないんだよね。作者にとって、詩がどういうものであるか。そしてそのようにして書かれた詩が、読者にとっていかに分かりにくく読みにくいものになるか、ということを言っています。

分かりにくく読みにくい詩の役割

　作者の「その人そのもの」が現れるような、読者にとっては分かりにくくて読みにくい詩が、なぜ必要なのか？　詩にどういう役割があるのか？　もう一つ、同じ本から「散文は『異常な』ものである」を読んでみましょう。

　　　詩は、小説や論文などと比べると、文章表現としては異常なものである、といえるかもしれない。行分けも、リズムも、そこでつかわれることばも、語りの順序も、散文とは異なり、とても個人的な感覚や判断に基づく。多くの人はその異常なものと、関係をもつことを望んでいない。[……]

　　　白い屋根の家が、何軒か、並んでいる。
　　　というのは散文。詩は、それと同じ情景を書きとめるとき、「白が、いくつか」と書いたりする。そういう乱暴なことをする。ぼくもまた、詩を読むのはこういう粗暴な表現に面会することなので、つらいときがある。だが人はいつも「白い屋根の家が何軒か、並んでいる」という順序で知覚するものだろうか。実は「何軒かの家だ。屋根、白い」あるいは「家だ。白い！」との知覚をしたのに、散文を書くために、多くの人に伝わりやすい順序に組み替えていることもあるはずだ。
　　　詩は、そのことばで表現した人が、たしかに存在する。たったひとりでも、その人は存在する。でも散文では、そのような人がひとりも存在しないこともある。

前掲書「散文は『異常な』ものである」pp. 41-44

　「詩は、そのことばで表現した人が、たしかに存在する。たったひとりでも、その人は存在する。でも散文では、そのような人がひとりも存在しないこともある」という部分が、大事だと思うんですね。荒川さんは、散文系の言語と詩の言語があると言っています。散文系言語は、「多くの人たちにその原理と機能が理解」されていて、だから効率よく意味内容を伝えることができて、その代わり「人間の正直なありさまを打ち消すもの、おしころすもの」である。詩的言語は、その人固有の世界との対峙の仕方がそのままに現れた表現で、ある一人の人間存在と直結しているために、本人以外にとっては分かりにくく受け取りにくいものである。

　じゃあ、詩的言語は本人以外にとってはただ厄介なだけのものなんでしょうか？　私はそうではないと思うんですね。他人にとっての分かりやすさに奉仕

48 演劇編

するのではなくて、「誰にも理解されなかろうと、このように世界を受け止めた人間が一人はいたのだ」という表明を受け止めること、そのような存在のありようを肯定することは、一人ひとりの読者もまたそのようにあれるのだという感覚に繋がっていると思うんです。

　このように、一般社会のルールにはまり切らない存在を肯定することが、詩に限らず芸術の役割としてあると、私は思います。

3-3　鈴木志郎康『結局、極私的ラディカリズムなんだ』
　　　──「『風の積分』と『L 虚空間』」

詩を書く人間と社会の関係

　次に、鈴木志郎康の『結局、極私的ラディカリズムなんだ』から「『風の積分』と『L 虚空間』」という一節を読みます。ここでは、言葉（詩）を書く人間と社会の関係について書かれています。

　　多分、ことばを書き止めようとすることのない人は、ことばを花のように、昆虫のように、また動物のように見ることはないであろう。ところが、ことばを「自分の」として書き止めようとすると途端にややこしくなってくるのだ。「自分の」何かなど、ことばで伝えることはできない。そこで、自然のなりゆきとして、想像したことを何とか読むべき人と共有できる事柄に結びつけなくてはいられない。そこに社会があると信じているからだ。しかし、その社会というのを信じられないところにこそ、ことばによるしかない「自分」は居る筈なのだ。そのことばというのは、他者が理解しなければならないものなのに、他者には自然には理解できないことばになってきてしまうのである。ことばが伝わって行く空間が、空気を介在させない空間ということになる。人が呼吸を止める空間である。だが、それは死の空間ではない。そのいい方をすれば、酸素を呼吸しているが故に「死んでいる」人たちとは別の仕方で呼吸して生きる空間の中を伝わっていくことばということになる。それが「自分の」として書き止められたことばではないのか。そのことばの空間の中では、酸素を呼吸することしか知らない人たちはバタバタと死んでいっているといってもいい。もちろん彼らは酸素を呼吸しているから、自分は死んだとは思っていない。でも死んでいるんだ。

　　　　（鈴木志郎康『結局、極私的ラディカリズムなんだ』「『風の積分』と『L 虚空間』」
　　　　　　　　　　　　　　　　　　　　　　　　　　　　　　　　　　pp. 174-175）

3. 見ることとつくること　49

学生からの反応

「『自分の』何かなど、ことばで伝えることはできない」ってなんで？

社会って何？　「そこに社会があると信じている」とあるが、「信じている」ということは、本当は「ない」の？

「社会というのを信じられないところにこそ、ことばによるしかない『自分』は居る筈なのだ」という部分はなんか大事な感じがする。

「L　虚空間」がなんであるかが摑めません。「酸素を呼吸することしか知らない人たちはバタバタと死んでいっている」など全く何を言っているか見当がつきません。

L 虚空間の L は language では？

何か作品を（この文章では詩ですが）作る際、自分というものの存在を認めてもらい存在感を得るために、誰かに評価されたいがために書くのではなく、自分の中にある何かを誰かに知ってもらいたい、という意識でかいた方がいいのではないか、といっている文章だと思って読みました。僕が今わからない、というよりかは、なんとも言えないなぁと思ってしまうことは、荒川洋治さんの「詩人は数人いればいいので、そんなにいらない」という言葉を読んだ時、「なんてことを言うんだ…」と思った一方で、「わかるなぁ」とも思ってしまう自分がいたことです。一人一人が持つ詩の本質を認めることが大事だと思う一方で、そんなに無茶苦茶詩があってもしょうがないだろと思ってしまう自分がいることです。これは音楽などにおいても思ってしまうことがある。こんな 2 つの考えが混在してしまっていることがわからない。ただ、みんな同じなのではないかとも思う。

　「もちろん彼らは酸素を呼吸しているから、自分は死んだとは思っていない。でも死んでいるんだ」というところ、グッときますね。
　ここで言う「酸素」は、荒川さんの言うところの、そのように世界を見た人は一人もいないかもしれないけど世の中で流通していて、意味を伝達するのには向いてる言葉、ということかな。きっとその言葉遣いでは掬い切れない感覚が生きていたらあるはずだけど、そこには目を向けず、伝達の言葉で理解し合

50　演劇編

った気になっている、でもそのやり方では本当は死んでいるものがあるんだぜ、ということじゃないでしょうか。

3-4　太田省吾『プロセス　太田省吾演劇論集』

太田省吾の言葉は、なぜこんなに分かりにくいのか

　最後に、太田省吾の『プロセス　太田省吾演劇論集』から「自然と工作」という一編を。

　太田さんの言葉を咀嚼していく工程って、彼の思考の足どりを一歩一歩追って、彼の道のりを読者が自分の足でもう一度歩むことなんだと思います。太田さんは「速さと分かりやすさ重視の資本主義的モノの見方（というか、速くて分かりやすくないと耐えられないこらえ性のなさ）」がインストールされてしまっている現代において、その価値基準から離れて、存在──要約できない生の時間を、肯定しようとしていたと思うんですね。

　私たちは損することを恐れている。「これは、自分の時間（またはお金、コスト）を費やすに値するものか？」といつもジャッジしている。自分の理解できる形で即時的に対価が得られないと、どんどん不満になっていく。でも太田省吾は強い意志でそこに応えないので、自ずと彼の読者もしくは観客は、辛抱強く彼の散歩に付き合うことになります。

　太田さんが回り道をしたところ、足を止めて佇んだところ、振り向いた目の先、ひとつ、ひとつ、拾い上げては足を動かすうちに、拾い上げた個々のものだけでなく、それらの積み上げられ方、それから拾わなかったものや周りの景色も、自然と私のうちに入っていて、それって太田さんの歩いた軌跡を鳥瞰図的に把握しても手に入らないものだと思うんですね。「あのスタート地点から始めて、あそことここを通って、最終的にあのゴール地点にたどり着けばいいのね。オッケー理解した！」と要点を押さえてから歩いたら、きっとずいぶん早くスマートに歩けるでしょう。でもそのとき私は、景色をあまり覚えていないかもしれない。目には映るのに、「見る」ことができないというかね。

　そんなわけで骨が折れる本ですが、作品をつくる側にも観る側にも大事なことが書いてあるので、ちょっと読んでみましょう。

3. 見ることとつくること　　51

〈『プロセス　太田省吾演劇論集』の「自然と工作──現在的断章」を読んでみる〉
事前に「自然と工作」を一通り読んできてもらった上で、グループごとに 10 分間ディスカッションする。7 節全てについて網羅的に話す必要はないし、結論を出す必要もないので、特に引っ掛かった／重要だと思った／分からなかった点について話す。各グループでどんなことを話したか、全体にシェアする。

「自然と工作──現在的断章」の 7 節
1　理解と了解　　　5　着衣と裸形
2　多数と一人　　　6　自然と工作
3　表現と不信　　　7　われとわれわれ
4　反省と事実

理解と了解
　※実際の授業では、学生たちが事前に課題図書を読んできていることを前提に、7 節それぞれについてごく簡潔に論点の整理だけして、いきなりディスカッションに入ってもらいました。ここでは、学生たちの議論が最も集中し、すでに触れた荒川洋治と鈴木志郎康の論とも直接的に関わる「1　理解と了解」についてのみ、内容を紹介します。

　　　人が表現する、そして人が表現をみる。この時、人はその表現をどこまで理解することができるのか。あるいは、表現はどこまで人へ伝達できるのか。[……]
　　　私は私なりに、どうすれば表現は人へ伝達されやすいか、理解されやすいものとなるかという一般的な方法らしいものはわかっているつもりでいる。[……]
　　　たとえば、ある舞台を見る。その舞台が、そういう方法を踏んでいるとする。その舞台は、もちろん私にも理解しやすい。しかし、その場合の理解は、私の理解したいものとは、ほとんど何の関りももたないものである。
　　　　　　　　太田省吾『プロセス　太田省吾演劇論集』「自然と工作──現在的断章」
　　　　　　　　　　　　　　　　　　　　　　　　　　　　　　　　pp. 123-124

　表現を分かりやすく伝えるための方法でつくられた舞台は、太田省吾にとっても当然理解しやすいわけですが、その理解は、彼の求める理解とは何の関わりもないそうです。では、太田さんの求めている理解とは何なのでしょう？

52　演劇編

　　そもそも私には、何ものかを伝達しようとする、その何ものかが明確でないのかも
しれない。というより、私にはむしろ、その何ものかが明確でないために発起するも
のが表現を促すのであるし、表現を見ようと促されるのであると考えていて、指で指
すことのできるような何ものかの伝達と理解という関りよりも、もう少し我慢のいる
関りを表現に求めているのだと言った方がよい。そういう、理解しにくいと思われる
人間の地点へ踏み込むこと、それを理解と区別する意味で了解と言いたいのだが、私
は了解を信じようとしているのだと思う。
　　いや、この言い方は、まだ不正確だ。理解しにくいと思われる人間の地点、そうい
う問題をとりあげることではなく、問題をそういう地点へ踏み込ませることであり、
表現とはそういう関りのことであると考えているのだ。

前掲書 pp. 124-125

　伝えようとする何ものかが明確でないからこそ、表現者は表現することが必
要になるし、観客もその表現に向き合う必要を感じる、と。「言いたいことは、
これこれこういうことです」「なるほど、理解しました！」と進めることはで
きない我慢のいる関わりが、太田さんが「了解」と呼ぶところのものであるよ
うです。

　　つまり、私にとっては、表現が扱う問題のAとBの違いによって分けられるもの
ではなく、どうその問題を扱っているのか、いや、扱うというやり方自体が問題とな
るような、表現者と問題との関係が基準の中に含まれていなければならなかったの
だ。
　　高度な問題を扱って、高度に表現されたとされる表現を見ても、どうしてもそれが
高度だと思えぬことがある。いや、そういうことが多い。こういうとき、一人で〈あ
れはダメだ〉と言っていたのは、問題としてダメかどうかではなく、関係としてダメ
だと思ったからである。つまり、〈理解〉はできても〈了解〉できぬものであったか
らである。

前掲書 pp. 125-126

　〈理解系〉と〈了解系〉の二項を置いたときに、理解しにくい問題を取り上
げているからといって〈了解系〉になるわけではありません。「何を（＝What）」
扱っているかで、〈理解系〉か〈了解系〉かが決まるわけではなく、ある問題

3. 見ることとつくること　53

を「どのように（=How）」扱っているかで決まる。さらに、それが〈了解系〉の表現とされるかどうかは、表現者と問題との関係が含まれた基準[4]によって決まる、ということですね。

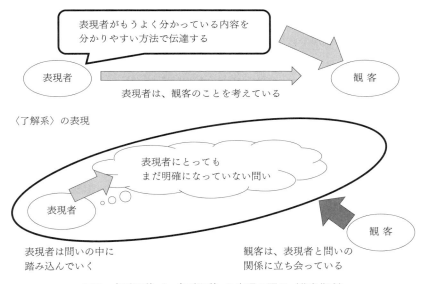

図5　〈理解系〉と〈了解系〉の表現の図示（著者作成）

4）これについては、「自然と工作——現在的断章」3節の「表現と不信」に詳しい。太田は「表現とは、表現への不信との関係の表現である」と言う。これは「表現とは、表されたことである」という考え方に比べるとかなり複雑だ。「表現への不信の基礎は、〈ほんとかね〉という無名の疑惑の用語で表わすことができる。[……]この問いは、表現されたことについて吐かれるというよりは、もう少し表現者の方を向いた目である。つまり、表現されたことと表現者との関係を〈ほんとかね〉と見ているのだ[……]おそらく、この〈ほんとかね〉という、ジロリとした問いの背後には、〈ことばではなん（と）でも言える〉という、表現と表現者に対する不信の見解が働いている。[……]こととして見た〈おもしろさ〉〈正しさ〉も、関係として見た時に〈ダメ〉となることがある[……]関係としてのことと考えた場合、表現は言えないことをもつ[……]つまり、己を関わらせることであり、そのことによって、表現の幅を狭めることとしてあらわれる」（前掲書 pp. 134-137）。
　例えば、返還前の沖縄を書いた初期三部作において太田は「沖縄」という語を一度も用いていない。これは、沖縄の問題を「沖縄問題」と外から名指せてしまう関係性を採らず、己を関わらせて書こうとした太田の態度と言えるだろう。

54　演劇編

　表現とは表現者がわかっていることの表現ではないし、それの〈理解〉ではない。それは、むしろわからなさへ踏み込む表現者の歩みがそこでなされることであり、したがって体験であり、追体験でありうるような行為である。

前掲書 p. 126

学生と講師のディスカッション

西尾　では、太田さんの創作論について、グループで話したことを全体で共有していきましょう。

学生A　〈理解〉はわりと受動的で、〈了解〉はもっと能動的な働きかけじゃないかという意見が出ました。あとは、表現者がその表現に至った過程を、観客が追体験することが〈了解〉……？

西尾　受動と能動っていうのは、良い観点ですね。もしかしたら味で考えると分かりやすいかもと思ったんだけど、例えばファミチキって味が濃いじゃない。味の方向性が単純で、何を受け取ったらいいか分かりやすい。一方、懐石料理だとどうだろう。白身魚のお刺身とか、出汁の利いたお椀とか、素材の味を生かしつつコースとしての組み立てもあるようなものって、ちゃんと味わうにはこちらも味わいに行かなきゃいけないところがあると思うんだよね。それに対してファミチキは、何も考えなくても美味しく食べられるでしょ。

　どんなものでも、それにどういう態度で臨むべきかって、受け取る側が単独で決めてるわけじゃなくて、発信する側が要請してきてもいると思うんだよね。分かりやすく刺激があって、用意してくれてる快適さに乗っかれば楽に楽しめるものは、人を受動的にさせる。その一方で〈了解系〉は、たしかに人に能動的になることを求めると言えそうですね。

学生B　これは個人的な意見なんですけど、〈理解〉と〈了解〉を峻別していったときに、私の好きなエンターテインメント性のあるドラマや、問題意識など無視した喜劇が否定されてしまうような気がしました。

学生C　僕も、我々が作品と本質的な意味で関わり合えるのは希少な〈了解系〉の表現のみである、という語り方は、芸術を無駄に高尚なものにしてしまって、創り手からも受け手からも遠く離れたものにする気がしました。や

っぱり、芸術はそこらへんに転がっていてほしいなと思います。

西尾　太田さんの〈了解系〉があまりに厳しいんじゃないの？と思った人は
けっこういそうですね。「3　表現と不信」では、表現に己を関わらせるこ
とによって、〈なん（と）でも言える〉わけにいかなくなること、〈なん（と）
でも言える〉ことの一つにすぎないものを己の表現から排除して表現の幅を
狭めることが必要だと言っています。

　〈了解系〉の表現というのは、表現者が自分でも予め分かっているわけで
はない問題の中へ、作品をつくりながら、つくることで進んでいくプロセス
から生まれる表現です。その人独自の、固有の問いを固有の息遣いで進んで
いくので、観客からするとどうしたって分かりにくい。存在の固有性から出
てくる詩は読みにくくて厄介なんだ、って荒川洋治さんもさんざん言ってた
よね。

　私としては、太田省吾がなぜわざわざ「了解」という「理解」とは別の言
葉を持ってきて、その重要性を語らないといけなかったのか、と考えてみた
いんですね。〈理解系〉は、自分たちの価値や意義を改めて説明する必要が
ないのです。そうしなくても分かりやすいし、売れるから。でも〈了解系〉
は、自分たちのスタンスを宣言して、何をやっているのか、そこにどういう
価値があるのかを必死で言語化していかないと、簡単に消えてしまう。「分
かりやすさ」とか「便利さ」とか、この資本主義社会で一番幅を利かせてる
のと同じものさしで測られたら負けるから、概念をつくって、違うものさし
を提示するんです。

　でもそのときに、「〈理解系〉における価値、ではない価値」という否定形
の言い方じゃなく、自立した肯定形の言葉で〈了解系〉を定義する必要があ
るんじゃないか、というのは私も考えることがあります。そしてそれはたぶ
ん、太田さんもずっと考えていたことじゃないかと思います。

　「くもりの日の方が、ものがよく見える」という言葉を太田さんが書いて
いて、私はこれがとても好きなんだけど。この社会では一般的に、明るい方
が暗いよりも良い、とされているよね。明るい方がいい、分かりやすい方が
いい、速い方がいい、ポジティブな方がいい。その支配的な価値基準を押し
進めていくと、全てのものが一つの数直線上に収束していくと思うんですが、

56　演劇編

この言葉はその一極集中をすっと止めて、前のめりになってた身体をすとん
と自分の重心の本来の位置に戻してくれるような、そんな感じがします。

学生D　この授業で芸術が多少身近になってきたんですけど、それでもなお、
作品を鑑賞するってなると腫れ物に触るような感覚があったんで、その意味
でファミチキと懐石料理の例は分かりやすかったです。それで言うと、最近
自分はミュージカルに関わっているんですが、ミュージカルはやはりエンタ
メなのだろうか？と考えました。まあファミチキと懐石料理の間には無限に
グラデーションがあるし、「どちらが上」とかではないように思えるので、
あまり芸術とエンタメを二分法で考えすぎない方がいいのかもしれないです
が。

まとめ：アーティストは「社会的に上手くやる」ことができない人たち？

　現在の社会では一般的に、多くの人に速く明瞭に意味が伝わることや、分か
りやすく役に立つことが価値とされています。そのようなコミュニケーション
を習得して、「社会的に上手くやる」ことが推奨されています。しかしそこに
上手くはまれない人もいる。というか、規格化されたコミュニケーションにそ
ぐうことのできない部分は、少なからず誰にでもあるのではないでしょうか。

　表現というものが、表現者自身もまだよく分かっていないその人固有の問い
に、その人固有の息遣い・テンポ・手付きで分け入る行為だとすれば、その人
だけに見えている世界の見え方が、そのまま作品に直結します。「見ることは
つくること」なのです。

　個に立った表現は、他者にとっては分かりにくく受け取りづらいものですが、
提供される「サービス」を受動的に消費するだけでは満たされぬものを、観客
の側もまた求めているはずだ（そう信じる）と太田省吾は言います。

　当時の授業では深く触れませんでしたが、①一人で表現できる詩／集団で創
作し、芸術であると同時に興行でもある演劇の違い、そして②言葉の表現であ
る詩／身体を伴う演劇の違いが、そこにあるのかもしれません。

　①について、演劇は創作～発表を行うために、稽古場や劇場といった具体的
な場と、一定程度の資金がどうしても必要です。また集団で創作する以上、例

えば演出家と俳優は互いに責任を負い、人生を負い合うような面も出てきがち
です。それらを維持するためには、どうしたって「社会的に上手くやる」必要
が多少なりとも出てくる。そういう意味で、詩に比べて演劇は潔癖になり切れ
ないところがあるし、観客を信じて期待をかけざるを得ないところがあるのか
もしれません（私自身はそのことを肯定的に捉えています）。

　そして②について、太田省吾は面白いことを言っています。人は脳髄の中で
は、他の誰とも同じではないユニークな自己でいられる。しかし「身体を他者
の前へ立てたとき、〈われ〉は〈われわれ〉となる」（前掲書 p.158）。なぜな
らそれは「第一に、［……］食って寝て、そしてそれを確保するために、少な
くない制度を受け入れてい」て、「他と共同的に維持されている身体である」
から。「第二に、われわれは類的な身体構造をもち、類的欲望をもち、［……］
生れ―育ち―老い―死ぬという絶対過程を歩むという宿命をもっている」（同
上）身体であるから、と言うのです。

　「社会の中で上手くやる」ことが出来ない、個別的な存在としての〈わたし〉
を起点とした芸術は多くあるように思います。しかし太田は、俳優が身体をさ
らし、「社会の中で上手くやるのが苦手だよ～～（泣）」と言いつつも、食って
寝て出して、なんだかんだ社会の中で死なずに今日も生きている、潔癖になり
切れないありふれた者として観客の前に立つことを演劇の起点としています。
「アタマの中では特別でイケてるはずだったわたし」が挫かれ、自分がありふれ
た存在であること、〈われとはわれわれである〉ことを知ってなお、〈わた
し〉でないなに者かになろうとする。その欲求によって、演技という行為があ
り得ていると言います。

　私自身にも、「社会の中で上手くやる」ことができない部分は多分にあるの
ですが、そういう自分に耽ったり、無頼ぶったり、芸術を他の生業と比較して
特別だと思い込んだりすることはせぬように、と思っています。

4.「作品」はどこにあるのか

　3節では、作品が「分かりにくく」なってしまうことについての、表現者の

58　演劇編

側からの言い分を見ました。4節では、今度は鑑賞者の立場から考えていきます。分かりにくい作品を、それでも「分かって」いくにはどうすればいいのか？　そもそも「分かる」とは何でしょうか？

　また、太田省吾が「表現者と（作品において扱われる）問題との関係」について語っていましたが、ここでは鑑賞者と作品についても、「関係」という視点で捉えてみましょう。

4-1　川内倫子『うたたね』

写真が「分かる」って、どういうこと？

　今回は、いくつかの問いについて考えていきたいと思います。まず「作品が『分かる』とはどういうことか？」、それから「作品はどこにあるのか？」、そして「作品は誰のものか？」

　とっかかりとして、川内倫子の『うたたね』（2001年）という写真集を持ってきました。みなさん、写真の見方って分かりますか？　私はよく分からないのです。パッと見て、「いい感じだな、好きだな」とか「これはあんまり」はあるけど、それ以上は……。分からないので、長く見ていることが出来ません。

　作品の前に長く留まっていることが出来ないというのは、作品と関係を結べずにいるということかな、と思います。それに対して演劇作品だったら、見ていられます。自分の好みに合う作品でない場合でも、色々言うことが出来ます。その点この『うたたね』は、写真をどう見たらいいか分からない私でも、そんなに難しくなく関係を結べる感覚があるので持ってきました。

　「組み写真」って知っていますか？　複数枚の写真を連作として構成したものが組み写真です。一枚の写真単体に対して何を思っていいか分からなくても、例えば4枚の組み写真だったら、1枚目と2枚目に共通することや異なること、1枚目から2枚目への流れなど、写真同士の〈関係〉を見ることが出来ます。そしてまた2枚目から3枚目、3枚目から4枚目とたどっていく中で、色々な発見や感想が自分のうちに生まれてきます。

　『うたたね』の場合も、ページをめくりながら複数の写真を連続して見ていくことで、そこに流れているテーマやユーモアがだんだん分かってきて、写真

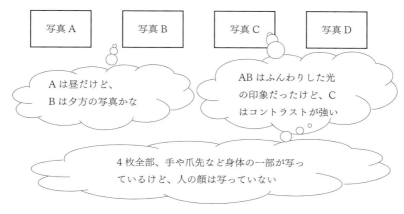

図6　組み写真を見たときに起こること（著者作成）

集と自分の間にある「ノリ」が共有される感じがあります。

川内倫子の写真集『うたたね』を鑑賞する

> 　川内倫子の写真集『うたたね』は、構成にユーモラスな企みがある。一枚一枚の写真としての良さが分かるかどうかということとは別に、例えば見開きのページで隣り合った写真に共通するテーマ、形、連想されるもの等があり、写真集を冒頭から見ていくことで、「組み写真としてどう見るか」の文脈がつくり上げられていく。
> 　一冊の写真集をみんなで眺め、まずは講師が「私はこのページを見てこんなことを感じる、考える」と話しながら、ページを進めていく。一般的に芸術批評と考えられるようなものとはほど遠い、他愛ない直感的な感想もざっくばらんに話す。自分が捉えた具体的な感触を通して、作品と関係を築いていくことを肯定する感覚を伝える。

作品がつくられたプロセス／作品と鑑賞者が関係していくプロセス

　一枚一枚の写真も「作品」だし、複数枚の写真を選んで、サイズや並べる順や色々なことを調整して一冊の写真集の形になったこれも「作品」です。物質としてここにある写真集の表紙には、当然「川内倫子」と写真家の名前が載るわけですが、これをどういう装丁にするとか、どの紙質にするとか、余白をど

60　演劇編

うするとかいうところには、デザイナーや編集者や出版社、多くの人の意図が織り合わさって、この具体的な一個の作品になっています。

　そうしてつくり上げられた作品を「見る」ってどういうことなんでしょう？私たちは子供の頃から、自分がつくるよりも先に、たくさんの「完成された作品」と出会っています。「完成された作品だ」と思うと、その作品の見方の「正解」も自分とは関係ないところに存在しているような気がしてしまいますが、どんな完成物も、関わる人たちの取捨選択の積み重ねや、具体的な制作プロセスの末に提出されてるわけで、逆にそのプロセスをイメージすることが作品に近付いていく手がかりになるんじゃないかと思うんです。

　例えばこの一冊が完成に至るまでに、きっと色んな場所で色んなものを撮っただろうけど、最初から『うたたね』をつくるつもりでやっていたのか。それともたくさん撮っていく中で「ああどうやら今の自分の関心はこういうことなんだ」と分かってきて、撮った写真を眺めながら「うーん、これらをどう並べたいんだ？　……これとこれがグッとくる。……この流れでこの画に出会うといいな」なんてやってるうちに「あーこれは『うたたね』だ！」となるのか。とにかくたくさんの部分部分のひらめきや選択を行き来しながら、作品の全体性がつくられたんだろうと思うわけです。

　岡本さんがガイダンスで、創作には組み上げていく工程と、その統合されたものをまたバラして分析する工程がある、とお話しされていました。そういうことの末に出来ている作品に鑑賞者として出会うというのは、自分もそのプロセスの一部に関わるということです。自分を関わらせる、という観点からの鑑賞について、考えていきましょう。

4-2　宮沢章夫『時間のかかる読書』

宮沢章夫『時間のかかる読書』を読む

　では次に、課題図書として事前に読んできてもらった宮沢章夫『時間のかかる読書』について話してみましょう。

4.「作品」はどこにあるのか　61

〈宮沢章夫『時間のかかる読書』について、グループで5分話す。自由な感想に加えて、「作品はどこにあるのか？　作品とは何か？」という問いについても話してみる〉

※宮沢章夫『時間のかかる読書』……普通に読めば1時間ほどで読み終わる横光利一の短編小説『機械』を、宮沢は11年かけて読んだ。物質としてのテクストを開いていない間にも、そこから刺激を受けて展開する思考があり、そもそも初めの1ページを読み始められずにいる時間さえ含めて「読書」という体験なのだ、という観点からのエッセイ。

学生と講師のディスカッション

西尾　では、グループでの議論を全体にひらきましょう。

学生A　「論理的に話す」って、一般的によいものとして流通しているけど、宮沢さんは敢えてそこに抵抗してるんじゃないかと思いました。

学生B　小説の一語一句に食い付いて、逐一考察するような読み方を究極的にやったとき、読者にとってその作品は、作者がつくった物語とは別ものになるくらい、独自の関係性の網の目の中に位置付けられることになるのかも。

西尾　「作品はどこにあるか？」という問いについてはどうでしょう？

学生C　作品は自分の外にあると思ってたんですけど、仮に「鑑賞者が自分の感受性を使ってなんらかの関係を構築して受け取るもの＝作者から鑑賞者にエネルギーの受け渡しが起こるもの」と考えると、内にあると言える気も……？

学生D　僕も、小説を読んでいるときや舞台作品を観ているときに、作品の直接的な内容から離れて自分自身の経験や記憶について考えることがあるんですけど、それってすごくいい時間なんです。それが自分にとっての「いい作品」の条件だと思うくらい。だから、物質としてのテクストを開いていない間の思考まで含めて読書である、という宮沢さんの考えはしっくりきました。

学生E　作品と鑑賞者のあいだや、作品と作者の関係を考えるのは分かるんですけど、それを意識しすぎると、作品そのものへの視線が弱くなってしまう気がします。「作品はどこにあるのか」という問いの答えがもし「作品」

62　演劇編

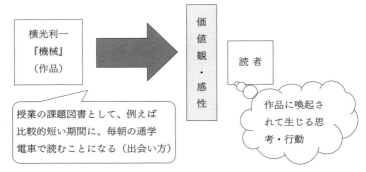

図7　作品を鑑賞するときに起こること（著者作成）

そのものじゃないとしたら、私たちは何を見ていることになるんだ？というか……。

西尾　いい疑問ですね。整理してみましょう。まず「作品が『分かる』とは何か？」という問いについて、「分からない＝関わりを持てない」なのではないかという仮定から、「鑑賞者が作品と関わっていくプロセスを含めて鑑賞体験がある」という話をしました。次に『時間のかかる読書』を踏まえ、上述した考え方を押し進めると「本自体を読んでいない時間、読み始める手前の時間すらも読書体験に含まれる」という話になりました。ただしこれは、横光利一『機械』に喚起される形で派生した思考や行動まで含めて「読書体験」であるとは言っていても、それがすなわち「作品」であると言っているわけではないんですね。『機械』に書かれた文字列＝作品は、変わりません。読者は作品に、「ある出会い方」を通して出会います。そしてそれが、読者一人ひとりが身に付けている価値観や思想の体系、感性などを通して咀嚼されます。私たちは常に「鑑賞体験」を通してしか作品を見られないのです。生の作品と生身の読者としては、出会えないというかね。

4-3　ラトヴィア国立美術館「TOP in Formation」展

キュレーション

　次は、作品との出会い方によって鑑賞体験が大きく変わる事例を紹介します。

4.「作品」はどこにあるのか　63

作品との出会い方を設計し、文脈化する仕事をキュレーションと言って、美術の領域だと専門にそれを担うキュレーターという職業があります。

今から紹介するのは、私が2017年にラトヴィア国立美術館で見た「TOP in Formation」という収蔵作品展です。芸術作品に対するざっくばらんな姿勢がすごく良かったんですよね。

展示が始まる前にまず、「この美術館のシーンの裏側を誰でも見られるように、保管庫の壁は透明になっています」とあって、鑑賞者は"保管された物質としての"状態から絵画に出会うことになります。

図8　展示の入口（以下、図13まですべて著者撮影）

初めの展示室では、MOST EXPENSIVE WORKSというタイトルと共に作品が並べられていて、意表を突かれます。10枚弱の絵画が並べられていましたが、MOST EXPENSIVE WORKSという言葉を与えられてそれらを見るのと、言葉なしで見るのでは全然違ったと思うんですね。しかも初っ端の提示が

図9

〈値段〉というのが、そうか、でも作品を収蔵するってそういうことだよね……と思わされました。アートは投機の対象でもあるし、マーケットも存在しているのに、なぜかこれまで美術館ではそのことを意識していなかった。そのことを考えさせられました。

その後に、MOST DRAMATIC EPISODES、そしてMOST BEAUTIFUL JOURNEYSが続いて、このタイトルに静かにぎゃーんとなりました。ラップトップの画面を見つめるこの女の人（図9）を「美しい旅をしている」と見た、その目も美しいと思いました。その提示は、しかしここまでの展示を見てきた流れがあったからこそ、私に効いたんだと思います。単発で

図 10　　　　　　　　　図 11

「この絵をそういう視点で捉える感性、どや！」と出されたら、イラッとしたかもしれません。

　個々の絵に内在しているものがあり、それに対する多様な見方がある。そのことが十分に開拓された後だったから、ああどこかにこういう見方をした人がいたのだ、とささやかながら確かなことに感じられたのでした。

　FAVOURITE PASTIMES（大好きな余暇の過ごし方）の部屋では、笑ってしまいました。図 10《Marathon Runner》の次に図 11《Drinkers》が来るんです。そしてその流れでこれ（✓）が来て、タイトルに吹きました（図 12《Favorite Pastime》）。

図 12

　展示室のタイトルとしては、WATERIEST WORKS（みずみずしい作品）というのが一番好きでした。その中にあった、図 13《Castrato[5]》という作品です。

　作品が美術館に収蔵されることについてはしばしば「作品の停滞、死だ」「権威の側に組み込まれることである」などと言われますが、そういう意味でこの展示は、作品を収蔵する美術館の側から収蔵という行為の舞台裏を明かし、高尚なものとして過度にありがた

5）カストラートとはイタリア語で「去勢された者」で、主には 19 世紀までのヨーロッパに存在した去勢された男性歌手。少年の声域を保持したまま、成人の肺活量と胸郭により、息の長いフレーズ、広い声域、力強い響きを得ることができた。

られがちな美術作品とカジュアルにユーモアたっぷりのコミュニケーションを取っていて、気持ちが良いものでした。美術館という制度を、窮屈な方向で変に自己言及的になることなしにひらこうとする姿勢に、好感を持ちました。

作品は誰のもの？

　この節の初めに、3つの問いを提示しました。「作品が『分かる』とはどういうことか？」「作品はどこにあるのか？」そして「作品は誰のものか？」です。「TOP in Formation」展の場合、美術館に収蔵された作品の所有者はラトヴィア国立美術館になっているはずですね。それらの作品がどのような文脈に位置付けられて展示されるかは、作家の意志を離れています。

図13

　作家がいて、作品があって、鑑賞者がいる、それで終わり、ではないのです。作品と鑑賞者の出会い方は、ほとんどの場合何かしらの意図を持って組織されていて、鑑賞者にとっての作品のイメージは、キュレーションされた「出会い方」を通じて得られたイメージになります。作品は、出会われなければただのモノであり、鑑賞されることを通じて初めて作品になる、とも言えるでしょう。作品が作品であり続けるためには、他者との関わりが必要です。そういう意味で、作品は作品として存続し続ける過程で、自ずと作者の手から離れていくのかもしれません。

まとめ：観客との関係に重きを置くこと（置き過ぎるのも……？）

　「作品と鑑賞者のあいだや、作品と作者のあいだに目を向け過ぎると、作品そのものへの視線が弱まるのでは？」という疑問が学生から出ました。これは、「作品は自立しているべき」と考えるか、「作品は鑑賞者との関係性込みで成立するもの」と考えるかの議論につながります。美術史におけるこの議論につい

ては5節で触れるので、ここでは簡単に演劇の場合について書きます。

　演劇において、観客とのインタラクティビティは自明のものです。分かりやすく観客参加型の作品でなくとも、上演はそこにいる観客の反応込みで生成されます。私が作品という概念を関係性の視点から定義しているのは、演劇を足場としていることが大きいと思いますが、逆に演劇において、作品の自立とはどういう状態を言うのだろうと考えてしまいます。観客ゼロの上演はどうでしょう？（そのとき、演劇とインスタレーションの境は何になるのでしょう？）

　……と書いてみて、いや、私のこのような演劇観は近代以降の劇場制度に立脚したものに過ぎなくて、普遍的ではないかもしれないと思いました。

　以前、浜松の水窪（みさくぼ）町で西浦（にしうれ）田楽という民俗芸能を見たことがあります。旧暦1月18日の月の出から翌日の日の出まで、夜を徹して舞われる田楽で、有名なので開始に合わせて多くの観客が集まるのですが、始まる様子を見ていて、あ、これは観客が一人もいなくても気にせず始まるんだろうなと感じました。神事なので神に向けて舞われていて、人間の観客たちは野次馬的にそこに立ち会わせてもらっているとでも言いましょうか、そのパフォーマンスの出来不出来をジャッジする責任主体としてではなく、おおらかに無責任に祭の場にいられる緩んだ自己のありようは、心地いいものでした。

　あの経験に照らしてみると、観客の存在やそこに与える影響があらかじめ想定されて組み立てられる演劇を、必ずしも肯定的にばかり捉えていない自分に気が付きます。

5. 対談記事をつくる
——他人の言葉をパッケージする

　4節で、作品が作家の手を離れ、キュレーターの用意した文脈上で鑑賞されることを学びました。作品が生き続け、受容される文脈が変わっていけば、作品の意味も変容します。5節では、対談記事をつくる課題を通して、他者を起点に作品をつくる場合の倫理について考えます。作品の題材として実在の人物や特定の属性、集団の人々を取り上げる場合に、作品が当事者の意思から離れたところで力を持ってしまう危険性についても見ていきましょう。

5-1　講師2人の対談を、記事にする

課題の概要

　今回は、「他人の言葉をパッケージする」という課題を出します。私と野口さんで創作についての対談を行いました。その記録動画をみなさんに共有するので、文字起こしして編集して、読み物として構成してみてください。

　記事をつくるときには、既存のものをいくつか参考に読んでみましょう。タイトルや小見出しの付け方、ひと区切りの分量など、文脈を共有していない相手に伝えるための工夫をしてみてください。

> 〈他人の言葉をパッケージする〉
> ①テーマを設定し、2人ないし3人で話してもらい、映像もしくは音声で記録する。
> ②記録から、文字起こしと編集を行い、必要に応じてタイトル、小見出し、註などを付け、記事として構成する。
> ③完成した記事を受講生同士で読み合って、良いと思う記事に投票する。
> ④選ばれた記事について、話をしてもらった本人に赤入れを依頼する。
> ⑤赤入れ原稿と元の記事を見比べて、修正された点などを確認する。
>
> ※授業では、岡本がモデレーターを務め、西尾、野口が対談する形式にした。

　2020年度の授業で受講生に共有した西尾、野口の対談動画をこちらからご覧いただけます。

https://www.utp.or.jp/book/b10094541.html

東京大学出版会ウェブサイトの本書の書誌ページに飛ぶので、ページ最下部までスクロールしてください。対談動画へのリンクとパスワード情報があります。

5-2　学生がつくった対談記事紹介

得票数1位の記事を音読してみる

　西尾　みなさん、課題提出お疲れ様でした。どうだったかな？

　学生A　聞こえた会話をそのまま書いてる人もいれば、ですます調をである調に変えてる人もいて。記事として全体のトーンをつくることで、同じ話を

素材にしたはずなのに全然違った色が見えて面白かったです。

西尾　記事の作成を「創作」と捉えたかどうかは分からないけど、それぞれに現れてくるものがすごく違って、もう「表現」になってしまうんですよね。

学生B　音声で聞いたときは、ふむふむ、と理解した気になったんですけど、文字にして全体を通そうとしたら、「あれ、この箇所ってどういう意味だ？」と分からない部分が出てきて。自分なりに解釈して提出しましたが、他の人のを読んだら受け取り方がけっこう違って、焦りました。

西尾　そういうこと、ありますね。では早速、得票数１位だったＣさんの記事を読んでみましょうか。Ｃさん、岡本さんと野口さんと西尾の役を受講生の中からキャスティングしてください。演劇の現場では、俳優をキャスティングするのは演出家か、プロデューサーの仕事です。上演の方針、と言うと大袈裟ですが、どんなことを重視して読んだらいいですか？　編集する際にどういうことを重視したか聞けると、読む人のヒントになるかもしれません。

学生C　対談を見ながら思ったのは、テーマは予め決まってるわけじゃなく、話の流れに沿って、段々道筋が見えてくる感じっていうんですかね。リアルタイムに対談がつくられていく印象だったので、それを踏まえてお願いします。

〈Ｄさん、Ｅさん、ＦさんがＣさんの記事を音読する〉

創作の源と視点に関する対談

岡本　私にとって、創作の活動というものがまだあまり身近でなく、わからない点があった。中でも創作のアイデアの源はどこなのかについて気になった。

野口　私は元々好奇心が強く、いろんなジャンルからインプットする。それを放っておいて自分の中で発酵させていると、アイデアがある時ふと湧いてくる。それを、組み合わせて「やってみようかな」という思いが創作の動機。

西尾　常にいろいろなものが倉庫へ流入する中、**ある時生まれるイメージ**という点に共感できる。普通に生きている中で、なんで、どうしてというような、気になったこと、納得できなかったことが自分の中に重なっている。内容がアウトプットできる具体的な物に結びついたときに創作が始まる感じ。

岡本　インプットのストックとしては人や場所、概念、などがあると思うが、お二方は具体的にはどんなもの？

西尾　授業で扱った内容に関すると、「からゆきさん」（19世紀後半に東南アジアなどで娼婦として働いた人々）について話したい。外から何かしらのモチーフが頭に入ってきたときに、自分の持っていたセックスワーカー、女性の主体性についての**知識**や、作品化したいという**欲求**が合わさって一つのプロジェクトとして始まった。

野口　インプットとしては、音のデッサン、イベントの印象がある。それらから概念化して作品を作っていく。

西尾　音のデッサンとはどういうもの？

野口　「音のデッサン」とは即興演奏や浮かんできたモチーフを書き記しておくこと。ただ、これに関して、最近の経験としてあるのは浮かんだものを楽譜にすると、統合失調症っぽくなってまとまらなくなる。自分の態度が変わることに気づいた。頭の中に浮いたものを作品化するより、五線を前にして組み立てていく方が自分に合っていることがわかった。

西尾　音のデッサンに似た私の経験としては、稽古場での即興劇がある。俳優さんにやってもらった即興ならではの面白さをパッチワークのように一つのものへ作品化していくことはある。野口さんにとって即興演奏と作曲は別物？

野口　即興でも即興なりに別の考えをしているが、創作で使う考え方とは違う。もしかして男女の差もあるのかな。男性は切り分けた考え方の感じがする。私が大学時代にぶつか

った障壁に「私にはロジックがない」という思いがある。それまでは**ねるねるねるね**（以下ねるねと表記）を作るような心持ちだった。ただ、それだけではちっともねるねが固まらず、何も始まらなかった。師匠からのアドバイスもあって、一旦型やテーマといった大きなプールの中に自分の感性を投げ込んでいって、その後に分割したり組み立てたりするやり方もあることを知り、今までやってきた。

西尾 私にも「ロジックのなさ」は感じたことがある。野口さんの、ねるねを練っていた時代と比べると、大きなプールに自分を投げ込み始めてからは、どう変わったのか？

野口 ねるねを作るようなやり方だと、少し形にはなってもゼリーのように溶け始めてしまった。しかし後の手法を使って、コンセプトなどの枠をつけてあげると、一つのものとして固まった、という変化があった。

西尾 ねるねの状態だと… 今思うと、ねるねが共通の表現として浸透したのはとても面白い。… ねるねの状態で表現すると、中に何かしらの原石が埋まっていても、観客がそれに気づくことは難しい。でも、観客の内にコンテクストとして共通の枠が与えられていると、観客も安心して表現を受け取れる。共通言語の存在が安心を生む。

野口 今までは作者としての立場だったので観客からの視点は新しく感じる。

西尾 なぜそう思ったかというと、私は気になる素材を集めて練っていくことはよくやる

ことだが、その素材に集中している間、どこかで客観視、すなわち世界の中での位置づけをしておかないと、練っているプロセスを共有していない人には、製作者の感じた面白さが**追体験**できなくなってしまう。

岡本 素材を組み合わせて熱中して創作している状態と、鑑賞者という枠から作品を客観視している状態の関係は、どのようなものか？自己の中でその二者は分離しているか？

野口 自分で作品を作るときは作品一つにずっと集中している。客観視はその後。音楽家と違って、劇作家は複数の視点を考えて創作するものなのか。

西尾 劇作・演出では視点が違うが、作品に対する距離を自分で切り分けるのは難しいので、主観客観の期間を分けてごっちゃになることを防ぐ。言い換えれば、頑張らないと客観と主観は分けられない。ずっと一方の視点しか持たないとうまくいかず、うまくいくときは両者の視点を**バランスよく**持っているとき。ある程度完成したものを離れてみて別の条件・枠から見ることができる時がうまくいっている時だと感じる。

岡本 野口さんの場合、後から離れて見る時というのはどういう時か。

野口 場合によっては、上演後にお客さんと交流していくうちに客観視ができていく。楽譜を演奏家に渡すときは、渡す前に一度客観視が入ることはあるが、やはりそれ以前の創作期間にはあまりない。他者からのフィードバックは良い客観の機会だと思う。

岡本　フィードバックなどに関連して。他者からの評価と自分の評価との違いはあるのか。意外な評価など、作品に対する自分の感覚と他者から評価のずれ、などはあるか？

西尾　自分と他者の評価はある程度一致する。ただ、他者から評価されたからといって、自分が嬉しく思うかというそうでない場合もある。

野口　作品を通して他者から強い影響を与えられたときは、良い作品だと評価できる時もあるのでは。

西尾　確かに。批判であっても自分の考えが他者に伝わったことがわかる時、自己評価は上がると思う。また、必ずしも他者の高評価が自分の高評価につながるわけではないところが不思議なところだ。

野口　確かに。私も自分の想定と違った捉え方をされたときは楽しく感じる。

西尾　自分でも自身の作品を全部わかっている訳ではない。見てくれた人の反応で**自分の作品に対する理解**が深まると嬉しく思える。

西尾　「作品と評価」と「研究と評価」とでは違いが何かあるか？

岡本　研究の評価は基準が定まっていて、研究と評価は直結しているといえる。他者の意見によって、自分では気づかなかった点へ驚きを抱くことはあっても、研究と他者からの評価のずれは少ないように感じる。研究においては共通言語としての枠がきっちり決まって、わかりやすいものがいいものと考えられる。そのため解釈の相違などは起こりにくいと考えられる。

西尾　研究において、枠は後付けだと思うが、制作中のねるねを客観視したとき、うまく枠を決められた時が、良い素材でできたねるねだったり、いい研究ができた時だったりということか。

岡本　研究においては枠を見つけ出すことも評価基準の一つであり、枠のないものは評価されないものなのかもしれない。以上で対談を終わります。ありがとうございました。

西尾／野口　ありがとうございました

対談参加者の方々の紹介

岡本　佳子　先生：劇・音楽に関する研究者
野口　桃江　先生：作曲・即興演奏を手がける創作家
西尾　佳織　先生：演劇の脚本・演出を手がける創作家

西尾　Cさん、自分の記事が人の声を通して読まれて、どんな感じでしたか？

学生C　僕はこれを黙読する想定で書いたので、からゆきさんのところにあった括弧とか、「ねるねるねるね[6]」の話とかを略記したんですけど、それはそのまま声に出して読まれると変な感じがしましたね。

西尾　Cさんの記事が一番口語体から遠かったと思うんですよね。話した通りの口調から、目で見て理解するものへ、かなり編集されている。では次に、Cさんの記事に岡本さん、野口さん、西尾が赤入れしたものを読んでみます。

同じ記事に、赤入れしたものを読んでみる

講師が赤入れした記事をこちらからご覧いただけます。

https://www.utp.or.jp/book/b10094541.html

東京大学出版会ウェブサイトの本書の書誌ページに飛ぶので、ページ最下部までスクロールしてください。赤入れ記事へのリンクとパスワード情報があります。

〈岡本、野口、西尾、赤入れした記事を音読する〉

西尾　けっこうたくさん赤が入りましたが。野口さん、どうでしたか？

野口　そうですね、私はCさんの記事が1位に選ばれたのは意外でした。いま私たちが読んでみたのを聞いてもらって分かったと思うんですが、実際に話した現場の雰囲気とは、かなり印象の違うものになっていたんですね。でもみなさんの世代にとっては、これが読みやすかったんですかね？

西尾　お話しされたニュアンスと違っていると感じた部分はありましたか？

野口　全く違うわけではないけれど、伝わりづらかったかなと思った部分はありました。あと対談を終えた直後から気になっていたのが、「統合失調症」という単語を出してしまったのが差別的だったかもと。そこに関しては、お

---

[6] 砂糖を主成分とした粉に水を加えて練って泡状にし、キャンディチップやチョコクランチを付けて食べる駄菓子。袋1（重曹と色素が入っている）に水を加えると、中性からアルカリ性になって色素が発色し、そこに袋2（クエン酸）を加えると酸性になって色が変化する。化学の実験的な要素と自分でつくれる楽しさで、ロングセラーになっている。

らく同じ問題意識でその単語を削除してくれた記事もあって、そういうところに編集者の考えが出てくるものだなと思いましたね。

　男女の差について書いたところも、ただの個人的な見解であえて載せる必要はないと思ったので、最後の校正の段階で削除させていただきました。

西尾　ありがとうございます。岡本さんはいかがですか？

岡本　大変面白く読ませていただきました。この赤入れは、公にするとしたらという前提で加えたもので、ダメ出しではないのでご承知ください。

　提出された課題を見たところでは、まず私の扱い方について、相当みなさん戸惑ったろうなと。野口さんと西尾さんの二人の対談ということになっていましたが、岡本が進行的な立場で入りつつ多少喋ってもいたので、これが記事作成者のみなさんの立場になるのか、岡本も入れて三者の鼎談ということにするのか、あるいは三者の鼎談でさらに質問を神の声のように入れるのか。まあでも、みなさんそれなりにスタンスを決めてまとめていただいてましたね。

　赤入れに関するスタンスとして私は、編集した人がそのように書いた、というところはなるべく尊重したい気持ちがあって。今回私自身が喋ったところは少なかったですが、普段もなるべく変えないよう心がけています。でもそれは私がいつも授業をやっていて、授業が分かりやすいかどうかで評価を受け、伝わらなければ教員のせい、という前提を持っているからかもしれません。

西尾　岡本さんの赤入れのスタンスに対して、私は常々赤をたくさん入れてしまうタイプです。「それがそのときああなって……」というような、こそあど言葉の多い話し方をさらにボディランゲージで補って話してしまうので、そのまま文字にすると何の話をしているのか全く分からない。それはまとめてくださる方の問題ではなく、私の問題です。改めたいですね……。

　内容面では、からゆきさん[7]の説明で私が対談時に「出稼ぎみたいな感じで東南アジアに行った人たち」って言い方をしたんですね。でも彼女たちは、主体的に出稼ぎ移民になるつもりで行ったのか、あるいは人身売買の被害者

7）主に明治初期から昭和初期に、東南アジアを中心とした世界中の様々な土地で娼館勤めをした日本人女性たち。「唐ん国行き」がつづまって「からゆき」となった。

74 演劇編

として半ば騙されて売られていったのか、はっきり判断できるわけではないですし多くは後者なので、そこは私の発言が不適切でした。

あと細かいことでは、「娼婦」という言葉。この単語は、選択している職業を、その人自身と直結していて変更不可能な、ネガティブな属性として外野が勝手にラベリングするときに用いられることが多いように感じていて、からゆきさんを説明するときに私は何となく使えないんですね。それで、Cさんの記事で「娼婦」とされていたのを「娼館勤めをした」にしました。

伝わっていなかったと思ったのは、劇作と演出の違いが主観と客観の対比で説明されていたところです。「ねるねるねるね」のところもですが、素材を練りながらググッとのめり込んでいるときと、その自分の「ねるね」の作業状況を引いて眺めるときっていうのは、必ずしも主観と客観の違いではないんですよね。あくまで距離の違いというか。なので、そこも赤を入れました。

他の学生の記事 3 例

課題全体を眺めての注意点としては、まず、編集・構成した人の名前は書きましょう。この記事は誰の判断・責任でこうなったのか、というのは必要な情報です。その意味でGさんの記事は、小見出しの付け方など含め丁寧でした。

※以下の記事は、掲載の都合上、課題提出時の状態から体裁を多少変更しています。

音楽×演劇×学術研究　創作対談
〜対峙から俯瞰へ〜

対談記事執筆者：学生G

着想に至るまで
〜インプットの発酵、即興〜

岡本先生（以下「岡本」）：この授業は実践を採り入れながら芸術について学んでいく授業ですが、学生にとっては「創作って遠いな」というイメージが強いと思います。お二人はどうやって作品を創っているのでしょうか？　題材、発想のヒント、どのようにして創作が始まるのかについて、まずは教えて下さい。

野口先生（以下「野口」）：私の場合は、自分の中で多様なインプットを発酵させると、ふとした時に発想が生まれますね。

西尾先生（以下「西尾」）：私もそうですね。特に「何かを作ろう」と思っている訳ではなくて、「なぜ？」「どういうこと？」という看過できない疑問点・問題意識が産まれて、それが普段から考えている内容や形式のアイデアのストックと結びついたときに、創作が始まります。

岡本：その発想のストックは具体的なものなのでしょうか？　それとも概念的なものなのでしょうか？

西尾：そうですね。私は「からゆきさん」という、明治時代の出稼ぎとして東南アジアの娼館で働いていた女性達について調べた事があります。「からゆきさん」というモチーフは外からやって来たのですが、以前からセックスワーカーの事や女性の主体性の事、自分自身の本当の事を掘り下げて作品に昇華したいと思っていた事が結び付いた事により、創作が始まりました。

野口：私は音のデッサンですね。

西尾：音のデッサンとは？

野口：即興演奏の音や考えたモチーフを楽譜で書き留めたり、印象に残った出来事を楽譜の中で表現したりする事です。とは言っても、私には即興ではなく五線譜を前にして組み立てていくやり方が合っているのかな。

西尾：私も稽古場で俳優さん達に、即興で出て来た面白いアイデアを組み合わせてもらう事はあります。しかし、即興と作曲とは全くの別物なのでしょうか？

野口：即興中も楽譜のようなものを考えていますが、作品として固めようと思うと上手くいかないのですよね。もしかしたら男女差があるのかもしれません。男性は切り分けるという感じですね。

完成に至るまで
〜「ネルネルネルネ」からの飛躍〜

野口：私は大学時代に「自分にはロジックが無い」という壁に当たりました。いくら要素を粘土のように「ネルネルネルネ」みたいに混ぜていっても、なかなか作品として上手くいかなかったのです。その時、師匠から「大きなプールを頭の中に思い浮かべて、その中に自分の感性を投げ込んで作品を構築していくという方法もある」というアドバイスを受けました。私にとってそのプールは型であったり、コンセプトであったりしました。その手法を身に付けてからは、今でもそうやって創作をしています。

西尾：「ロジックが無いなあ」と思う感覚はよく分かりますね。具体的にはどのよう

76　演劇編

に、その「ネルネルネルネ」の時期から創作の方法が変わっていったのでしょうか？
野口：そうですね。要素を混合して「ネルネルネルネ」したものを、枠やロジックで
固める事によって、コンセプトのある作品として完成させる事が出来ました。
西尾：流れの中で生まれた共通言語として「ネルネルネルネ」が機能し始めているの
が面白いですね。さて、（以下略）

　この授業の文脈を知らない人にも親切だと思ったのは、Hさんの記事です。
冒頭に「これは誰が誰に、これこれこういう趣旨の内容を聞いた座談会です」
という説明があります。岡本さん、野口さん、西尾が一体誰なのかについても、
授業外部の人が読者になるとしたら、紹介が必要です。ただ、Hさんも署名が
ありませんでしたね。

創作をめぐって
　芸術研究者の岡本佳子さんが劇作家の西尾佳織さん・音楽家の野口桃江さんにお話
を伺った。どのようにして作品を作るのかということに始まり、創作者である自分と
観客の関係、そして創作と評価の関係に発展していく。

作品が生まれる時
岡本　授業冒頭で少しお話した通り、創作ってちょっと遠い世界だなというイメージ
がまだあります。創作の始まり、例えば題材はどこから取ってくるのかとか、どうい
うときに思いつくのかとかに興味があります。
野口　私はもともと好奇心がすごく強い方で、音楽に限らず色々なジャンルをどんど
んインプットして、それで放っておいて自分の中で練って、あるときふと偶然の一致
が起ったりして、これとこれやってみようかなという経緯が多いです。
西尾　わりとそれは私も共感します。何作ろうかなと思っているわけではなくて、普
通に生きてる中で、「なんでこういうこと言われたんだろう」とか「あの事件ってど
うしてこういうこと起こったのかしら」とか、なにか通り過ぎることのできないこと
が自分の中にストックされていてそれが、という感じですね。「内容」がこの「方法」
でアウトプットできるかもと結びついたときにプロジェクトとして動き出したりする
気はします。
岡本　そういうストックって人や場所の具体的なものとか概念的なものとか、色々あ
ると思いますが、具体的なものをとってくることはありますか。
西尾　これは私の中にストックされていたのではなく外からやってきたものだったの
で少し違う話になってしまいますが、今回の授業で扱うようなことだと、からゆきさ

ん（明治時代始まってから、出稼ぎという形で主に東南アジアの娼館で務めた女性）があります。ただ、それがパッと来たときにじゃあ何と結びついてプロジェクトとして動き始められたかというと、それは以前からセックスワーカーのことが気になっていたとか、女性の扱われ方・主体性が気になっていたとか、自分自身の本当のことを掘り下げて作品にしたいとかっていう三つくらいが結びついたからなんですね。

野口　私は音のデッサンというのもありますし、あとはイベントとしての出来事が印象に残っています。そこから内面化していって作品にするということもあります。

西尾　音のデッサンというのは、こんな音があったというのを、絵に描くみたいにってことですか。

野口　作曲の界隈では少し違って、即興演奏や考えの中で浮かんできた音を描き留めていくことをデッサンと呼んでいます。そこからいざ作品として固めようと思うと、私の場合はまた即興とは違うところからの創作になると思っています。大学時代に、「私にはロジックがない」なと思ったんですよ。それまで素材と素材を「ねるねるねるね」みたいに混ぜ合わせている感じで。でもそれだとなかなか始まらなくて「何が必要なのか？」と思っていました。そこで、師匠から「大きなプールの中に自分の感性を投げ込んでいって、そこから分割・構築してみなさい」と教わって、違うやり方をしてみようと思いました。私にとってのプールは型やコンセプトなんです。

西尾　「私にはロジックはないな」と思う感覚は私にもちょっと分かります。そのアドバイスを受けたことで、どう変化しましたか。

創作者と観客の隔たり

野口　「ねるねるねるね」をしていた頃は、水がゼリー状になるけれど流れ出してしまうみたいなことがあったんです。そこをガチッとしたコンセプトみたいなもので固めると定着してくれた、そういう経緯がありましたね。

西尾　あ、ちょっと分かったかも。「ねるねるねるね」だと面白みとか煌めきはあるけれど、観客はそれとどう対峙していいのか分からないのかも。でもコンセプトや枠組みがあると、観客は「このような色のねるねるねるねだ」と安心して向き合えたりするのかな。

野口　作曲家からの視点で考えていたので観客からの視点というのもありますね。

（以下略）

　Ｉさんの編集方針も、面白かったですね。「吾が輩は課題である。タイトルはまだない。」と付いているんですが、登壇者が「野口先生」「西尾先生」という形で登場していて、「これは授業内の課題で、受講生のＩが先生方のお話を

「まとめました」ということが素直に表れていて、そうくるか！と思いました。

吾が輩は課題である。タイトルはまだない。

学生I

（司会者：岡本先生）

―芸術を学ぶということで開講されているこの授業ですが、学生にはまだ芸術を創るということにすら馴染みがないと思います。そこで今回はまず、芸術創作のスタート地点についてお聞きしたいです。

野口先生「私は元来好奇心がかなり旺盛で、色んな知識を詰め込む習慣がありまして。それである日詰め込んだ知識のシンクロシティが起きて、『じゃ、創作しようかな！』ってなりますね」

西尾先生「わりとそれは共感します。私も特に何かを作ろうと思っているわけじゃなくて、日常でどうしてもやり過ごせないことが起こった時に『何で起こったのだろう』って。それが溜まりに溜まって、アウトプットできる形になると創作が始まりますね」

―そのストックには色々考えられると思うのですが、具体的には何でしょうか。

西尾先生「例えば、以前から気になっていたセックスワーカーと、女性の扱われ方、自分自身について掘り下げたいという思いが合体したことはありましたね」

野口先生「音のデッサンをした時とか、印象に残った出来事とかですね」

西尾先生「音のデッサンとは…」

野口先生「例えば即興演奏のモチーフにしようと思ったものを書き留めることですね。即興演奏って、後で譜面に再現してみると、全体の繋がりがなくて。やっぱり私には、分節して作っていくやり方が合っているのかなって。」

西尾先生「ああ…、私も稽古場で俳優さんに即興で何かを演じてもらって、面白いと思ったものをパッチワーク的に繋げていくことはありますが…、でもひょっとして、作曲と即興演奏って別物なのですかね」

野口先生「いや私も即興演奏の時に何も考えていないわけじゃないですよ。でもそれを作品として固めようとすると、やっぱり別の切り口から考え直してしまって。いや、これは私の場合で、男女差もありますね。男性の方が切り分けをグッとやってしまう傾向もあって。私が大学時代痛感したのは、自分にはロジックがないなって。いくらアイデアを'ネルネルネルネ'みたいに混ぜていってもなかなか上手くいきませんでした。そんな時、師匠に『自分の感性をプールに投げ込め』って自分の感性を切り分けていくやり方を教わり、それ以降はそのやり方で作曲するようになりましたね」

5. 対談記事をつくる　79

西尾先生「その作曲の仕方を変えられた箇所についてもう少し教えてもらえませんか」
野口先生「うーん、なんか‘ネルネルネルネ’の頃はなかなか安定して固まらなくて。
それでやり方を変えてからは外側を、例えば概念でグッとやると綺麗に固まるように
なって」
西尾先生「観客から見た時、その‘ネルネルネルネ’が固まらないうちってどうやって
対峙して良いものか分からないけれど、綺麗に固まったものならその‘ネルネルネル
ネ’の性質も確信できて、安心して観られますよね。私も自分で何かを創る時、最初
は‘ネルネルネルネ’をするけれど、どこかでそれを俯瞰しないと、固まっていない状
態で作成プロセスを知らない観客に共有してもあまり面白くないというか。」（以下略）

　今回はパネリストの私たちの不慣れさもあって、記事の構成が大変だったかも
しれません。ただ、どんな形であれ表現をすると、そこに「態度」が現れて
しまうことを実感してもらえたかと思います。

※〈5-2〉でレポート掲載にご協力いただいたみなさん
　C：上山裕也さん　G：折井森音さん　H：中務敬さん　I：米倉悠記さん

5-3　他者を起点に、自分の表現をつくることの倫理

当事者不在の表現
　ここからは、他者を起点に自分の表現をつくることについて、倫理的な観点
から考えていきましょう。事前課題として、SWASH 編『セックスワーク・ス
タディーズ　当事者視点で考える性と労働』（2018 年）の第 9 章、げいまき
まき「当事者とどう向き合うか　セックスワーカーと表現」と、そこで紹介さ
れていた声明文「わたしの怒りを盗むな[8]」を読んできてもらいました。
　「わたしの怒りを盗むな」について確認しておきましょう。現代美術家の丹
羽良徳が、2016 年 1 月に京都市立芸術大学が運営するギャラリー@ KCUA に
おいて、展覧会に付随するワークショップ『88 の提案の実現に向けて[9]』の
一環で、事前の打ち合わせなしにギャラリーにデリバリーヘルスのサービスを
呼ぼうとしました。が、デリヘルを公共の場に呼ぶのはそう簡単ではない。と

8）https://dontexploitmyanger-blog.tumblr.com

いうことで急遽、キュレーターの知り合いだった元セックスワーカーのげいま
きまきさんがその場に呼ばれました。

「セックスワーカーが自分の仕事を打ち明けているのは平均２人だという調
査があります。しかもその２人というのは同僚や店のスタッフです。つまり
セックスワーカーはその仕事を人に知られたくないし、バレることによるリス
クがあるのが現状だから、公共の施設でもあるこのギャラリーにデリヘルを呼
ぶのは問題です」（前掲書 p. 203）とげいまきまきさんが企画の問題を指摘し
たところ、ワークショップ参加者からは「『表現の自由』や『アーティストの
自由』はどうなるのだ？」という反応が返ってきて、議論は平行線をたどり、
この件について投稿したげいまきまきさんの Twitter もまた「表現の自由」を
訴えるリアクションによって炎上したため、げいまきまきさんが友人たちとと
もに事件の経緯や問題点を改めてまとめ、ネット上で発表したのが声明文「わ
たしの怒りを盗むな」です。

セックスワーカーに限らず、アーティストが何がしかのマイノリティを創作
において取り上げることは少なくありませんが、取り上げた対象が創作活動に
よってネガティブな影響を被ることもあり得ます。そのようなことが起こらな
いようにするところまで含めて、創作活動に携わる人間の責任です。げいまき
まきさんの言葉をお借りすれば、「当事者の声がアートの名の下にないがしろ
にされることのないよう」に、作品が「当事者不在の表現」にならないように、
気を付ける必要があります。

対談記事をつくる課題でも、語りの当事者に当たる野口さん、岡本さん、西
尾による赤入れのプロセスでＣさんの表現が削られたり変更されたりしたわ
けですが、どんなに表現として面白くても、その表現の素を提供してくれた人

---

9) Facebook 上のイベントページによれば、「アカデミーと社会との往来のなかで『88 の提
案』よりピックアップした提案の以下の実現に向けて実践的な行動を開始します。［……］
14. デリバリーヘルスのサービスを会場に呼ぶ、78. 男子トイレと女子トイレを入れ替える、
74. 階段で野菜の天ぷらを揚げる、85. タクシーで城の周りを 5 周する
（イベント終了後追記）上記提案のうち、74 と 85 は実現に向けての実践的な行動が行わ
れ、14 については急遽、事情に詳しい方にお越しいただき、仮にそれを行った場合におこ
るさまざまな問題点について、お話を伺いました。78 は未検討です」とのこと。
https://www.facebook.com/events/158206991223088/
なお、「88 の提案」は作家のウェブサイトで閲覧可能。https://yoshinoriniwa.com/works/40

が納得していなければ NG です。表現のために他者を素材化してはいけません。

本人が納得していれば、どんな表現も OK なのか？

では次に、本人が納得していればどんな表現も OK なのか？という問いについて、山本浩貴『現代美術史——欧米、日本、トランスナショナル』（2019年）第 2 章を参照しながら考えてみましょう。まず紹介したいのが、サンティアゴ・シエラというスペインのアーティストの《4 人の上に彫られた160 cm のタトゥー／ 160 cm Line Tattooed on 4 People[10]》（2000 年）です。シエラのウェブサイトで、写真と 30 分強の映像が見られます。

写真／映像にうつっている 4 人の女性はヘロイン中毒のセックスワーカーで、お金と引き換えに、背中にタトゥーを入れることを了承しました。タトゥーを入れる様をパフォーマンスとして作品化し、その記録写真および記録映像が美術館で展示されたわけです。支払われた報酬の金額は、ヘロイン 1 回分です。

同じアーティストの作品をもう一つ見てみましょう。展示空間に行くと、ヨレヨレの段ボール箱が六つ置いてあって、どうも中から気配がする。箱の中には、正式な労働許可を得ることができない亡命者たちがひっそり入っていて、これも同じパターンですね、タイトルは《ダンボール箱に閉じ込められた支払いを受けることのできない労働者達／ Workers Who Cannot Be Paid, Remunerated to Remain Inside Cardboard Boxes[11]》（2000 年）。彼ら、彼女らは、6 週間にわたって一日 4 時間ダンボールの中に息を殺して潜んで過ごす、という指示に応じることで少ない対価を受け取っていて、それがシエラの作品になっています。この二つの作品、みなさんはどう思いますか？

シエラは世界的に有名なアーティストで、日本では 2010 年のあいちトリエンナーレに招聘されています。紹介文としては、「1966 年マドリッド生まれ。ルッカ、マドリッド在住。作家は作品を制作する際に、一般の人々を募り、その人々に課した労働に対する報酬という経済原則の一つをかたどったパフォーマンスや、それを記録した白黒写真を通じて、社会の隠された権力構造を露にする[12]」。2018 年には越後妻有大地の芸術祭にも呼ばれています。こちらの

10）http://www.santiago-sierra.com/200014_1024.php
11）http://www.santiago-sierra.com/20009_1024.php

紹介は、「ミニマルコンセプチュアルアートの手法を背景に、資本主義社会や日常に内在する権力や階級のヒエラルキーについて探求する作品を世界各地で展開している。シエラは、貨幣交換や労働搾取をテーマに、社会的弱者を雇って無意味なことをさせるパフォーマンスなど、観客にモラルや正当性を問う緊張感を持った作品を発表し続けている[13]」。美術の文脈ではポジティブな評価をされている、大御所とも言っていい作家ですが、みなさんはどう評価しますか？　今日の最後にもう一度聞いてみるので、考えてみてください。

　ここからは、シエラのような作家が現代美術界においてどのような価値基準で評価されているのか、そしてそこに至る現代美術界の流れについて、見ていきましょう。

　シエラを評価した美術批評家に、「敵対と関係性の美学」（2004 年）という論文を書いたクレア・ビショップがいます。彼女はシエラの作品を、「敵対性の契機が見られる」として評価しました。この敵対性という概念は、まず先行してキュレーターのニコラ・ブリオーが『関係性の美学[14]』（1998 年）という本で提唱したリレーショナル・アートがあり、それを批判すべくビショップによって持ち出されたものなので、先にブリオーの『関係性の美学』から紹介します。

ニコラ・ブリオー『関係性の美学』とリレーショナル・アート

　昔は、作品といえば作家によって完成されているべきもので、鑑賞者はそれをただ見る、というのが作家・作品・鑑賞者の関係でした。見る主体／見られる客体が完全に分かれていたわけです。それに対してブリオーは、全てがスペクタクル化されつつある現代社会で、生き生きした人間同士のコミュニケーションをアートが生み出すにはどうすればいいのか？という問題意識を持っていました。そこで、「一方的な視点の対象となる静的なオブジェクトではなく、人間の総合行為や出会いを触発する動的な場」（山本浩貴『現代美術史』p. 86）として芸術を再解釈し、「コミュニティや連帯を想像する『技法』」（同上）

---

12) https://aichitriennale2010-2019.jp/2010/artists/contemporary-arts/santiago-sierra.html
13) https://www.echigo-tsumari.jp/art/artist/santiago-sierra/
14) 辻憲行による邦訳は 2023 年刊行。

としてアートを提示しました。

　この考え方の枠組みから出てきたのが、リレーショナル・アートです。ブリオーが推していたアーティストに、リクリット・ティラヴァニがいます。彼がニューヨークの MoMA で発表した《無題（Free/Still）》（1992 年）は、お客さんが作品を見るつもりでギャラリーにやってくると、ティラヴァニからタイカレーを振る舞われて、それを食べながらみんなでおしゃべりすることになる、という作品です。ティラヴァニはアルゼンチン生まれですがエスニシティはタイなので、タイカレーは彼自身のルーツと関わりのある食べ物になります。彼は 1990 年にも、《パッタイ》という文字通りパッタイ（平たい米粉麺を炒めたタイ風焼きそば）をギャラリーで無料配布する作品をつくっています。言葉だけで説明すると、だから何だという感じもしますが、ニューヨークの一般的なギャラリーのあり方に慣れ切っていた人たちには衝撃的な問題提起になったようで、「そこには出会いがあって、観客はもはや作品を一方的に見せられる存在ではなく、創造の一端を担っているのだ！」というような熱い反応が起こりました。

クレア・ビショップ「敵対と関係性の美学」

　このリレーショナル・アートを批判したのがクレア・ビショップです。ギャラリーに集うアートファンだけで「対話」をすることに、何の意味があるのか？　そういう同質的で調和的な空間は、都合の悪い人々を排除することで成り立っているものだが、芸術はむしろ、共同体における意見の相違や対立として表れる「敵対性」を取り入れてこそ力を持つのでは？　社会の調和を維持するために抑圧されているものを露呈させ、隠蔽された問題を可視化することこそ、芸術の役割なのでは？　と、このような論理で、ビショップはサンティアゴ・シエラの作品も高く評価しました。

　改めて、芸術の役割とは何でしょうか？　アーツカウンシル東京という助成機関のサイトから、演劇批評家の内野儀さんのコラム「〈公共〉ということ――ベルリンから[15]」を紹介します。

15）https://www.artscouncil-tokyo.jp/ja/library/column-interview/9844/

84 演劇編

　このシンポジウムに招聘されていたのは、メキシコ、パレスチナ、キルギスタン、ジンバブエ、ギリシャ等の世界各地で、主としていわゆる社会的弱者との共同作業を長く行ってきたアーティストや研究者だったのですが、やや逆説的ながら、わたしがこの開催趣旨を見て強く興味を引かれたのは、「社会的要素のない芸術作品への助成がドイツにはほとんど存在しない」という部分でした。「社会的要素」における「社会」とは何かは、かなり曖昧ではあれ、これはつまり、端的には、単なる娯楽作品には助成はないという意味だと言ってよいでしょう。一方、このことからドイツでは、アーティストは戦略を練らなければならない、とも書かれています。芸術が「社会的使命を忠実に果たす」ことはそれなりにわかりやすいですが、では後半の「社会的義務と想定されるものの価値転倒的な問い直し」とは何でしょうか？　これは、ドイツ演劇を知っている人であればおそらくすぐに了解するように、国家であれ市民社会であれ、そうした共同体の成員が共有している（あるいは、すべきである）と考えられている規範や価値をひっくり返してみせる、ということだと考えてよいと思います。つまり、社会の「メインストリームな＝支配的な」ものに対して、批評的／批判的に向き合う、あるいはオルタナティヴなヴィジョンを提示する類いの芸術、ということになります。

　このコラムでは、ドイツの公共劇場と日本の公共劇場が比較されているんですが、ドイツの公共劇場ではラインナップにどういう作品を選定するかの基準として「社会性があるかどうか」が大きいんですね。そして「社会性」の中にも２種類あって、ひとつ目の「社会的使命を忠実に果たす」というのは、例えばドイツは国家として移民／難民に対する寛容な受け入れ方針を打ち出しているわけですが、その方針に沿った思想を芸術という方法を通して伝える、というようなことです。

　ふたつ目の「社会的義務と想定されるものの価値転倒的な問い直し」という部分、これは簡単に言えば、私たちの社会が「正しい」と思って進んで行く方向、共同体の大多数のメンバー間で共有されている価値観や規範に対してツッコミを入れ、問い直しをするということです。シエラの作品は、こちらの「価値転倒的」な作品になるでしょう。例えば《ダンボール箱に閉じ込められた支払いを受けることのできない労働者達》で箱に入っていた人々は、チェチェン共和国からの亡命者だったそうですが、彼らはドイツ政府の定めたルール（＝亡命者には月80マルクのみ支給して、労働を禁じる）のために、このような

5. 対談記事をつくる　85

過酷な仕事に従事せざるを得なくなっていたからです。作品を通して、ドイツ政府の対応やそれを許容する社会のありようを暴いていると言えるでしょう。

二つの問いとディスカッション

　ここまでの話を踏まえて、みなさんに考えてみてもらいたい問いを二つ用意しました。グループごとに、話してみてください。

問い1　丹羽良徳のワークショップ『88 の提案の実現に向けて』は、その芸術的価値を検討する以前に手続き的部分の問題が大きかったと思われる。しかしもし仮に手続き面がクリアされていたら、つまり、協力してもらうセックスワーカーに企画の趣旨を説明し、ワークショップ実施中や終了後に当事者に危険のないよう状況を整え、同意を得られたならば、何がしか芸術作品として価値があり得ただろうか？もしそのワークショップ会場に自分がいたら、どんな体験になるだろう？　『88 の提案』の他の項目も含め、考察しましょう。

問い2　サンティアゴ・シエラの作品をどう評価するか？　する／しない、いずれにしても自分の判断基準を考えてみましょう。社会が抱える問題と密接に結びついた作品は、時代が変わり社会が変わっても、有効性を持ち得るか？　そのような作品にも普遍的価値はあるか？　あるとしたらどういうものか？

　学生A　問い2の方なんですが、僕はシエラのタトゥーの作品には嫌悪感を抱きました。あんな安い値段で体に一生残る傷を付けるというのは、芸術の名の下で人道に反する行為を取っていると言えると思う。
　学生B　たしかに、げいまきまきさんの場合と違って、プロセスに関してはお互いの合意があったということだけど、倫理的にはどうなんだろう。やり方の面でもっと違ったものを考えられなかったのか？と思っちゃったかも。
　学生C　他のアイデアを考えられなかったわけじゃなくて、ダンボールに入ってもらうとかタトゥーを入れるみたいなことが一番有効な手法だと思ったんじゃないかな。僕はあの作品を肯定的に見たんですけど、何も法に触れることはしていないし、この作品がなくても精神的苦痛を受ける場面っていうのは社会にいくらでもあるわけで、批判される理由がないんじゃないか。というか、そういう批判こそ「芸術」を特別視しているのでは？と思いました。

86　演劇編

　学生A　でも、合意が取れてるって言ったって、著名なアーティストと社会的弱者のあいだの話だよね？　それから「この社会には他にも傷つくことが色々ある」っていうのは、この作品とは関係ないんじゃない？
　学生B　「時代と社会が変わっても有効性を持つか」という問いはどう？
　学生D　その問題が解決されているかどうか、にもよるんじゃないかな。解決されてなかったら有効だし、解決されていたら、それは「歴史的な価値」に変わるんじゃないかな。
　学生B　でも解決されたとしても、その問題の被害者だった人とか、当事者の人たちにとっては、価値は残り続けるのかもしれないとも思った。……って話してて、え、でもそもそも解決って何だ？とか、新しい疑問も出てきたけど。

まとめ：鑑賞者の権利と責任、鑑賞者に対して
　　　　アーティストの負う責任

　授業の最後に行った「二つの問い」についてのディスカッションは、文字にしてしまうと、学生たちが流暢に議論を交わしているように見えると思いますが、実際は非常に慎重に、言葉に詰まりながら、言葉を発する自分自身の価値観や立場についても思いをめぐらせながら話している様子が印象的でした。

　問い1について話したグループの学生が、「セックスワーカー……という人たち、その……そういう人たちがいる、いや、いることは……（知っている）、……でもその、状況を、自分はあまり考えずに生きてきたと思うので、そういう自分の認識、をひっくり返す、という意味では意義があると言えるのかもしれないですけど……（長い沈黙）……もし自分がその会場に行って、見るということを考えると、……ためらってしまう、直視できない、ということを考え始めたところで、時間が終わってしまいました」と話してくれました。

　彼の「ためらってしまう、直視できない」という言葉の中身は何だったのだろうな、と考えます。「セックスワーカーについてあまり考えずに生きてきた自分」の認識をひっくり返すために、セックスワーカーとして働く生身の個人が「アート」として提示されることのグロテスクさに、想像の中で触れていた

のでしょうか？

　二つの問いに対する私の考えを述べておきましょう。問い1について、「88の提案」の意義は、この社会において一般的にはなされない危うさを含む行為を仮想することで、現行の社会の限界や矛盾があぶり出される点にあると思います。しかしこれらの提案を「仮想」ではなく「実行」した場合、その危うさが降りかかるのは、アーティストではなく行為の実行者とその行為に巻き込まれる人です。そしてまた、デリバリーヘルスのサービスをワークショップの会場に呼んでも、呼ばれたセックスワーカーにリスクの生じない社会においては、この提案は何の意味も持たないでしょう。

　問い2について、私はこの二つの作品をオンラインの映像でしか観られていないので、作品を正式に評価できる立場にないと留保をつけた上で、《4人の上に彫られた160 cmのタトゥー》を私は評価できません。この作品がどれだけ社会の問題を強く提起しようと、4人のセックスワーカーは一方的に作品に利用されていると思うからです。それに比べれば《ダンボール箱に閉じ込められた支払いを受けることのできない労働者達》は、いくぶん肯定的に捉えられるかもしれません。作品に関わった亡命者たちにとって、自らの状況を訴えて改善につなげられる可能性が多少あるかもしれず、アーティスト・作品と亡命者たちの関係は、単に非対称なばかりとも言えないと感じるためです。

　作品をつくる前に、鑑賞者として作品を「見る」ことの恐ろしさ（自分が楽しんで見ている作品が、実は他の誰かに対する搾取の上に成り立っているものかもしれない。鑑賞者は、提供される刺激を安全な位置で消費し得る立場である）を知ることも、大切です。

　ある作品が、他者への加害や搾取の上に成り立ったものであったとき、鑑賞者はその作品やそれをつくったアーティストを支持することで、加害や搾取に加担してしまう可能性があります。しかしこれは同時に、鑑賞者は作品やその成立背景に適切に応答（ときには批判）することで、アーティストや芸術文化業界の健全化に寄与する力を持っているということでもあります。

　アーティストには、適切な倫理観を備えて創作を行う責任があります。それは、作品に関わる当事者はもちろん、作品の鑑賞者を尊重するためにも必要なことです（ただしこれは、作品を脱臭・漂白することとは別のことです）。

6. 作者になって答えよう＆劇評を書こう
―― 鳥公園『緑子の部屋』

　自分たちで作品をつくる手前の最後のワークとして、6節では「他人の作品の作者になってみる」ことと劇評執筆に取り組みます。他者のつくった作品に2種類の関係性で関わることで、作品の構造や自身の視点をつかみましょう。

6-1　作者になること

　以前読んだ荒川洋治『詩とことば』から、今日は「作者になること」という一編を読みます。

　　詩は、読む側に立つだけだと、いつまでも無縁のもの、遠いもの、見えないものになる。その詩の作者に、なってみてはどうか。
　　以前、ある教室で、そんな実験をしたことがある。そのときのようすを思い浮かべながら、ここでは、石原吉郎の「自転車にのるクラリモンド」で、ためしてみることにする。[……]『現代詩文庫・石原吉郎詩集』（思潮社・一九九四）より引用。

そうして目をつぶった
ものがたりがはじまった
自転車にのるクラリモンドの
自転車のうえのクラリモンド
幸福なクラリモンドの
幸福のなかのクラリモンド

そうして目をつぶった
ものがたりがはじまった

町には空が
空にはリボンが
リボンの下には
クラリモンドが

かりに、生徒のひとりに、作者「石原吉郎」になってもらう。そしてこちらから、その人にみんなが質問をする。こんなふうに。[……]

ぼく「作者の石原吉郎さんに、ききます。クラリモンドって、誰なんですか」
石原吉郎（生徒A）「……自転車に乗っている人です。シベリアのどこかの街で、サーカスがあって、そのときの記憶で書きました」（ペロッと舌を出す）
ぼく「どうしてクラリモンドという長い名前なのですか」
石原「短いと、なんとなく自転車という音と、合わないから」
生徒B「なんで、あちこちで、目をつぶるのですか」
石原「……人に見せるときの人間の動作は、鮮明なのですが、そのためにものが隠れてしまうことがある。隠れてしまうものに興味があったからです。自分もよくそう見られて、困ったときがあるから」（最初より、応答がなめらかになる）
生徒C「幸福なクラリモンドの、幸福のなかのクラリモンドと、ややこしいですね。なんでしょう、これは」
石原「自分にもわからないのですが……幸福ということばが出たとき、単純になって。少し何か加えたい。そんな気持ちになり、のらりくらりしてみました（笑）」

(荒川洋治『詩とことば』「作者になること」pp. 133-135)

この「作者になる」ワークを、私たちもやってみましょう。とにかく何か言うしかない！という状況になってみると、意外と言葉が出てくるものです。題材は、私が戯曲を書いて演出をした『緑子の部屋』という演劇作品です。次回までに、各自で映像を見てきてください。

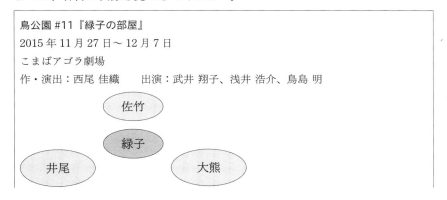

鳥公園 #11『緑子の部屋』
2015年11月27日〜12月7日
こまばアゴラ劇場
作・演出：西尾 佳織　　出演：武井 翔子、浅井 浩介、鳥島 明

90 演劇編

（作品紹介）

　ある日、緑子がいなくなった。緑子の兄からの連絡で集まった高校の同級生の井尾と、緑子とかつて付き合っていた大熊は、それぞれに緑子についての思い出話をするが、3人の話はまるで噛み合わず、話せば話すほどよく知っていたはずの緑子像がぼやけていく。

　本作は6つのシーンから成り、シーンが切り替わるごとにそのシーンの数字が舞台上に映し出される。緑子の部屋、緑子が転がり込んだ大熊の部屋、緑子と井尾が通っていた高校の教室、佐竹と大熊と井尾が働いていた餃子工場など、シーンごとに時間も場所も移り変わるが、登場するのはいつも井尾、大熊、佐竹の3人である。ただし3人は、緑子と何らかの関係があることだけは保持されるものの、3人のお互いの関係性はシーンが切り替わるごとにリセットされる（例えば、初めのシーンでは緑子の友人、緑子の元恋人、緑子の兄として出会った3人が、別のシーンでは3人ともが女子校の同級生になっていたり、また別のシーンでは大熊と佐竹がバイト先の先輩後輩で井尾が大熊の恋人になっているなど）。

　アイデンティティも関係性も安定して積み重なるものが何もない中で、共同体における異物への視線とひそひそ話だけが漂っている。自分が排斥される側に回らないために緑子をいつも異物の位置に置きながら、密かに彼女を「仲間」として親密な目で見つめていた井尾は、いつのまにか緑子と同様に「大熊の恋人」になっていて、そしてある夜突然大熊から「緑子」と呼びかけられる。そこで井尾は、自分にとっての自己は変わらず続いているのに、他者との関係における自己だけが突如変質・消失したことを知る。

6-2　鳥公園『緑子の部屋』の記録映像を見て、作者になってみる

作者になって質疑応答

西尾　今日はみんな西尾さんです（笑）。Aさんから、誰かに質問を投げかけてみてください。質問に答えた人が、また次の人に質問します。

学生A　プロジェクターで、シーンの区切りなのか、数字を映してたんですけど、あれはどういう意味がありますか、西尾さん？（と言いつつ、Bを指す）

学生B　あれはですね、役者をひとつの役に固定するのをやめようと考えて。身体だけ使って役に憑依していったら面白いんじゃないか？と思ったので、

その区切りというか。いま、演じてる役が変わったぞーという合図です。

えーと、アヤがビルから落っこちてバラバラになるとか、お兄ちゃんの指が飛んでいくとか、体がバラバラになるようなショッキングなことと、餃子を焼いて食べるみたいな日常の事柄と、2つあったのはなんですか、西尾さん？

学生C　ショッキングなことって、見たくない気持ちがすごく強いけど、餃子とか身近なものだと、しょうがないというか、見ざるを得ない……？　あの、どうしても身近なものとして、つまり自分に近いもの……作品を、自分に近いものとして見てしまうように、かな。

そうですね、あの、最後の大熊と女性のシーン、あれは井尾さんなんですか？　「緑子」って名指されてすごく怒るじゃないですか。あれっていうのは結局、井尾なんですか、緑子なんですか？　というか、何なんですか？

学生D　僕としては、あれは井尾さんなのではないかというつもりで。この作品を通して緑子の存在をモヤモヤさせることが、つまりああやって、他人の評価によってある人の人物像がつくり上げられちゃうことへの警告みたいなのが、この作品の本質かなと思ってて。だからあれは、井尾さんです。

俳優さんが3人しかいなかったのですが、人は同じだけど違う人が何人もいる……というか、同じ俳優が何役も演じるっていうのは、なにか目的があってそうしてるのか、それじゃないとダメなのか、ということが知りたいです。

自分自身に戻ってディスカッション

西尾　ここからは、作者になって答えるのは終わりにして、誰でも自分自身として思ったことを話す形式にしましょう。

学生A　さっきのDさんの質問について、私は一人でいるのが好きなんですけど、友達と2人で遊ぶときは、自分も相手を見られるし、相手も自分だけを見てますよね。でも3人になってお互いを見ようとすると、目が合わなくなるんですね。だから3人っていう数はいいのかも、ドラマの広がり的に。

学生B　部屋というのは、どういう意味があるのかな？　『緑子の部屋』っ

ていうタイトルを踏まえて作品見て、素朴になんで『緑子の部屋』って付けたのかなと思いました。『緑子』だけでもいいのに。

学生C 『緑子の部屋』って、「僕の部屋」とか「花子ちゃんの部屋」というときの所有者って意味じゃなくて、そこに緑子が充満してる部屋みたいな……。

学生D 同格の「の」みたいな？

学生C そうそう。他人に話されることで、緑子が、不在の人だけど形成されていくような。いないのにずっと存在しているかのように話されてる、というニュアンスで、やっぱり「充満してる」が一番伝わる。その意味で「家」だとちょっと……。部屋っていう空間性が、やっぱ大事なんじゃないかな。

学生E みんな緑子の話をしてるし、あの中に緑子自身が出てくることはほぼないけど、全編通してめちゃくちゃ緑子の話だったから、結局みんな緑子に変な意味で魅了されてる。緑子の世界観が、知らず知らずのうちに全体を、狂気じゃないけど覆ってるっていうか。

学生F 私は、もしその部屋が緑子の体だとしたら……ということを考えて。

6. 作者になって答えよう＆劇評を書こう　93

その緑子の体の中身が、なんかヘリウムガスで浮いてる風船みたいな、そういう風にしか捉えられてなかったんだけど、見始めた時には。でもだんだんその風船の中に、臓器とか詰まってないのに、中のガスみたいなのがすごくその、血とか臓器みたいな匂いがするのは、緑子自身がそれを言ってるわけじゃなくて、勝手に乱暴に、誰かが緑子に踏み込んでワーワー言ってることで、それで緑子のそのすごく濃い匂いみたいなのが出来上がってるのは、すっごく恐しいというか、気持ち悪い、クソだなと思った。でもそれが、いい。そういうことが、作品で分かるっていうことに、びっくりした。

6-3　鳥公園『緑子の部屋』の劇評を書く

劇評を書くときの、作品との関係

　作者になって質問に答えて、それから自由にディスカッションをして、みなさんそれぞれの作品理解がだいぶ深まったのではないかと思います。ということで、次は劇評を書いてもらいます。

　作者になってみるというのは、一度可能な限り作品に近づこうとすることだったと思いますが、今度はもう一度、距離を離して俯瞰するような視点から作品を見てみてください。もちろん批判的な評でもかまいません。これまで練習してきたように、「見えたもの（事実）」と「分析、判断、評価」の区別を意識して書いてみてください。

〈『緑子の部屋』の劇評（2000字以上）を書く〉
上演当時の反応はどうだったのか、劇評が出ていないか、このアーティストは他にどんな作品をどんな思想で作ってきているのかなど、何か自分以外の意見や資料に触れた上で書くこと。引用の仕方など、書く作法にも気を付けて書く。

学生の劇評

「緑子の部屋　劇評・劇評とは」　駒井裕介

　「僕はこの絵を選びました」。この芝居は、俳優が選んだ絵を解説する場面に始まる。日常の文脈でもありそうな、比較的安心して見られる場面であるように感じられる。しかし、よく考えてみれば「どういう絵として」選んでいるのか全く分からない。そ

れを疑問に思っていると、2人のやりとりが芝居的に始まる。いや、最初から芝居は始まっていたのであるが、これまでは客に開かれ過ぎていたのだ。ようやくこの時点で部屋が部屋として機能し始めるのである。

　さて、芝居全編を通じて、緑子自身が何かを語る場面は存在せず、周囲の人間が各々の「緑子観」を漏らしゆくのみとなっている。各人のそれは、口では「分かります」などと言っているもののその実一切うまく溶け込まない。溶け込まぬままにその場に堆積するばかりである。客のみがこの状態を俯瞰できるというポジションにありながら、客も緑子の全体像は決して摑めない。そればかりか、緑子を語る3人も別人物へと自在に移行し、空間としても別空間として使われゆくため、謎は深まりゆく一方。語られれば語られるほど、そこに緑子が充満（Cさんの言葉を借用）すればするほど、緑子についての明確な像からは遠のき、やはり本人の不在を意識せざるを得なくなる。信頼できるのはもう、背景スクリーンの数字しかない（数字だけは、淡々と物語の進行を表しているように感じられた）。客は、「虫の観察日記」に期待を寄せる。しかし、そこで語られるのは、緑子による「身辺観」であって決して自分語りではない。つまり、この日記の抜粋も、ストレートに緑子を示してはくれないのだ。

　緑子が中国人である、一方でそれをいじめている側もその血が混ざっているとか、そういった分かりやすい差別、また、餃子に指の肉が入っている、兄が障害レベルで使えない、とある場面で急に兄役の人がモノ扱いされる、クマの親子の話というような分かりやすくショッキングな題材は、私はどう解して良いか分からなかった。それらが主題となっているわけではないように思えるし、色々散らばっていたので、芝居のテイストをクリアにするためのものなのだろうかと考えてしまう（浅い、とは自分でも思うが仕方がない）。しかし、確実に魅力的ではあった。怖いもの見たさで、芝居に引き込まれてゆくのである。これらの題材に「悪」という明確な価値判断がなされていないところに好感が持てる。結論を出すような問題ではない、という姿勢が垣間見えたような気がした。

　ラストシーンは再び俳優が選んだ絵を解説する場面。この直前は、大熊が女を緑子と勘違いするという場面である。この時点で「この女は今誰なのか」が曖昧になっているため、冒頭のシーンよりもさらに謎が深まっている。すなわち、「どういう絵として選んでいるのか」に加え、「誰が選んでいるのか」さえ分からなくなっているのである。あの解説は誰の視点で語られているのであろうか。堂々とした解説を聞きつつ、これまでの芝居が自然と反芻される。

　さて、これ以降は全く個人的な話をしたい。いよいよ劇評からは遠ざかりそうだが、これもまた一興というところであろう。

6. 作者になって答えよう＆劇評を書こう　　95

　私はこの芝居、あまりピンと来なかった。いや、ピンと来る人がいるのかどうかは分からないが。強いて言えば、「ああ、初回に"演者が複数役を演じる"タイプの芝居を見たことによりこうした芝居に若干耐性がついていてよかった」という感じである。しかし、観劇後 SNS を開くと、友人の受講生がこの芝居について言及しており、それを目にして大いに焦ってしまった。自分はやはり感性が豊かではないのだろうか。これは年齢のせいか？　いや、年齢のせいでもないか。観終わった後普通に爆睡できるぞ俺は。眠られへんってすごいな。

　そして、火曜の朝に電車でワンダーランドの3人の鼎談[16]を読み、違和感を感じてしまった。こんなに芝居に対して"客観性を以って"やいやい言及する必要ある？西尾氏が何を考えてこの作品を書いたかとかってそんなに大事？一鑑賞者として、自身に起こった変化を一人で静かに受け止めればいいんじゃないの？みんなで集まって喋るにしても、その自分語り（俺は鑑賞者としてこういうことを感じた、的な）だけでええんちゃうの？　そして、火曜の授業で、みんなの感性に触れる。緑子ポッカーン、の意味さえよく分かっていなかった自分の観劇姿勢に思うところがあった。芝居に対するこちらからのアプローチも必要なのだなあとまざまざと感じさせられる。

　批評家、という立場は本当に必要なのだろうか。

　結局私にとっては（鑑賞者全員にとって？）、この芝居は、芝居単体というよりも、そのあとに見聞きした SNS、火曜の授業もひっくるめて一つの「体験」であり、抱く感想・考える事柄は、おそらく西尾さんの予想できることではない。なぜなら、それは自身のこれまでの人生経験とこの芝居が出会った際の化学反応であるからである。この反応が起こる、思考が開始されるということが、〈了解する〉ということなのではないだろうか。鑑賞者一人ひとりにとって芝居が自分のものとなりゆく中で、客観性・普遍性など野暮ではなかろうか。

　と、思うと、芝居のみならず、飯でも本でも、あらゆる分野で「批評家」が存在するが、この存在意義がよくわからなくなってくる。その批評を聞いてパンピーがそれに興味を持つ、という宣伝効果はあるだろうが、それ以上の意義はあるのだろうか。

演劇編まとめ

　ここまで、演劇、詩、小説、写真、美術の既存の作品や作家について、作家側の思想を学ぶことと、鑑賞者側として鑑賞、批評することを、行き来しなが

16）鳥公園「緑子の部屋」から考える（鼎談）落雅季子＋鈴木励滋＋野村政之
　　https://www.wonderlands.jp/archives/25939

ら積み重ねてきました。その際に私が重視していたのは、個々の作品を見ると同時に、作品と社会の関係に意識を向けることです。

「社会なんてものは存在しない（There's no such thing as society.）」と元イギリス首相のマーガレット・サッチャーが1987年に言いました。彼女は福祉を切り捨て、地方自治体や労働組合を弱体化させ、公共事業削減と民営化に務め、市場の自由競争に任せることで政府の負う責任を縮小しました。この新自由主義路線は今や世界中に広がっていて、日本でも「公助より自助（社会に頼るな、自己責任で何とかしろ）」と言われています。

しかしこのサッチャリズムの継承者と見なされていた同じく元イギリス首相のボリス・ジョンソンは、2020年に「コロナウイルスは、社会というものがたしかに存在することを証明した（There really is such a thing as society.）」と言いました。それは、首相自身がコロナウイルスに感染し、生命の危機から医療によって生還した経験を踏まえての言葉でした。

コロナ禍によって見直されかけた相互扶助や連帯の意識は、2024年現在、残念ながら再び自己責任論の強化と分断によって上塗りされつつあるように感じています。でも私自身は、「社会がある」と感じられる状態の方が生きやすい。面倒くささと付き合いながら、関係性の中で生きていたいと思います。

演劇は、集団創作によって生み出される芸術であり、観客なしには成立しない表現手段です。とにもかくにも「複数の異なる人間が集まること」が起点となる演劇をつくる上では、「どうすればつくれるのか？」の前に、「なぜつくるのか？（やらなくたっていいのに、なぜこんなことをやらずにおれないのか？）」をトコトン考えることが大切だと思いました。毎年そこに時間をめいっぱい使って、つくるための具体的な方法は教えていません。それでも学生たちは、立派に自分の創作に取りかかり始めました。

一体どんな作品が生まれたか。続きは〈創作編〉をご覧ください。

元受講生へのインタビュー　1
「いろんなものを神秘化しないで、『わかる』を増やしていくのが大事だと思います」

長沼 航（ながぬま わたる）

俳優。1998 年生まれ。
散策者とヌトミックの 2 つの団体に所属しつつ、俳優の立場から演劇やダンス、現代美術などの幅広い領域で、パフォーマンスの創作・上演に関わっている。最近の企画に『即興と反復』（2022 -）、『歳末』（2023）、出演作に散策者『グッとベター』、ヌトミック『ウルトラトリップストーリー』、画餅『ウィークエンド』（いずれも 2024）など。

（2023 年 7 月 11 日　Zoom にて実施）

教育の枠組みの中で芸術を学ぶことの意味

西尾　「教育の枠組みの中で芸術について扱うことをどう思いますか」という質問に対して、「芸術に作り手として向き合う機会が設けられていることは肯定的に捉えています。特に、日本では演劇を公教育の中で学ぶことはかなり難しいので、あの授業は貴重でした」と答えてくれてますね。

長沼　現在の僕はどちらかといえばアーティスティックな演劇をやってますけど、本来アマチュア的なあり方が好きなんですよね。アーティストと名乗って活動をしているよりも、よくわかんないけど人生で 1 回だけ舞台に立ったみたいなことの方がよっぽど素晴らしいと思います。

　振り返ってみると、授業の発表会で見た作品のことも結構覚えていますね。みんなの作品は本当に面白かったんですよ。あの場にいた誰にとっても他に代え難い機会になっていたんじゃないでしょうか。もちろん自分たちの作品についても覚えていますが、発表会で見た他のグループの作品は、面白いと思えるけど、同時に自分では作れないであろうものでした。そういうのがポンポン出てくる。同じ授業の時間を共有しているのに、そういう違う質を持った発表ができる。そういうものをたくさん見られたのがとても重要だった気がします。

　19、20 歳の人間が何かを作るって難しいじゃないですか。作品をつくるにしても受容するにしても、「私」が中心になっていて、自分が何かを表現するんだというフレームに全てが落とし込まれてしまう。そうではない形で、ものを作れないか

と考えていた記憶があります。

西尾 みんな思い詰めがちだしね、そのくらいの年代は。自分の悩みがテーマになりがちだよね。生死を扱うものが多かったことを考えると、長沼くんが入ってたチームの音楽の作品（『おんがく』→〈創作編〉1-3）はすごく明るかったね。

野口 先ほどのアマチュア的な良さについての考え方が、あのユニークな作品に影響していたのだと改めて感じました。作品がコント形式になったのは、チーム内に、とにかく漫才を扱いたいというメンバーがいたから？

長沼 そうですね。あれは作品がどうしても生きることや死ぬことの闇に入ってしまいがちなところを避けて作ろうとしていたんだったと思います。音楽作品という縛りはありつつも、それをどうやって観客に届けるかを考えたときに小芝居やお笑いの力を借りる選択肢がすぐ出てきたのは、メンバーの個性や経歴によるものだと思います。自分も闇に引きずられがちなのでありがたかったです。トランペットやカホンなどそれぞれが演奏していた楽器もみんながたまたまできた楽器を使っていますし、そういう個々のバックグラウンドを持ち込むようにして作っていましたね。作中で歌ったゆずの《また会える日まで》は、どうやって決めたのか忘れちゃいましたけど、僕が小さい頃に観たドラえもんの映画の主題歌で、思い出の曲なんですよ。爽やかな別れの歌で、授業の最後の発表会という実際の状況にも合うねってことで決まったような気がします。

西尾 アンケートに「どの立場であっても、いろんなものを神秘化しないことが重要だと思います。まずは芸術における『わかる』を増やしていくのが、（一般大学における）芸術実践の授業の役割だと感じます」とありましたが、「分からない」があったときに、長沼くんはそこに対して何をするんですか？

長沼 これは良いのか悪いのかわからないんですけどたくさん笑いますね。笑いって自分の外側で起こっている現象に対して身体的に起こる反応だと思うんですけど、たとえばミュージシャンのライブとかでも、何をどうやってるのか分かんないけど「すごい瞬間」ってあって、そういうとき思わず笑っちゃうんですよね。頭で考える前に、身体や心が反応しちゃう。ある意味では思考停止なのかもしれないですけど、わからなさの衝撃を感じておくことが大事な気がしていて、劇場でもたくさん笑ってます。

2つのカンパニーでの活動について

西尾 ここから長沼くんの話を聞きたいのですが、2つのカンパニーに所属しながら俳優をやるって、どういう感じですか？

長沼 そもそも俳優はいろんな現場を渡り歩く存在なので、2つの劇団に所属する

こともそこまで特殊な状況だとは思っていないです。ただ、作り方のスタイルや目指している表現、集まっている人のパーソナリティはやはり異なっているので、自分が果たす役割も2つのあいだで自然と変化しています。

ヌトミックは自分より5歳ほど年上の演出家が主宰で、しかも旗揚げから数年経ってから加入したので、プロダクションは割と軌道に乗っている劇団です。演出家のビジョンやコンセプトも比較的明確なので、演劇作品をつくるために集まっている演出家主導の集団という感覚が強いですかね。

それに対して、それこそこの授業で出会った中尾（幸志郎）（→〈創作編〉2 座談会）が主宰の散策者は、もちろん演劇創作が中心にあるものの、友人や仲間という感覚が濃いかもしれないです。特に最近は以前より集団創作的な方向にシフトしていて、本当に一人一人がやりたいことをやるための場所を目指しているなと思います。元々みんな神経症的な人たちで、コロナになって作品が全く作れなくなっちゃったんです。それを最近やっと克服できて、月に2-3回会いながら作品をつくったり全然関係ないことをしたりしています。でもそういうマインドになれたのは年齢を重ねたからかも。25歳ってそういう節目なんですかね。多くのメンバーが平日週5で働いていてそのなかで作れる方法を模索しています。

場と演出

岡本　お話を聞いていて、場に関して興味があるタイプなのかしらと思いました。唐突ですが、何か今困っていることってあります？

長沼　最近、作品創作に興味はあるものの、自らが主体となって人や資金を集める、他者を巻き込むアクションが苦手なんですよね。場のなかでどう振る舞うかには興味を持てるのですが、場を作ることにはそこまで関心がない。だからこそ俳優、つまりは受注側に回ることが多いです。ただ持続的に創作に関わっていくには、自分なりの表現、視点、アプローチがないとやっていけない。そこをどう確立していくかということは考えなきゃいけない課題だと思っています。

今年の2月に当時住んでいたシェアハウスの住人と演劇を作ったんです。稽古の時間もめちゃくちゃ限られているし、僕以外は全員ほとんど演劇なんてやったことない特殊な状況だったので、戯曲をベースにしたフィクションではなくて、それぞれが普段やっている動きや喋っている言葉を抜き出して配置することで作った作品でした。そのときとても新鮮だったのは稽古中みんなに指示を出すんですけど、誰も拒否しなかったことです。みんな「ビリーが面白いと思うことなら全然やるよ！」というスタンスで、そのことに良い意味でショックを受けました。つまり、作品創作がその場にいた全員にとって自然なものとして受け入れられたんですよ

ね。特に、自分は劇作家や演出家としてのアイデンティティは希薄なのですが、この作品に関しては演出・構成として仕事をすることを自然に引き受けられたし、おそらく出演してくれたみんなもそうだったのであろうと思います。うんうん悩みながらも、1年間家に住んでいたらいつの間にか1つの作品が完成したような感じがして、とても充実した時間でした。ああいう作品創作のあり方をこれからも続けていきたいです。

西尾　最初の方に出てきたアマチュアであることの良さとか、今の話はそこともまた繋がるなと思いました。シェアハウスという場所で、長沼くんとの関係性もある中だったら、「いいよ、やるよ」って言うのは自然なことだよなと思って。場をゼロから作るって大変だけど、例えばそういう自然発生的なものをつかまえるとか、しっくりくる形が見つかるといいよね。

音楽編

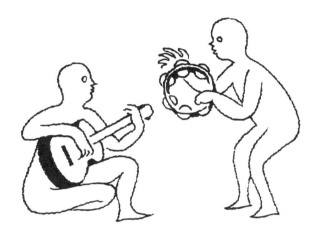

野口 桃江
(のぐち ももこ)

4歳よりピアノを、13歳より作曲と和声学を学ぶ。桐朋学園大学音楽学部作曲理論学科卒業後、渡欧。リヨン国立高等音楽院を経て、デン・ハーグ王立音楽院／Royal Academy of Art の共同学科である ArtScience 科にて音楽修士号を取得。システムの美しさ、共感覚などをテーマにもち、インスタレーションや体験型作品の制作、作曲、演奏、即興的パフォーマンスなどの創作活動を日欧各地で行う。近作に、廃校に残された古い楽器を題材に、触れた人の脈拍を音楽に変えて甦らせる「Hacked piano: Revivify 52328」や、電気自動車をアート化するプロジェクト「QUENELLE ─感覚つながる小型 EV」などがある。老若男女、多様な人々と、音楽をとおして創造的な交流をもつことをライフワークにしている。

1. 音楽編の基本方針

1-1　遠い誰かへの手紙

　――　遠く離れた誰かに、何かを伝えたくなったとき、あなたなら、どんな手段を選びますか？　「おーい！」と大きな声で話しかける？　SNS でメッセージを送る？　したためた手紙を瓶につめて海に流してみる？――

　ワークショップをする音楽家というと、歌のお姉さんのような快活な人物像を思い浮かべる方が多いかもしれませんが、私はどちらかというと控えめなタイプです。今でこそ、多くの人たちと一緒に、にぎやかに音楽をしていますが、子どもの頃は、自分の感情をなるべく外に出さないようにしていました。幼稚園で、いつも一人で（とっても楽しく）絵本や楽器で遊んでいるのを見かねた母が、他の子どもに声をかけてきてくれて、ようやく初めての友達ができました。一緒に遊ぶ楽しさを教えてくれたその子と、別々の小学校へ進むことが決まったとき、悲しさ、不安、期待が入り混じった初めての感情がわぁっとあふれました。感情の処理方法が分からなくなった私は……見よう見まねで曲を作り、五線譜に書いてみるという行動に打って出ました。教会の横にあった幼稚園の思い出をうたった曲でした。

　そのときの「楽譜って面白い！」という驚きを抱えたまま音楽の道へ進み、25 歳になる頃まで、私は、頭のなかに広がる音の世界を楽譜にして演奏してもらう「作曲」という営みにずっと夢中になっていました。テーマは"思い出"から移り変わり、"世界の理（ことわり）"のようなものに惹かれていき、"理"を反映していると思われる思想や、数列を扱って音楽を作るようになりました。

　楽譜とは「遠くの誰かへ宛てた手紙」のようなものではないでしょうか？楽譜が残されているからこそ、私たちは約 300 年前に書かれたバッハの音楽をほぼ正確に享受することができます。楽譜には、音符や演奏記号のほかにも

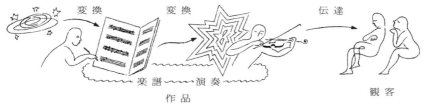

図1　従来の作曲

膨大な情報が埋め込まれています。そこに記された音楽は、演奏者の手によって解凍され、空気を振動させる音——そして音楽になります。楽譜を開けた瞬間、しかけ絵本から「パッ！」と何かが飛び出すように音楽が立ち昇り、世界の再創造が起こります。私はその瞬間がたまらなく好きでした。このとき、作品は演奏と楽譜の両方に宿るといえます（図1）。

「手紙」は、伝える人によってさまざまな形をとります。それを詩にする人もいれば、数列や論文、製品、はたまたDNAによって伝える人もいることでしょう。幼少期の私にとって、言葉にならない感性に直面し、それを他者に伝えようとしたとき、衝動的に選び取った手段が楽譜、そして音楽でした。大人になった今でも、私が無性に音楽がしたくなるのは、言葉にすると零れ落ちてしまうような出来事との邂逅があったときです。

音の無い世界

〈音楽編〉では感覚に焦点をあてたワークを多く扱っていきますが、その原点にあるのは、私が「音の無い世界」を体験したときの苦い記憶です。

大学卒業後、フランスに渡り、電子音響のプログラミングを学びながら、これからも楽譜を書いていこうと意気込んでいた矢先、予想だにしない出来事が起こりました。音響スタジオでの授業中、スピーカーから大音量が鳴り、内耳に大きなダメージを受けてしまったのです。日本とは医療システムの異なるフランスでは、専門医の診察を受けられるまでに2週間かかりました。その間に耳の異変は進み、それから何年間も、聴力が戻っては再びがくっと落ちる「感音性難聴」に悩まされました。一度まったく聞こえなくなると、次こそはもう聴力が戻らないかもしれないと、何度も覚悟を決めました。そうして失意

図2　身体楽譜《SENSORIAL SCORE》(2012)

のうちに、音楽院も辞めてしまいました。
　どん底まで落ちていた頃につくったのが〈7-5〉でワークとして扱う《SENSORIAL SCORE》という作品です。この作品では、作曲家が演奏家の身体に楽譜を書くことで、触覚を通して音楽が伝えられます。作曲家と演奏家の間に存在していた"楽譜"という媒体（ミディアム）が取りのぞかれることで、両者の間に、より直接的でリアルタイムな関係性が築かれます（図2）。
　いつまで保てるか分からない聴覚だけでなく、他の感覚にもアプローチする方向性に活路を見出した私は、オランダに渡り、ArtScienceという学科で学ぶことにしました。芸術と科学というと対照的な領域とみなされがちですが、ArtScience科では、科学的な思考に重きを置き、学際的なリサーチに基づいた作品制作を行うことが推奨されています。オランダでのびのびと生活をしているうちに体調も次第に安定して、音楽と再び向き合ってみたいという気持ちが湧きあがってきました。

創作と伝達
　聴覚が戻って最初に取り組んだのは、ピアノで即興演奏をする際の生体情報を扱った「自作自演」型のパフォーマンスでした。身体につないだセンサーから送られる皮膚電位をリアルタイムで音響に変換し、音楽に組み込みながら演奏を重ねる作品です。ここでは、作曲者が作品の一部となることで、作者＝作品として聴衆のもとへ届けられます（図3）。

1. 音楽編の基本方針　　105

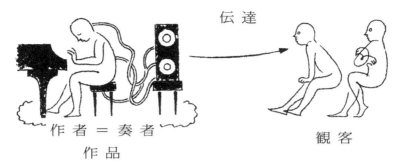

図3　自作自演型作品《Automic Resonance》(2014) Jonathan C. Reus との共作

　在学中に、インスタレーション作品も初めて制作しました。ピュタゴラスからプラトン、ケプラーへと受け継がれた思想「天球の音楽」を、霧のなかのプロジェクションと同期した立体音響を用いて、現代の手法で再現するというものです。展示空間を含め、すべてが作品とみなされる「インスタレーション」形式では、観客は作品の内部へと招かれます（図4）。

　従来の作曲（図1）では、作曲家は、楽譜を渡した後、音楽が立ち昇る瞬間を、客席の間からそっと見守ることしかできません。作曲家から聴衆に作品が届くまでには、"楽譜"と"演奏家"という二つの媒体を経由する必要がありました。インスタレーション（図4）では、観客が作品を体験している瞬間に立ち会い、直に言葉を交わすことさえできます。コンサートホールのように観客を客席に縛りつけず、好きなときに会場に出入りできる自由度の高さも、私の目には魅力的に映りました。観客のなかには、さっと立ち寄るだけの人もいれば、とても長い時間をかけて作品を鑑賞してくれる人もいます。自分の作った音楽に浸りながら、寝転んだり、瞑想している人とはじめて遭遇したときは驚きました……！

　図1〜4の創作モデルでは、「1. 従来の作曲」→「2. 身体楽譜」→「3. 自作自演型」→「4. インスタレーション型」と進むにつれて、作者と聴衆との距離がだんだん近づいていることが明示されています。こうなると、次はいよ

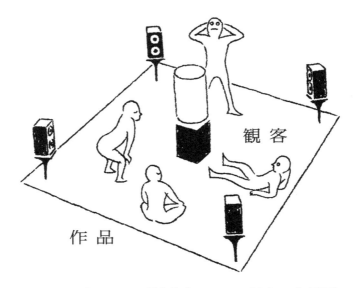

図4 インスタレーション型作品《Harmony of Spheres》(2013)

いよ観客(というか他者全般)と直接、関わりをもつことに興味が湧いてきました。

1-2 音楽ワークショップとの出会い

オランダでアーティストビザを取得して1年間暮らした後、7年ぶりに日本に帰国したタイミングで、アーティスト／研究者の中村理恵子さんと安斎利洋さんが受け持つ大学の授業内で、初めてのワークショップに取り組む機会をいただきました。1990年代から芸術ワークショップを実践しているお二人からは、フラットな場のひらき方、シンプルに「楽しい！」という感覚が炸裂するようなワークショップの進め方など、多くのことを教わりました。

同じワークを行っても、場が盛り上がるときと、そうでもないときがあります。どうやら芸術の道と同じように、ワークショップにも型や技術があるようだと気付いた私は、各地の公開講座に足を運ぶことにしました。ポルトガルの

「Casa da Musica[1]」、イギリスの「Oily Cart[2]」、そしてアートマネジメントを専門とする研究者の梶田美香さんと、研究者で実務家でもある、吉野さつきさんによる講座[3]では複数年にわたって、座学と実践の両面から学びました。また、作曲家の野村誠さんが「千住だじゃれ音楽祭」でワークショップをとおして多様な人々と共に音楽を作りあげる姿からは、大いに感銘を受けました。体系的な学びと並行して、自作品をもとにしたワークショップの実施経験を重ねることで、数年をかけて、独自の手法を探求していきました。

ワークショップの双方向性

　複数の場から得られた情報をまとめると、ワークショップの大きな特徴は、①体験型 ②双方向性 ③公平性の三点にあるといえます。①体験型とは、座学による学びに限らず、実際の体験をともなうこと。②双方向性とは、従来の教育のように教師から生徒への一方向の知識伝達ではなく、相互に影響を与え合うこと。③公平性とは、ファシリテーターと参加者ができるだけ対等な関係性を築くことを指しています。

　私は、学生の頃から音楽の個人レッスンを請け負い、教員免許も取得したものの、他者と共に音楽に取り組むとき、"教師"という立ち位置は、どうもあまり性に合わないと感じていました。それは、音楽、芸術、学問の前で、人は等しく探求者であると考えているからだと思います。技術や知識の修養にはもちろん意義があります。その上で、音楽を演奏するにあたって一番大切なことは、自分の殻を脱ぎ捨て、どれだけまっさらな状態で「音そのもの」と向き合えるか。自分自身を創造的に変容させていけるか。そこにあると考えています。

　小さな子どもたちや、知的障がいを抱える方など、一般の方々と共に音楽をしていると、彼らの音への真摯な向き合い方や、"遊び"へのひらかれた姿勢に魅せられ、私もそのように在りたい、と強く思わされる場面が度々あります。私の理想としている関係性は、教える→教えられるという一方向のものではな

---

1)「ワークショップ・リーダー育成プログラム」東京文化会館／アーツカウンシル東京（2018*）
2)「イギリス Oily Cart のメンバーと多感覚ワークショップを創ろう！」愛知県芸術劇場（2020*）
3)「アーティストと社会をつなぐ　広場ラボ」愛知県芸術劇場（2019-2024*）　*参加年度

108 音楽編

く、互いに教え合い、学び合う双方向のものです。

　ワークショップの成り立ちに目を向けてみると、その原点には1960年代からアメリカで始まった人権運動や社会教育があります[4]。相互尊重をもとに、コミュニティ内で凝り固まってしまった関係性や常識を解きほぐし、誰もが対等に意見を発することのできる場をつくること。ワークショップという形態の根幹には、今もこうした思想が息づいているように思います。

1-3　東大生とアーティストが出会ったら

　音楽ワークショップの可能性を模索していたところ、共著者の岡本佳子さんと知り合い、「東大でワークショップをやらないか？」というお誘いに「面白そう！」とすぐに承諾しました。……とはいえ、高校から音楽科へ進んで以来、芸術という限られた世界で生きてきた自分と学生さんたちとの間に、共通言語があるのだろうか？という心配がまったく無かったわけではありません。しかし、実際に彼らと対面してみると、それもほとんど杞憂に過ぎなかったことがわかりました。ある年の初回の授業で、現代音楽の作曲家／建築家のヤニス・クセナキス（1922-2001）について話していると、学生の一人が「あのー、ちょっとよろしいでしょうか？」と挙手をして、こんな俳句がありますと教えてくれました。「死にきらぬ　ゴキブリが聴く　クセナキス[5]」。授業後には、「さっきの共感覚の話なんですけど、実は……」と個人的な話を伝えにきてくれた学生もいました。

　このワークショップを毎年スムーズに進められたのは、学生たちの方が、外から来た異質な存在であったはずの私を受け入れ、すっと歩み寄ってくれたことの影響も大きかったと思います。彼らの多くはとても真面目で、驚くほど純粋でした。そして学内には、風変わりな天才肌の人が一定数いて、周囲もそうした人々の存在に慣れているようでした。個性豊かな面々が共存する大らかさのある雰囲気は、芸術大学の光景とどこか似ているように感じました。

　4）中野民夫（2001）『ワークショップ──新しい学びと創造の場』岩波書店
　5）関悦史（2011）第一句集『六十億本の回転する曲がつた棒』邑書林

1-4　ワークの設計

　ここからは、実際にどのようにワークをデザインしていったか、そしてその際に心がけた点を具体的に述べたいと思います。音楽編は、最終的に「創作」を行うことをゴールに、ワーク、解説、ディスカッションの要素を組み合わせ、柔軟に構成していきました。

情報の海に飛び込む──感覚の世界に身を浸す

　受講者のなかには、普段から現代音楽を聴いている人もいれば、ポップス、ロック、アニソン、EDM（Elctronic Dance Music）が好きな人など、音楽的なバックグラウンドに大きなばらつきがありました。前提知識をある程度そろえるために、特に授業前半では、スライドを用いたレクチャーを数回行いました。さらに授業期間中は、テクスト、ウェブサイト、音楽、動画、コンサート、展示など、さまざまな情報を共有して、「情報の海」に飛び込んでもらいました。

　広大な海の中で、どの情報が、いつ、誰の創造性と響き合うかは予測不可能です。そこで、受講者は各々の興味に応じて情報を取り入れ、興味のないものはスルーしても構わないという方針で進めることにしました。こうした自由なスタイルでの情報共有には多少の心配もありましたが、学生たちがそれぞれの塩梅で、情報をしっかり受け取ってくれていたことは、できあがった創作作品や批評文から読み取ることができました。

　情報の海に飛び込むことと並行して、ワークショップの前半では、繊細な感覚をひらくワークを数回行いました。まずは、普段の感覚や、ものの見方から一旦離れる必要があると考えたからです。さまざまな非日常の体験を重ねることで、少しずつ、世間で当たり前とされている考え方からの逸脱が起こることを目指しました。

Khôra　創造の源泉

　〈演劇編 5-2〉の対談記事のなかで、私は自身の創作について、「創造の源泉」にあたる流動的なものを、大きなプールのような「型」に流し込んだり、「ね

110　音楽編

るねるねるね」するなどして、作品として結晶化させていると表現しました。
このプールとは、おそらくプラトンの「コーラ／ Khôra[6]」の観念に近いもの
です。私は、創作物だけでなくワークショップの場自体も、未知の可能性を包
有するコーラのように捉えています。大きなプールのなかに、学生たちが必要
としていることを、授業内外のコミュニケーションを通して、分析的に、とき
に直感的に把握し、情報やワークとして、ぽんぽん投げ込んでいくイメージで
す。そして、そこから最大限に面白い結果が出力されるように、場を観察しな
がら、さまざまな問いかけをしたり、「〇分の枠内で表現してください」など
の設定や制限を加えることで、出力結果の粒度、自由度、そしてランダムネス
（不規則性、偶然性）を調整します。あとは、それぞれがもつ創造性を信頼し
て、楽しみに待つだけです。

ゲーミフィケーション

　ワークを設計する際、ゲーム的な要素を随所に取り入れることで、場がいっ
そう盛り上がることがあります。〈3-3　音の借り物競走〉では運動会の定番
種目を、〈5-4　絵画を観るように楽譜を読む〉ではクイズ形式を導入していま
す。いずれも既存のフォーマットを取り入れてゲーム化（gamification）する
ことで、新しいワークを創出しています。なかでも後者は、学生たちとの雑
談中に耳にした「謎解きイベント（初対面の人たちと謎を解いて脱出するゲー
ム）」の話にヒントを得て試みたものです。童心にかえって遊ぶことで、参加
者たちの心が自由になっていく様子が見られました。

三カ年で起きた変化──偶然性をとりいれる

　年度を重ねるごとに、ワークの作り方や進め方は少しずつ変化していきまし
た。初年度は、内容をかっちりと組み立て、おおむね計画通りに進めていまし
たが、年々、学生たちと共に、柔軟に探究する姿勢が強まりました。即興演奏
を通して学んだ、その場で偶然に生じるものを受け入れ、創造的に活用する姿

---

6) Khôra…ギリシャ語で「場」を意味する。「すべてのものの印影の刻まれる地の台」であり、
　「あらゆる生成の、いわば養い親のような受容者」（『プラトン全集12』より「ティマイオス」
　種山恭子訳、岩波書店、49a、75 頁 /50c、79 頁）

勢を、私はワークショップの場でも大切にしています。というのも、細部まで内容を作り込んでファシリテーションに臨むと、予期せぬ面白い出来事が起こったとき、それを十分に受けとめ、創造的に応じることができなくなってしまうことがあると気付いたからです。現場で偶然に起こる出来事には、しばしば創発の可能性が秘められています。ワークショップに偶然性をとりいれることで、より「今」に即し、生き生きとした共創の場が広がっていきます。

　細部を決めず、結果を想定しないで物事に取り組む方法は、それでもあらゆる可能性を想定しておく必要があるため、心理的負担がかかります。また、ある種の勇気も必要になってきます。ワークショップを行うときは、その場でどんなことが起きても柔軟に対応できるよう、いつも安定した心で、十分な余白をもって臨むようにしています。

1-5　音楽編で大切にしてきた姿勢と基本理念

　続いて、ワークショップに取り組むにあたって大切にしてきた姿勢、心のあり方、そして理念について触れておきたいと思います。まず、私が心がけていたのは、オープンネス（開放性）です。初年度こそは、私も少し格好をつけていたところがありましたが、回を追うごとに、自分の弱さも含めて積極的に話すようにしていきました。日常のコミュニケーションと同じように、ファシリテーターが率先して自己開示をすることで、参加者もより自然に心を開いてくれるようになります。もともと口数が多い方ではない私は、少し意識的にこれを行うようにしていました。

　参加者からの自己開示を促すには、相手の話を傾聴する姿勢も重要です。相手の話に深く耳を傾けることは、音楽においてもっとも大切な「音に耳を澄ますこと」と、行為の受動性という点で、とてもよく似ています。

　即興で音を奏でるとき、心理的なストレスは身体の強張りとなり、如実に音に反映されます。「周りから変に思われたらどうしよう」「作品をけなされるのではないか」という心配は、参加者のクリエイティビティの発露を阻害してしまうこともあります。クラスには、かつての私のように、人と交流をもつことがあまり得意ではない学生や、"狂気"や"変態性"といった、ごく個人的で

切実な創作テーマを抱える学生もいました。ワークショップの場は何を発言しても、どんな音を発しても良い安全な場所であることを、投げかける言葉や自身のふるまいを通して、繰り返し伝えるようにしていました。

また、参加者が新しいことに挑戦するときは、それを無条件に応援するようにしています。私の発言のうち約7割は、学生の良いところを見つけて肯定する言葉で、残りの3割ほどで、作品をさらに良くするための助言や問題提起を行うというバランスです。参加者が初めて取り組むことのなかから、きらきらと光るものを掬い上げ、作品化するまでの見えない導線を引くために、いつも伴走者としての姿勢をもつようにしています。

ただし、創作を生きる道とする者としては、こうした無条件の応援や肯定を、自身の創作現場に持ち帰ることのないよう注意する必要があります。美に対する自分の感性や、作品に求めるクオリティを守るためには、絶えず自己批評を行うことが必要不可欠だからです。そのように自らを律しながらも、ワークショップの場では、参加者の表現を、やはり心の底から応援している自分がいます。それは私が、参加者の創造性の発露そのものに美しさを見出しているからだと思います。人が目を輝かせ、新しい可能性にひらかれる瞬間に立ち会うと、「ああ、良いなぁ！美しいなぁ……！」という喜びが、どんな価値判断よりも先に湧き上がってくるのです。

Sense of Wonder

新しい発見や体験を通じて呼び起こされる「わっ！」という感動——Sense of Wonder は、あらゆる年代の人々が共通してもつものです。この本で紹介しているワークは、言葉や情報のやさしさを調整することで、幼児からお年寄りまでさまざまな対象に合わせて応用することができます。スペクトログラムを用いた音遊びや、図形楽譜を使った即興演奏など、いくつかのワークは、これまで実際に小学校や福祉施設でも実践してきました。その際いつも心がけているのは、本質は決して変えないことです。一見どんなに難解な内容でも、ひとたび音楽体験に形を変えると、案外すんなりと受け取ってもらえるものだという驚きを、日々、重ねています。

リベラル・アーツとしての音楽

　リベラル・アーツ（教養諸学）の基にある「自由七科」は、ピュタゴラスからボエティウスに引き継がれ、中世ヨーロッパで確立した必修科目で、文法、弁証法（論理学）、修辞学、算術、幾何学、音楽、天文学の七つから成ります。ここに「音楽」が含まれていることは、現代の感覚では、やや不思議に感じられるかもしれません。現在、日本の義務教育内の音楽科目は、情操教育の一環として扱われることも多く、そこには音楽を純粋な学問として捉える視点が欠けているように思われます。

　例えば、音の原理についての学習は理系科目で小学校 3 年生から始まりますが、音楽科目では科学的な内容に触れる機会はほとんどありません。そのため、音響学としての「音」と、実践的な「音楽」との結びつきが希薄になってしまっています。スペクトログラムを用いた〈3-2　楽器の音色を視覚化しながら音を鳴らす〉では、音の数理的側面について、生の音楽体験を通じた領域横断的な学びの可能性を提示しています。学際的なアプローチに早期から触れることは、音楽に対するより深い理解につながるのではないでしょうか。

　また、〈3-3〉の「ノイズと文化」〈6-3〉の「音楽は美しいものなのか」では、音楽や芸術が、単に「美しいもの」や「善きもの」とされることへの懸案を学生たちと共有しています。ワークショップや、アートを社会と接続するような活動においては、どうしても音楽の明るさや楽しさといったユートピア的な側面に焦点が当たりがちです。しかし本来、芸術は深い悲しみや怒り、理不尽さや狂気も内包します。ある程度の学齢を超えた学生には、この視点も持っていてほしいという考えから、この授業では、芸術のもつ危うさも含め、できるだけ全面的に扱うことを心がけてきました。私は、音楽が自由七科の一つだった頃の立ち位置を取り戻したいのです。

1-6　本書〈音楽編〉の構成

　さて、次節からいよいよ本編に入ります。本編では 3 ヵ年分のワークを、時系列に関係なく、テーマごとに紹介しています。たくさんの取り組みのなかから、特に面白いアウトプットにつながったワークや、創作のヒントになりそ

114　音楽編

うなテーマをピックアップしました。

　全体の流れとしては、まず自分をとりまく音環境に感覚をひらき、基礎的な知識、情報を取り入れることから始めます。その後、「分析」「即興」「記譜」といった実践へと進み、後半では、それらの体験をもとに改めて学生たちと音楽について考えた記録や、「共感覚・多感覚」を扱ったワークの試みを収録しました。

　それぞれのワークはテーマごとに大まかに分類されていますが、一つのワークが複数のテーマを併せ持つことも多々あります。例えば、身体に楽譜を描くワークは「共感覚・多感覚」の節に収められていますが、実際には「即興演奏」や「即興⇄記譜」とも密接に関連しています。さまざまな要素が絡まり合っているということを前提に、読み進めていただければと思います。

　実際の教室と Zoom 上で実施したワークが混在していますが、基本的にはどのワークも少しの調整で、オンライン・オフラインの両方に対応できるものと考えています。図書館やカフェなど、どこにいてもできるワークも多くあります。読者の皆さんも、ページをめくりながら、ぜひ一緒に体験してみてください。

2.〈私〉をとりまく外側の音、内側の音に耳をひらく

　私たちは、日常のなかで「聴く音」と「聴かない音」を、無意識のうちに選別しています。電化製品が発する音、風が耳元を吹き抜ける音、呼吸の音、身体のなかを血が流れる音……この節では、世界に充満する、そうしたささやかな音に少しずつ意識を向けることで、音の世界へ耳をひらくワークを行います。続いて、ジョン・ケージの作品《4分33秒》を題材に、「無音」について考えていきます。

2-1　はじめに──心に残る音響体験を語り合う

「これまで体験したなかで、一番印象に残っている音響体験を一つ聞かせて

2. 〈私〉をとりまく外側の音、内側の音に耳をひらく　115

ください」と言われたら、あなたならどんな体験について話しますか？　とてもシンプルな質問ながら、その答えからは、その人の音への向き合い方、音楽経験、そして人となりが浮かび上がってきます。ここでは、心に残る"音楽"ではなく"音響体験"をたずねることで、一般的にイメージされる音楽像から離れ、より広い音の世界へ視点を向けることも、同時に意図しています。

学生Ａ：子供の頃、外で遊んでいたら雨が降ってきて、帰らなきゃって思って自転車で家まで走ってたんですけど。20 メートルくらい先ですかね、バキバキバキ !! って、ものすごい音が鳴って、いきなり雷が落ちて、真っ白な、本当に白い柱が立っているのが見えたんです。すごく驚きました。

野口：雷の音を間近で聞いたことのある人は他にいますか？（学生たち：首を横に振る。）
　バキバキバキ !! というのが実際どんな音だったのか、想像しきれないな……。こういう音は、聴きたいと思ってもなかなか聞けるものではないよね。直撃しなくて本当に良かった！

学生Ｂ：ぼくは北国出身で、地元ではすごい雪が降るんですけど、雪が降る音というか、なにも……音が吸収されていく音みたいな……雪を感じる音が……。
野口："音が無くなるときの音響"がここであがったのは、面白いね。音は空気の振動によって伝わるから、大量の雪によって音の振動が弱められて、無響室のような静けさが生まれたんだね。

学生Ｃ：ぼくがいつも乗っている車椅子は、普通に動いているときは「ウィーン」って音がするんですけど、ちょっとした段差を登るために、段差介助用のスロープを使ったときに、体重の移動が上手くいかなかったことがあったんです。前輪が引っかかって、ぐるぐる回って「ウィンーーー」「ガタガタガタガタ」みたいな音がして、後ろに倒れていったんですけど、その時は（あっ！　なんか自分こけるなー）みたいな、意外と冷静な状態で、音はあ

まり聞こえなくて。ばたって倒れてから、周りの人たちが「おーー？！」とか言う声が、ざわざわ……と聞こえてきた、という音の体験です。怖かったということではないんですけど、こう……皆となかなか共有できない音かも知れません。

野口：共有してくれてありがとう。自分の身に危機がせまるような状況では、聴覚だけでなく、他の感覚にも通常とは異なる反応を引き起こすことがあるよね。

学生D：最近、YouTube で ASMR っていうジャンルの動画をよく観ています。鉛筆で何か書く音や、耳かきの音、木を削る音とかを、ただ延々と流してるような動画なんですけど。

野口：ASMR。Autonomous Sensory Meridian Response の略で、直訳すると自立感覚絶頂反応。いま流行ってるよね。

学生D：「絶頂反応」って直訳すると、変な感じしちゃうんですけど、受験勉強をしていた頃、その音を聴いてみたら、すごく気持ち良い音だなと思ったんです。それ以来、夜はいつも ASMR を聴きながら寝落ちしています。

野口：私は ASMR をそこまでじっくり聴いてみたことがないから、興味深いな。「音の快楽」というか……私たちが日常的に聴いているような、こうした摩擦音（シュッ、シュッと手元で鉛筆を滑らせて音を出しながら）が、録音と再生という工程をはさむだけで、快をもたらすようになるっていうのが面白い。この十数年で録音技術が進化したことと、機材が安価になって幅広い層に浸透したことで生まれた文化でもあるよね。

学生D：録音に使うマイクも、どの方向から音が出ているか判別できるようなものだったり。

野口：人間の頭を模したマネキンに録音機器を埋め込んだ、ダミーヘッド型のマイクもあるよね。

学生D：ダミーヘッド型のマイクを耳かきしながら移動させると、イヤホンから聞こえる音も、あたまの後ろをずずずと通っていくような感覚があるんですよ。

野口：人は、音を聴くときに、音響そのものに限らず、空間内の反射や残響

も含めて感じ取っているよね。たとえば Zoom で話していると、相手の顔は見えていても、気配みたいなものが感じ取れないところがあるじゃない。気配や、みんなで場を共有しているという体感は、もしかしたら音の反射をシミュレーションして、部屋の四隅に置いたスピーカーから微かに音を出すことで補えるかもしれないね。

　音にまつわる体験は、意外に日常生活で他者と共有する機会が少ない、プライベートなものです。それでいて体験を共有することに障壁を感じづらい、ほど良く個人的な情報ではないでしょうか。体験を他者と共有することで、初めて場を共にする参加者間の垣根を取り払う「アイスブレイク」の効果もあることから、初回に行うことの多いワークです。

2-2　内側の音、想像上の音を聴く

　参加者から口々に語られる、鮮烈な音のエピソードを頭のなかで想像した後は、さらに想像を深めるためのワークを行います。教室の照明を落とし、軽くまぶたを閉じるようすすめ、次のような問いかけを行います。間を充分にあけて、落ち着いたトーンで静かに話しかけます。今、これを読んでくださっている皆さんも、ぜひ一度、本を閉じて想像してみてください。

「今朝、起きて一番に聞いたのは、どんな音でしたか？」

「海へ行ったことはありますか？　海ではどんな音がしていましたか？」

「子どもの頃のことを思い出してみてください。
　記憶に残っているなかで、一番古い音の記憶はどんな音でしょうか？」

118　音楽編

「ここに書かれた文字を声に出さずに読むとき
　　あたまのなかで、何か音はしていますか？」

「誰かの声のような音がしている人も、いるかもしれません。
　　それは高い声？　　それとも低い声？」

「ちょっとスクリーンを見てみてください。

　　　存在的に透明な花　　　**存在的に透明な花**　　　存在的に透明な花[7]

　　文字の太さや種類によって、その音は変わるでしょうか？」

「ピアノの音を思い浮かべてみてください。（教室内にあるピアノに触れながら）
　　この楽器から……いつもはどんな音が鳴っているでしょうか？
　　なにか曲が思い浮かぶ人もいるかもしれませんね」

「ピアノの音を、一音、あたまのなかで鳴らしてみてください」

「次はその音を、ぽーーーんと、心地よく、長ーく続く音にしてみます」

「浮かんだ人……？」　（3、4人が挙手する）
「そこにもう1音足してみましょう」

「その音をだんだん大きくしてみます」

「高い音と低い音も足して……和音にしてみましょう」

♪♪♪〜〜（静かにピアノのふたを開け、実際の音を鳴らす）

7）井筒俊彦（1991）『意識と本質　精神的東洋を索めて』岩波文庫　p. 164

このワークでは、記憶のなかの音を辿った後、頭のなかで想像上の音を鳴らし、さらに、その音を操作することを促しています。頭のなかで作曲をするときの感覚というのは、この延長線上にあるものです。

教室の参加者たちは、時折、首をかしげながら、じっと一点をみつめ、それぞれ深く集中して音を想像している様子でした。ワークの終わりに、実際にピアノの音を鳴らしたことで「想像のなかで聴いていた音が、急に解像度を上げて現実に飛びだしてきたように感じました！」と、興奮気味に語る学生もいました。

中盤でたずねた「黙読をするときに頭のなかで鳴る音」については、例年、たいへん多様な答えが返ってきます。「無音です」と断言する人もいれば、「音のような、音ではないような……なんだろう……」とその場で考え込む人、「自分の声がします」「すごく低い男性の声」「母親の声に似ている」「ニュースキャスターのような声で読まれている」など、脳内で再生される音声は本当に人それぞれのようです。普段はお互いに聞こえていないだけで、人々の内側には、たくさんの声や音が溢れている……！　そう想像すると、音の世界がもう一層、ひろがったように感じられませんか？

聴覚を意のままに停止させることはできない。耳にはまぶたにあたるものがないのだ。われわれが眠りにつくとき最後まで目覚めているのは聴覚だし、起きるときにも耳が一番先に目覚める。［……］ヴァーグナーは「目には人間の外側しか見えないが、耳は人間の内側をきく」と言った。
マリー・シェーファー（2006）『世界の調律——サウンドスケープとは何か』

2–3　無音を聴く——ジョン・ケージ《4分33秒》

アメリカ現代音楽を牽引した作曲家、ジョン・ケージ（1912-1992）の《4分33秒》を生演奏で鑑賞します。この作品は、パフォーマーが舞台上で一音も鳴らさないという非常にコンセプチュアルな内容で、音楽とは何かを問い直すケージの代表作の一つですが、実際に演奏会のプログラムに組み込まれることはそれほど多くありません。

授業では、事前の解説なしに、私がおもむろにピアノの前に座り、ピアノの
ふたを閉じてパフォーマンスを始めました。4分33秒間の無音の演奏を終え
ると、耳の奥にじーんとするような静寂の余韻が残るなか、学生たちは普段よ
りも小さな声で、口々に感想を語り始めます。

　「耳で聴くというより、目で聴いてるみたいな感じ。耳で聴いてるけど、
　これは目なの？　心臓が動いてるのは感じるけど、それは音なの？　目は閉
　じているべきなの？……って疑問が次々に湧いてきて」
　「4分ちょっとがすごく長く感じて、人って案外、静寂に耐えられないん
　だなって思った」
　「気付いたら、自分のことばっかり考えていた」

　学生たちは、はじめて体験する奇妙な時間に、戸惑いと興味をおぼえている
様子でした。

演奏中にどんな音が聴こえていたか、書き出してみよう

「鳥の声。カラスと、ちっちゃい鳥が2、3羽いたなって」
「演奏中に、誰かのスマホのバイブレーションが鳴った」
「外で車が通った音がした」
「教室にあるプロジェクターの機械音」
「電車か何かの、低いブーンみたいな……」
「風が窓に当たってる音。なんていうのかな……風の音」

――となりの部屋の音は聴こえた？　楽器を練習する音とか
「ピアノの音がしていた」
「あと、息の音」「唾を飲み込む音も」
――自分の呼吸の音って、案外と鳴っていたんだなって気づくよね
「歯の奥をぐっと噛んだときに、耳の辺りで、とても小さな音がする」

---

2. 〈私〉をとりまく外側の音、内側の音に耳をひらく　121

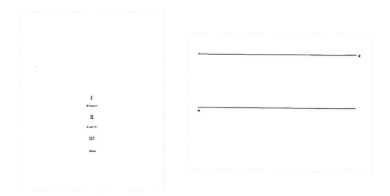

譜例1　ジョン・ケージ《4′33″》(1952) 比例記譜版，タチェット版のイメージ

《4′33″》の楽譜をひらいてみる

　ほとんどが空白を占める大判の楽譜を広げ、この曲がどのように書かれているかを読み解いていきます。この作品には複数のバージョンが存在するため、授業では3つの楽譜を並べて見比べました。

- なぜ1 2 3と書いてあるのだろう？
  → 全体が3つの楽章に分けられている。
- 4分の4拍子と書かれている。（拍子がある？）
- 第一稿では、楽譜上の 2.5 cm＝1 秒と定義されている。
- 初演は 1952 年、演奏者はピアニストのデイヴィッド・チューダー。著者もこのとき彼の演奏に倣い、ピアノの蓋を閉じてからパフォーマンスを始めた。
- 他に、パフォーマンスの際にピアノの上に大きな時計を置くスタイルもよく見られる。環境のセッティングは演奏家に委ねられている。

2-4　この作品をどう捉える？　グループごとに話し合ってみよう

グループ1
学生A：このグループでは4つの意見が出ました。僕は演奏者が中心になっている、という考え。演奏者がいないと、この空間は成立しない。演奏者の

122　音楽編

つくりだした沈黙が空間に拡がっていって、最後に演奏者が「終わりです」と宣言することで、また演奏者に収束していく。空間の真ん中に、ぽたっと滴が落ちて、それが会場中に反射した後に、また真ん中に戻ってくるようなイメージを持ちました。

学生B：僕は、これは演奏者が聴衆に対して、周りの音を聴くという機会を提供している曲だと考えました。

学生C：僕は自分も楽器を弾くので、彼よりも若干、演奏者寄りの考えをしていて。演奏者がみんなの耳を「ガッ！」てひらいて聴かせるようなイメージを持ちました。

学生D：自分の考えでは、さらに"演奏者"（の存在、立場）が強くて、演奏者が空間を「ガッ！」と支配しているように捉えました。

野口：ありがとう！　面白いね。私が学生時代に師事していた作曲家の権代敦彦先生8)は、「作曲とは、一定時間、観客を支配して拘束することだ」と語られていました。コンサートホールに入って座席に座ったら、観客はよほどのことがない限り、曲が終わるまでホールを出ていくことはない（ストラヴィンスキーの「春の祭典」の初演時は、その前衛的な音楽性が理解されず、演奏中に怒って出ていく観客がいたそうだけど！）。この音楽のなかには「支配」という要素がたしかにあるよね。一方、この授業でこれから行っていく即興演奏は、その対極にあると言っていい。コントロール下にあるものと、コントロール外で起こること。そのバランスをいかに保つかというのは、今も昔も、多くの作曲家たちが取り組んでいる重要な課題といえると思います。

グループ2

学生E：それを聞いた後に言うのは、なんか申し訳ないんですけど、僕たちのなかでは、演奏者だけじゃなくて、聴いてる人全員が演奏者になれるよねっていう話がでていました。僕は、こういうとき、もし自分が傘を持ってい

―――――――――
8) 権代敦彦（1965-）は現代音楽を牽引する作曲家、オルガニスト。カトリックの信仰に基づく儀式としての音楽空間を探究している。6節で紹介するノイズ・ミュージックのアーティスト「MERZBOW」との共作アルバムは必聴。

たら、わざと落としたりするんですけど。

野口：ええっ？！　ほんとうに？！（教室全体に笑いが起こる）

学生E：演奏が始まったときに「あぁ、あの曲だ」って思ったんで、なんかちょっと誰か物音立てないかなあって期待しているような……。

野口：今回は、誰もそういうことはしなかったね。

学生E：まあ、しなかったんですけど！（笑）故意に出すのではなくて、ふいに出ちゃった音とかも、その時だけの唯一無二の《4分33秒》の一部として参加することになる。そういう点では誰もが演奏者になれるんじゃないかっていう意見をもちました。そうでないと、結構メンタルにくるというか、お互いに辛いんじゃないだろうか？　静寂のなかで4分33秒間耐えるというのは、咳したら悪いなとか、体調が悪いときにはあんまり聴きたくないような……。なんかすごい縛られてる感じという意見も出ました。

野口：4分33秒間じっとしていると、やっぱり誰でも途中で少し飽きてくる。それでもまあ、なんとか我慢できるような絶妙な演奏時間をケージは設定したよね。ちなみに、この曲を最後に改訂したときは「この曲は何分間演奏してもいい。あるいは何時間でもいい」と語っていたそうな……。

グループ3

学生F：曲が始まった時点で、（あの曲だ！）って解っちゃった人が多かったんですけど、本当に4分33秒何もしないのか？何か急に弾き出したりするんじゃないか？ってずっと身構えていた人もいれば、僕の場合は、4分33秒間あるんだったら、あとの時間は全部自分のために、考える時間として使おうと思った。

野口：具体的に何を考えていたかを、ぜひ聞いてみたいですね。

学生F：自分がより良くなるような……（一同：笑）それを考えることで自分が幸せになれるようなことを。別に《4分33秒》の演奏中だからじゃなくても、自宅でも、風呂でもできるようなことを。

グループ4

学生G：「音楽とは何か」っていう問いがあって、音が鳴るか鳴らないかと

いう状態を１〜０としたら、限りなく０に近い状態でも、それが音楽と言い切れる人は少ない。この曲が作られる前まで、みんなそれに気づいていなかったんだと思いました。

野口：まずは、このアイディアを発想したっていうのがケージの凄いところだよね。ジョン・ケージという作曲家は、トリックスター的に、従来の体制を打ち壊して、まったく新しいものを創造するということを次々に行ってきた人。でも実は、音楽大学ではケージの作品ってあまり扱われていなくて。クラシックの専門家のなかには、いまだに「あんなのは音楽じゃない」って言う人も少なくない。

学生Ｈ：僕は、なんで４分33秒なんだろう？３の５乗（243秒＝４分３秒）じゃないよなぁ？と考えていました。

学生Ｉ：これは究極のインプロヴィゼーションだ、という意見もでました。普通の曲だったら、演奏するには技術が要るわけだけど、この曲の場合はその必要がない。それなら、この曲の演奏に上手いとか下手とかあるんだろうか？

学生Ｊ：生で聴いてみると意外に感動する……。なんかすごく……それに驚きました。

野口：実は私も、初めて実際にこの曲のパフォーマンスを観たときに、感動しました。演奏会の最後の方に、この曲目がプログラムされていたんだけど、それまでバーっとピアノを弾いてた人が突如《４分33秒》を弾くと、無音であるにも関わらず、なんだかその人の身体から音が湧きでているような感じがしてきて……。とても音楽的な時間のように感じられたんです。

自分だったら、どう舞台に立つか？

ディスカッションの後、「あなただったら《４分33秒》をどのように演奏しますか？」という問いかけをして、しばらくの間、自由な時間をもちました。鏡の前に立って自分の姿を確認しながら何か想像している様子の学生もいれば、楽譜の分析や、内容についての議論を続ける学生たちもいました。皆、思い思いに楽曲と向き合っている様子でした。

2017年度の受講生による作品『れるられる』は、この時の議論で話題に上

った「音楽における支配─被支配」というトピックを発展させて、つくられています。（〈創作編 1-2〉に掲載）

3.　分析する
──身のまわりの音、楽器の音、あるいは聴くことそのものを

　2節のおわりで、ケージの作品を通して"聴く"という行為そのものについて分析を始めた学生たち。世界を"聴く"ワークによって、ひとたび耳がひらかれると、それまで気に留めなかったような、日常に溢れる音の面白さに気付くことがあります。はじめの「音採集」のワークでは、聴こえた音をさまざまな角度から分析して、他者と共有します。──その音は、どのような要素に分解できるか？　その音のどんなところに惹かれるのか？　自分の耳で聴いたその音と、録音をした音の聴こえ方は同じだろうか？　録音物を他者に聴いてもらうとき、より効果的に聴かせるためには、どのような言葉を添え、どのような環境を整えて、受け手に届けると良いだろうか？──これらを実践を通して考えていきます。それによって、音を深く聴くという受動的な姿勢から、音を分析して、自ら音を発する能動的な姿勢へ、徐々に移行していきます。

3-1　音採集と分析

　"昆虫採集"ならぬ"音採集"のワークを行います。自然のなか、学校、家、通学路など、日常生活で気になった音や面白いと感じた音を、録音機器やスマートフォンの録音アプリで収録し、タイトルをつけて Slack に投稿します。次の授業では、スペクトログラム[9]を使って波形を観察し、録音した人から詳しく話を聞きながら、その音源を聴き合います。さあ、学生たちの日常から、どのような音がみつかったでしょうか？

---

9) 音声信号の周波数分析を時間的に連続して行うもの。一般的には横軸に時間、縦軸に周波数を、また点の明るさや色によって周波数の強度を表す。〈3-2〉で詳述する。

自然界の音

・湖の波の音

湖の静かな音に、夕暮れ時の写真が添えられている。学生たちが、実家からオンラインで出席していた年度ならではの、都内では聴かれないサウンドスケープ。

学生「先日、先生がおっしゃっていたように、波の音は私のなかでノイズキャンセリングされていました。改めて注意して聴いてみると、リズムはバラバラで音も大きい。それなのに耳に心地よく、清々しい気持ちになりました」

・雨と雨垂れ

ちょうど日本列島に台風が上陸していた時期。日本各地で録音された雨音が集まった。

野口「自然音を聴いていると、空間的な響きに意識がひらかれていくような感覚がありますね。それと同時に、その空間で音を聴いている録音者の存在も、間近に感じられるような気がするのは私だけでしょうか」

・夜のオーケストラ

たくさんの虫の声。ビル群にゆらぐ光の映像が添えられていることで、虫の声がどこか電子音のような響きのように感じられる。

野口「海の音、雨の音、蟬の声など、無数の音がランダムに重なると、ホワイトノイズ（白色雑音）に近い音響になります。配布したテクスト『ノイズ／ミュージック』のなかで、ポール・ヘガティもノイズによる鎮静化作用に触れていますが、人間がこの音を好むのは、胎児が子宮のなかで聴いている音響に近いためではないか、という説があります。泣いている赤ちゃんにホワイトノイズを聴かせると泣き止むことが多いとか。人間が心地よいと感じる自然音には「$1/f$ゆらぎ[10]」が含まれているという研究もありますね。まばたき、心臓の鼓動、電車の振動にも、このゆらぎが見られるそうです」

---

10) スペクトル密度が周波数 f に反比例するゆらぎのこと（ただし f は 0 より大きい、有限な範囲をとるものとする）。

身近な物音、自然現象に着目した音

・本のページをめくる音

学生「本のページを素早く閉じたときの音です。紙が叩きつけられる小気味の良い音と、終盤で紙の量が少なくなった時のペラペラという音が面白いと思いました」

野口「少し厚手の、良い紙質の本のページをめくる音。こうして録音して聞いてみると、こんなに良い音だったのかとハッとしますね」

・着火音

自宅キッチンのコンロを点火するときの音。

野口「これは……インパルス応答[11]ですね……！　等間隔のクリック音は、改めて聴くと面白いですね。コンロの電池の減り具合によって、間隔が変わっていったりするのかな……？」

・あたたかい飲み物のなかに氷をいれた時の音

学生「5秒くらいのところで『パキパキ』と氷にヒビが入る音が聞こえるかと思います。その後、10秒くらいのところでコップを揺らしてカランカランという氷の音を立てています。個人的にはどちらの音も好きなのですが、温かい飲み物と氷を混ぜるのは地球にはあまり優しくないと思う（∵氷を作るのには熱を放出することが必要であり［クラウジウスの原理］、氷と温かい飲み物を混ぜるということは、氷を作る際に止むを得ず熱を放出した意味がなくなる）ので、普段はほとんどやりません」

・水筒のなかに水を注ぐ音

学生「はじめの方は低音が響く不快な音ですが、水位が上がるにつれて低音が軽くなり、涼しげな音になります」

野口「水の落ちる音といえば、日本には『水琴窟』という、地中に陶器や鉄でできた大きな鉢を埋め込み、そこに柄杓ですくった水を落として反響音を楽しむ文化がありますね」

・コップのなかに水滴が落ちる様子を超至近距離で撮影した映像＋録音

学生「水滴の音が好きなので録りました。水面にぶつかる音と、一度広がった波が戻ってきたときの音、の二つが発生しているのがわかると思います」

11）インパルスと呼ばれる非常に短い信号を入力したときのシステムの出力。

野口「的確な分析です。ピッチがよく聞こえますね。こうしてスローの映像で見てみると、人間の眼には、水滴が落ちる動きは速すぎて認識できないことから、まるでコップの方から水が立ち上がるようにも見えて、面白いですね。目と耳、あるいは人間とカメラの認識の精度やスピードの差というのも創作テーマになりえそうですね」

ヒトの声

・狂宴

ガヤガヤとした環境で十数名の話し声が録音されている。居酒屋の環境音だろうか？　会話の内容は聞き取れない。緊急事態宣言中に聴くその環境音は、とても懐かしいもののように感じられた。

野口「自分がその場にいると、目に映る光景と組み合わせて、またカクテルパーティー効果[12]によって音を識別することができるのに、録音された音だけを聴くと、すべて一緒くたになってガヤガヤとした音にしか聴こえなくなるというのは面白い現象ですね。先ほど聴いた『夜のオーケストラ』の、虫たちによる会話の音と聴き比べてみましょうか」

・高速ラップ

学生「ヒップホップのアーティスト『Eminem』さんの曲《Rap God》から、高速ラップの一部です。等間隔で音が出されているように感じますが、ラップという言葉である以上、リズムに多少揺らぎがあること、そして何を言っているか分からないのに、リズムから何か伝わってくるものがあることが面白いと思いました」

野口「抑揚を排除して、ビートのなかに等間隔でおさめることによって引き出される良さがありますね」

・引き笑いの声

学生「男性アイドルグループ『Snow Man』のメンバー、渡辺翔太さんの笑い声の抜粋です。（笑い声によって、他者の）笑いを引き起こすという意味での面白さもありますが、もし、これを楽器や人工物で演奏するとしたらと考えると難しそうだし、それでも音程はなんとなくわかる気がする、という微妙なラインの音だなと思いました」

野口「着眼点が良いですね！　ここだけ切り取って聴くと、奇妙ささえ感じますね」

12）パーティー会場などの複数の音源が同時に発生する環境下で、特定の音源に注意を向け、情報を抽出する能力。

いやあ、音って本当に面白いですね。自分一人では思いつかないようなバラエティ豊かな音がたくさん集まりました。対話を通して音を味わい、情景を想像するといった感覚的なアプローチと、音を分析し、分類する科学的アプローチの間を往復しながら、微細な音の変化に耳を向けることを促し、創作へつなげていくための道筋を一緒にさがしていきました。

他の現場で行うワークショップでは、採集した音をシンプルに紙に書き留めていく方法をとることもありますが、ここではスマートフォンの操作に慣れている大学生を対象にしていたため、各自が録音作業を行うという形で実施しました。スマートフォンの普及によって、フィールドレコーディング（屋外での音響収録）、および録音物の編集、加工へのハードルは年々下がってきています。このワークショップに参加する前からDTM（デスクトップ・ミュージック）を行っていた学生は、毎年1～2割程度でしたが、音楽編集ソフトを初めて使用する学生も、すぐに使い方を習得し、創作に取り入れていく姿が見られました。2020年度の受講生による創作作品『チーズケーキ』では、このワークで行ったような音の丁寧な描写が台詞のなかで使われています（〈創作編1-4〉）。

3-2　楽器の音色を視覚化しながら音を鳴らす

このワークは、空間を広く使って行います。教室の前方にマイクを設置して、音響を解析して波形をリアルタイムで表示する「スペクトログラム」に、学生たちの持参した楽器の音や、コンピューター上で合成した音を送ります（図5）。音の波形を表示させたい参加者が、持参した楽器を持ってマイクに近付き、音を鳴らします。波形の変化に興味がある人は、音を鳴らさずにグラフをじっくり観察していてもかまいません。本格的な即興に入る前に、まずは、身体的な自由度の高い場をつくり、そのなかで遊んでいきます。

画面上に表示される波形はプロジェクターで投影し、その場にいる全員で共有されます。授業では、著者が音響合成ソフトウェア「MAX」で作成したプログラムの他、授業後も学生たちが自由に使えるよう、オックスフォード大学の音響研究所が作成した無償のスマートフォン用アプリケーション[13]を使用

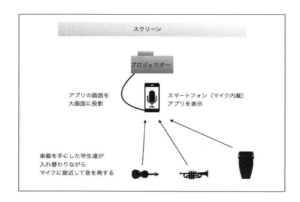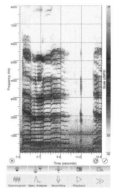

図5（左）　教室のセッティング図。スマートフォンの内蔵マイクに入力した音声をリアルタイムで解析して、波形の映像として出力する。
図6（右）　Oxford WaveResearch によるアプリの表示画面（実際は色温度あり）

しました（図6）。

　仕組みはいたって単純ですが、自分の出した音の波形が大画面に表示されるという状況は、ほとんどの人にとって新しい体験です。一つの同じ音を奏でている間にも、ほんのわずかなニュアンスに応じて波形が変化します。これは実際に体験してみると、なかなか楽しいものです。分析にかける音について、ファシリテーター側から提案をすることもありますが、多くの場合は、参加者から「自分の楽器の音の波形を見てみたい！」「次はこうしてみるのはどう？」といった積極的な声が次々にあがります。必要に応じて理論的な解説を交えながら、自由に体験してもらいます。

　倍音を一切含まないサイン波（正弦波）など、電子音の波形も合わせて見比べることもあります（図7）。サイン波では、1本の細い線が現れます。同じ周波数の音を、たとえばヴァイオリンとフルートで交互に鳴らすと、映像はどのように変化するでしょうか？　重ねて鳴らすと、どんな波形になるでしょうか？　私たちが感じる「音色」の違いは、倍音構造によって決定されていることが、聴覚と視覚の両面から体験できます。

---

13) Oxford WaveResearch「SpectrumView（iOS 版）」。デスクトップ版では、Google「Chrome Music Lab」のスペクトログラム（無償）が使いやすい。

この他、すべての周波数帯域を均等に含むホワイトノイズ、ピンク・ブラウン・グレー・パープルなどのカラーノイズ（色にちなんだ名称は、音と色の共感覚というトピックにもつながります）、無限音階（音の上昇あるいは下降が無限に続くような錯覚を生じさせる音響）などの波形も見比べます。

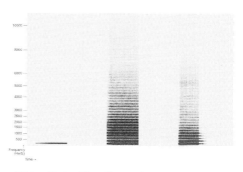

図7　サイン波、ヴァイオリン、フルートで同じ音（A=440Hz）を鳴らした時の波形

音を出すことに慣れてきた学生たちは、続いてスペクトログラムをキャンバスに見立て、スクリーン上に絵を描くように音を発する遊びを始めました。幅広い音域を使って線や面を描き、思い通りの模様を作るには、どのような音を出せば良いかを考えながら演奏することで、新しい音の発見が待っています。

なじみのない楽器を手にしたとき、即座に「色々な音を鳴らしてみたい！」と、直感的にアプローチするタイプの人と、目的がはっきりしている方が手を動かしやすいタイプの人がいます。後者のタイプにとっては、知的好奇心をくすぐるワークから入ることで、自発的に「音を鳴らしてみよう」という"遊び"のモードに入りやすくなるようです。

3-3　音の借り物競走

〈3-2〉のワークをオンラインで行った年度では、ゲーム性を取り入れたアレンジを加えました。運動会で定番の「借り物競走」を、童心にかえって（大人の本気で！）行います。参加者は3チームに分かれて、3つの問いに挑みます。

💡「借り物」の音を再生する際、Zoomの音声をファシリテーターのコンピューター内のスペクトログラムに送り、その画面を全体で共有すると、皆で鳴った音を観察できるため、公平な判定をすることが可能になります。

132 音楽編

① 家にある、楽器に限らず、音の鳴る物のなかから「**最も高い音**」と「**最も低い音**」が鳴るものを探してきて、5分後に Zoom で共有します。

集まった音

<u>高い音</u>　目覚まし時計　ピアノの最高音　シンバル
<u>低い音</u>　ギター、ベースの最低音（弦をゆるませると、さらに低い音が出せる）

楽器を使ったチームが多く、回答は予想以上に似通ったものでした。

② より多様な回答を得るために、次は少し趣向を変えて、「**最もノイジーな音**」と「**最も美しい音**」が鳴るもの、その「**理由**」を探してきてもらうことにしました。①は数値によって判定できる内容でしたが、この質問は「自分は、どんな音を美しい／あるいは雑音と思うのか？」という美学的な問いをはらんでいます。

■ ノイジーな音 – その音を選んだ理由
□ 美しい音 – その音を選んだ理由

チーム1
■ チーム全員で叫ぶ──音量が大きい。複数名の声の周波数が混じり合い、ランダムな印象を与える。
□ ギターのハーモニクス（倍音奏法）──ピュアで透明な響きが聴かれる。

チーム2
■ どんぶり、木のお椀、瓶のふた、鍋のふたなど、色々な形、材質のものを混ぜて「ガラガラガシャドジャーッ!!」と落とす──音源となる物が何か分からないことが、うるさいと感じさせるのでは。過去にお皿を割ってしまったときの「不快な記憶」も、心配を煽るのではないか。
□ カリンバの音──単純な響きで、音が透き通って聞こえる。金属製の爪を弾くことで発音するため、アタックがまろやか。木製の箱から、温かみのある音が鳴る。

---

3. 分析する　133

チーム3

■ （カメラを常時 OFF にしている学生が、音声のみで参加）

「♪ババババババババババ !!!!!」

後から聞くと、扇風機の羽に下敷きをつっこんだ音だったことが判明。

──音源の不透明性。虫の羽音に似た音から連想される、蚊や蠅にまつわる不快な記憶。回転物に異物を挟むという、行為自体の危険性。

□ ボールペンを「♪カチッ♪カチカチッ」とノックする音

──小学生の頃、使うことを禁止されていたボールペンには、ちょっとかっこいい大人のイメージがある。それが美しいと感じる気持ちにつながっているのでは。

　ボールペンのエピソードを聞いた時は、ほっこりした気持ちになりました。子供の頃に抱いていた憧れが美しさにつながるという発想は、私にはとても新鮮に聞こえました。

　美しい音と"透明感"とのつながりを挙げるチームも多くありました。〈3-2〉で波形を見たサイン波は、別名「純音」とも呼ばれます。

　ノイズ（雑音）に関しての「人は音源の不明瞭な音をノイズと感じる傾向があるのでは？」という洞察も面白いですね！　家の中のさまざまな物を持ち寄りやすいオンラインで実施したからこそ、このように多様な回答が得られたのでしょう（同居するご家族はびっくりさせたかもしれませんが……！）。

③　最後に「美しくノイジーな音」を想像してみます。

□■ ドラムのフレーズ

──打楽器は音量も大きく、倍音も多いためノイジーだが、リズムにのれると美しく気持ちいいから

□■ ハウリング[14]の音

──音響的にはエラーだが、調整によって美しく聴かせることもできるから

□■ ファミコンの音

──ビット数が少ない昔のゲーム機だからこそ出せる音は、カクカクしていて滑らかでないが、独特の面白さがある

────────────

14) マイクロフォンやスピーカーなどの音響機器で、音がループして反響し合うことによって発生するフィードバック現象のこと。

134　音楽編

　美しく、煩い。一見、矛盾しているようですが、こうした相反するアンビ
バレントな概念について考えてみることで、その人独自の感性が際立ってきます。
その後の創作では、ファミコンの音を使って、美しい雨音を表現する
『Famiconized rainswap』という音楽を制作した学生があらわれました。

打楽器奏者にとってのノイズ

　ゲスト講師としてお招きしていた打楽器奏者の窪田翔さんにも、ノイズについ
いての考えを聞いてみました（窪田さんと行ったワークは〈補論 3-4〉で紹介
しています）。

> 野口：先ほど、美しく且つノイジーな音としてドラムの音を挙げた学生がい
> ました。ドラムのピッチ（音程）は、ピアノと違って「ドレミ」では表せな
> い。つまりどこか特定の周波数が突出しているわけではなく、よりホワイト
> ノイズに近い倍音成分をもっているといえます。打楽器奏者は、こうしたピ
> ッチが定まらない打楽器を使うときに、どのような観点からチューニングし
> ているのでしょうか？
>
> 窪田：作曲家はピッチのない楽器を使って曲を書くときに、譜面上で特にピ
> ッチを指定しません。楽譜を受け取った打楽器奏者は、多くの場合、完全五
> 度や長三度などの、きれいなハーモニーになるような音を避けてチューニン
> グします。
>
> 野口：完全五度、長三和音とはこういう音のことですね（ピアノを弾く）。
>
> 　♪ドソ〜　♪ドミソ〜
>
> 窪田：なぜ、音がハーモニーとして聞こえないようにするかというと、曲の
> なかでの意味合いが変わってしまうことや、別の意味が生まれることを避け
> ているんですね。音が協和することが功を奏するような曲を演奏する場合は、
> きれいにチューニングするときもありますが、そういうケースはまれです。

ノイズと文化

　西洋楽器の多くは、ノイズを極力減らし、クリアな音づくりを志向して進化
してきました。例えば、古楽器のバロックヴァイオリンの音は、現代のヴァイ

オリンよりもはるかに複雑な倍音成分を含んでいます。一方、日本の伝統楽器は、ノイズを取り除く方向には進化しませんでした。薩摩琵琶には、あえて雑音（噪音）を発生させるための「さわり」という機構がつけられているほどです。

　一般用語としての「ノイズ」という言葉には、ややネガティブなイメージがあるかもしれません。それは意にそぐわないもの、目的の達成を阻むエラーを生じさせる「排除すべき何か」です。ここまで見てきたように、どんな音を"美しいと思うのか？"あるいは"雑音だと思うのか？"という価値観は、本人の嗜好に加え、文化的・時代的背景にも大きく影響されます。例えば、私の両親は、一日中テレビ番組を流しておくことを好みます。彼らにとってテレビの音は、にぎやかさを演出する日常の環境音なのでしょう。しかし私にとっては、それは静かな時間を妨げる雑音のように感じられます。それでも家族として、私たちはなんとか共存していくことを選びます。

　理想にそぐわない雑多なもの、異質なものをどう捉えるか。ノイズについて再考することは、社会のなかで、多様なものをどれだけ多様なまま扱うことができるかという観点にもつながるのではないでしょうか。

4. 即興演奏に挑戦する

　「即興演奏」と聞いて、皆さんは何を思い浮かべるでしょうか。アンダーグラウンドな前衛音楽？　それともロックやジャズの奏者による即興パート？ここでは、即興演奏を広く「楽譜を使わず、その場その瞬間の状況に応じて、自らの判断で即興的に音を奏でること」と捉えています。シンプルに音を発することから始めて、音のパレットを段階的に拡げていくことで、即興演奏が次第に深まるようにワークを構成しています。

4-1　即興演奏をするための身体の土台づくり

　座学で授業を受けていると、身体がキュッと縮こまりがちです。実技のワー

136　音楽編

クを始める前に、まずは参加者の身体の状態を、音の微細な変化を感じ取り、即興的に音で応じられるような柔軟な状態へ移行するための土台づくりを行います。初めて即興を行うときは、誰もが少し照れくささを感じるものです。このワークショップでは、できるだけ自然な流れで音を発することができるように心がけています。

深呼吸と柔軟ストレッチ

　身体を首から肩、腰、手足と順にのばし、軽いストレッチを行って全身をほぐします。ここで深呼吸も何度かしておきましょう。音を響かせるために、心と身体をオープンでリラックスした状態へととのえていきます。

オンラインワークショップでのボディパーカッション

　打楽器奏者の窪田翔さんがゲストとして登場した回では、身体全体を使ったリズムワークを行いました。詳しい内容は〈補論3-4〉を参照してください。

大きな声で呼び合う

　参加者を2つのグループに分け、広い空間の両端にそれぞれ横一列に並びます。向かい合った相手とペアを組み、大きな声で「おーーーい！」と、自由なタイミングで呼び合います。オペラのような声楽的な発声をする必要はありません。自分の声が、身体のどの部分に響いているかを感じながら、喉の力みを抜いて発声してみてください。

自分の名前を子音と母音に分解して発声する

　例えば「ノグチモモコ」の場合、子音の「n-g-ch-m-m-k」と、母音の「o-u-i-o-o-o」に分けて、紙に書き出してみます。まずは子音だけを誇張して鋭く発生し、次に母音をゆっくりと歌うように声に出します。自分の名前を構成する音は、生まれた時からそばにある、最も身近な音といえます。この音素材を、即興演奏で応用していくこともあります。

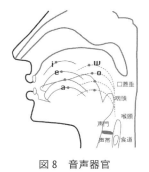
図8　音声器官

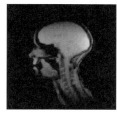
図9　倍音発声をする人のfMRI映像

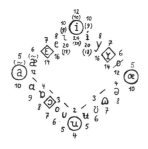
譜例2　《Stimmung》

倍音唱法

母音にフォーカスする流れを引き継ぎ、モンゴルやトゥバの倍音唱法「ホーミー／ホーメイ」に挑戦してみましょう。できるだけ低い声をお腹の底から出し、口内の形を細かく変えながら、自分の声に含まれる倍音成分を操作していきます。授業では、音韻表や、母音の発声と音声器官の対応表（図8）、倍音発声を得意とする歌手 アンナ゠マリア・ヘフェレが、歌唱中の頭部をfMRIで撮影した動画（図9[15]）を参照しました。また、母音と倍音唱法を扱った、カールハインツ・シュトックハウゼン（1928-2007）の楽曲《Stimmung (1968)》（譜例2）を紹介しました。3節で登場したスペクトログラムを使い、自分の声のなかに倍音成分がどのくらいでているかモニタリングしながら歌うと、さらに楽しいですよ！

4-2　ピュタゴラス音律の完全五度を体感する

数学者、哲学者として知られるピュタゴラス（紀元前6世紀頃）は、音の比率においても重要な発見をしています。伝承によると、ピュタゴラスは鍛冶場で金属を打つ音を聞いて、ハンマーの重さの比率によって協和する音同士があることに気付いたといいます。そして、これを弦の長さに応用して、比率が2：1の弦はオクターブの響きを、3：2の弦は完全五度[16]の響きを生むことを

---

15) Anna-Maria Hefele. (2017, Apr 26). *MRI / Sehnsucht nach dem Frühlinge* (*Mozart*) [Video]. Youtube. https://www.youtube.com/watch?v=YIUvX7hebBA

138 音楽編

発見しました。こうして得られた比率の操作を繰り返し、導きだされる1オクターブ分の音律[17]は、俗に「ピュタゴラス音律」と呼ばれています。このワークでは、ピュタゴラス音律による完全五度の響きを体験します。

ワークの流れ

まず、全員で大きな円を作って座ります。椅子を使わず、地面に直接座ると、身体の感覚や大地、重力によりフォーカスしやすく、参加者同士の一体感も得られやすいです。

深呼吸をして身体や喉の力みをほどいたら、全員で「Hum…」と、一つの同じ音をハミングします。それぞれが小さな音を出せば十分です。はじめは響きにばらつきがありますが、音が美しくそろうまで、集中して調えていきます。このときファシリテーターは、指か手先全体を使って、何も無い空間上で一点を指し示したり、まっすぐ線を引くような動作をすると、音が合わせやすくなります。

はじめに歌う音は、どの音を選んでも大丈夫ですが、地声で出しやすい音が良いでしょう。参加者に男女ともいる場合は、音域に合わせてオクターブ差でハミングしてください。空間でよく耳を澄ましてみて、空調などがつくる環境音に突出したピッチ（定在波）が聴きとれそうであれば、それと同じ音を用いると、より空間と調和した響きになるでしょう。

次に、全体を2つのグループに分け、先ほど選んだ音と、その音の完全五度上、または完全五度下の二音をハミングします（【例】はじめの音が「ド」であれば、「ドとソ」もしくは「ドとファ」を歌う）。2つのパートの分け方は、男女の声の高さや、座っている位置で決めることが多いです。先ほどと同様、純粋な五度の響きが得られるまで集中します。一音のときより時間がかかるかもしれませんが、純度の高い五度が出現したときには、全員がその美しさには

---

16) ドとソ、レとラなど、音が5つ分離れた音程のこと。ドとソは完全五度、ドとソ♯は増五度、ドとソ♭は減五度となる。
17) 音楽のなかで使われる音の高さの相対的な関係を、音響学的に位置づけた体系のこと。他に平均律、純正律などがある。

っとして、直感的に（これだ……！）と分かるはずです。

ピュタゴラス音律による完全五度の響きは、無伴奏で合唱曲を歌ったことのある方なら、聴きおぼえがあるかもしれません。どこか神聖ささえ感じられる響きが持続するなかで、微細な感覚を使い、音を受け取ると同時に発することで、他の参加者たちとの調和を体験するワークです。

音律、協和音、不協和音

このワークを行う際は、音の高さを確認するためにピアノを使わないことが大切です。ピアノの多くは平均律で調律されており、ピュタゴラス音律の五度をピアノの音から導きだすことはできないためです。

下の図は、「ド」の音（0セント）を基準にしたときのピュタゴラス音律と平均律の違いを示しています。「ド」と完全五度音程をつくる「ソ」の音は、平均律では700セントであるのに対して、ピュタゴラス音律では702セントとなっています。セントとはオクターブを1200等分した単位のことで、平均律では12音が0, 100, 200……と等間隔に並んでいます。平均律はこのように、1オクターブをばっさりと均等に分割する音律です。

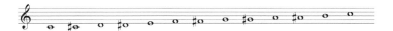

| ピュタゴラス音律 | 0 | 114 | 204 | 294 | 408 | 498 | 612 | 702 | 816 | 906 | 996 | 1110 | 1200 |
| 平均律 | 0 | 100 | 200 | 300 | 400 | 500 | 600 | 700 | 800 | 900 | 1000 | 1100 | 1200 |

譜例3　「ド」の音を基準にしたときのピュタゴラス音律と平均律の違い

オーケストラのチューニングの音にも使われる真ん中の「ラ」の音は、現代では440〜443 Hzに調律されていますが、J. S. バッハの時代では、今とは半音ほど違う392〜465 Hzの間を変動していたといわれています。さらにオクターブ内の調律の方法にも、ここまで見てきたようにさまざまな種類があります。

私たちはしばしば「ドレミ」の音階が絶対的なものと考えてしまいがちですが、決してそうではありません。人間が、音のスペクトルのなかでそのようにラベル付けしただけのことです。邦楽やインドの伝統音楽などは、西洋音楽と

140 音楽編

はまったく異なる音の体系をもっています。音律や、音の協和／不協和といった感覚は、〈3-3〉で扱った「何をノイズとみなすのか」と同じように、時代、国、文化的背景によって移り変わるものです。

4-3 一音だけのドローン音楽──指揮者役を立てる

参加者へ事前に、ワークで使用してみたい楽器があれば持参するよう伝えます。授業にはこれまで、ヴァイオリン、ギター、ベース、木管、金管、ドラムなどさまざまな楽器が持ち寄られました。ファシリテーター側も、カリンバ、ディジュリドゥ[18]、シェイカーなどの民族楽器を鞄いっぱいに詰めて持っていきます。

楽器を手にしてから、いつも最初に行うことにしているのが、一音のみを使った即興演奏です。奏でる音は、参加者に選んでもらうことが多いです。もし、ディジュリドゥなどの音程が調整できない楽器があれば、その音を基準に他の楽器の音を合わせていきます。一音といってもあなどれません。たくさんの楽器で一斉に一つの音──ドローンを出し、音色を微細に変化させ、強弱をつけたり、うねりやリズムを作り出していくと、それだけで豊潤な響きが得られます。

それぞれの楽器の「特殊奏法」もここで試しておきます。特殊奏法とは、従来とは異なる方法で演奏することで楽器の機能を拡張する、現代音楽の手法の一つです。例えばクラリネットを、声を混ぜながら吹いてみる、吹くのではなく吸ってみる、木管の先に色々な物をくっつけてみるなど……楽器の可能性を自由に探究しながら、ノイズや聞き慣れない音もドローンに加えてみましょう。

音のパレットがひろがってきたら、音を操作する指揮者役を立てます。指揮者は前方か中央に立ち、ジェスチャーによって強弱やリズムを伝え、全員で出す音のニュアンスを操作します。統一された響きを出したり、音の波を動かし細かいリズムを作って、ダンサーのように激しく動いてみたり、ジャンプする

18）オーストラリア大陸の先住民、アボリジニが儀式で用いる民族楽器。

のも良いですね！　好きなように音で遊んでみましょう。
　このような、一つの音色を長く持続させるスタイルの音楽は、「ドローン・ミュージック」と呼ばれます。1960年代に、ラ・モンテ・ヤング（1935-）や、テリー・ライリー（1935-）が扱ったことで流行を生みました。その起源は古く、キリスト教の聖歌や、日本の雅楽のなかにも長い持続音がみられます。

4-4　音をつかった対話

　次は、音数を二つに増やし、「言葉のキャッチボール」ならぬ「音のキャッチボール」を行います。音によるコミュニケーションの体験です。はじめはニュアンスをコントロールしやすい"歌声"で、続いて"楽器"で行うと良いでしょう。
　譜例4では、レとミの二つの音でつくれる旋律の例を挙げています。音の数、旋律の長さ、強弱、速度などは自由です。Aさんが問いかけるように旋律を投げると、Bさんはそれを受け取り、Cさんに投げかけるか、またAさんに応えながら返す、あるいは応えずに質問を投げ返しても良いですね。そこへDさんが割り込んでくる……！かもしれません。音の駆け引きで遊んでみましょう。

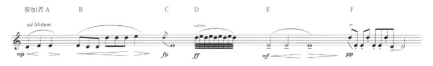

譜例4　二つの音を使った即興例

　これまでのワークショップでは、全員で輪になって時計回りに旋律を渡していく方法と、教室を縦横無尽に動き回り、目の合った人同士で音の対話をする方法の二つを行いました。それとなく無難に隣りに受け渡す人、みんなをあっと驚かせるような旋律をもってくる人、調和をとろうとする人……音によるコミュニケーションに、それぞれの個性が表れます。はじめは無難に旋律を受け渡していた学生も、何周か即興演奏をすると、周囲の遊びにいざなわれるよう

にして少しずつ冒険を始めます。素材を最小限に限定して、創意工夫するしかないような状況をしつらえることで、音による表現力が鍛えられていきます。

　ワークに慣れてくると、自分の表現したいことに対して、素材の自由度が足りないことへのフラストレーションも次第に溜まってきます。その頃合いを見計らって、音の数を三〜七音に（参加者の習熟度に合わせて）増やします。私は、わらべうたに見られるような、日本固有の音階（譜例5）を使うことが多いです。音数が四音のわらべうたには「ほたるこい」や「かごめかごめ」、五音には「さくらさくら」などがあります。

譜例5　日本固有の音階

　七音を使った即興を行う際は、教会旋法（譜例6）を用いると、独特の趣きが生まれ、表現がふくらみやすくなります。譜例7では、譜例6の教会旋法のなかから、1.のドリア旋法を用いた即興が、人から人へと受け渡されています。旋律がまわってくるのを待っている間、主音のレの音で、ドローン奏法の伴奏をつけてみましょう（下段）。グレゴリオ聖歌のような響きが現れてきます。慣れてきたら、伴奏にも少しずつ動きをもたせていくと良いでしょう。旋法内の音を用いることで、どんな音を奏でても、全体の調和がとりやすくなります。

　〈補論3-4〉では、歌手のEri Liaoさんをゲストにお招きして台湾の民謡をベースに行った即興のワークを紹介しています。メインボーカルとコーラス、

4. 即興演奏に挑戦する　　143

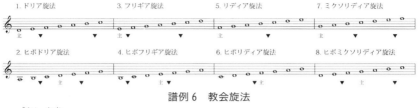

譜例 6　教会旋法

「主」＝主音
▼＝半音の位置（旋法をドからはじまる音階に移調すると，それぞれに異なる♯♭を伴った音階となる）

譜例 7　ドリア旋法（譜例 6-1）を用いた即興例

または演者と観客の間で行われる歌のかけあい「コール・アンド・レスポンス」もまた、音による会話と捉えることもできそうですね。

4-5　旋法を用いたインプロヴィゼーション──教室が沖縄の楽園に

　ここまでワークを重ねると、教室は音楽で満たされ、学生たちはすでに、より自由なインプロヴィゼーション（即興）に入る準備が整っています！　続いては、これまでに出てきた音階や旋法を使って、より自由な即興をしてみましょう。

　最初に、複数の音階を併記した譜例（譜例 5, 6）をスクリーンに大きく表示し、参加者たちがその都度、演奏したい音階を選べるようにしておきます。音階が決まったら、楽器をチューニングしたり、音階に含まれる音を一通り鳴らしてみる、自由な時間をもちます。音階のなかにある音なら、どの音を弾いても構いません。

　一つ前のワークでは、主旋律と伴奏を分けていましたが、ここでは、その役割も自由です。リズムの発展のさせ方、音楽の盛り上げ方、終わらせ方も、非

言語のコミュニケーションによる各々の判断に委ねられます。入れ替わり立ち替わり、音のかけあいを楽しんでみましょう。

　このような自由即興を何ターンか行いながら、ファシリテーターは「今のは良かったね！　どう思った？」「次は何をしてみたい？」と声がけをしながら、参加者たちの音楽性を引き出していきます。授業では、終業のチャイムが鳴った後も、学生から「最後にもう1つやりたい！」という声が上がり、沖縄音階を選んで即興をしたことが特に印象に残っています。南国特有の明るく開放的な響きのなかで、お互いの音を聴きながら前に出たり下がったり。ジャンベが刻むリズムに、シャンシャンと鈴の音が駆け回り、「♪イイヤーサーサー！」と掛け声に、手振りも入るなど、まるで楽園のような響きが生まれていました。

　ここでは、特定の音階や旋法を用いた即興演奏を紹介しました。音階を即興演奏の素材として本当に"使う"ことで、同じことを座学の授業で学ぶよりも、はるかに深い理解が得られるのではないでしょうか。一般的な音楽ワークショップでは、参加のハードルを下げるために、音程のない打楽器を使った即興体験が多く行われる傾向がありますが、こうして丁寧にステップを積み重ねることで、音程のある楽器を用いた即興演奏も可能になります。

　さらに即興に慣れてきたら、最終的には旋法というルールも外して、フリー・インプロの世界に足を踏み入れてみましょう！

フランスの音楽院での即興演奏授業

　私が留学していたリヨンの音楽院では、選択科目として即興演奏の授業がありました。実験音楽家の Alain Joule の先導で、弦楽器、管楽器、声楽など、様々な科から集まった演奏家の卵たちが、カーテンにくるまって音を出してみたり、紙をひたすらちぎって宙に投げたり……真剣に（しかし決して深刻にならずに）意見を交わしながら、それぞれの可能性を探った、即興クラスの自由な雰囲気は、今も私の原点にあります。

即興演奏を行うときに大切なこと

- 相手の音をよく聴きながら、瞬時に音を発することもできる
  受動的にして能動的な状態に身をおくこと
- 言葉による思考をはさまずに、できるだけ素早く
  音で反応すること（決してあせらずに）
- 音に対して素直であること
- 自身の欲求に正直であること

5. 即興⇄記譜

　次はいよいよ、即興を記譜に接続します。音楽の授業や器楽のレッスンでは、まず「楽譜」という絶対的な存在があり、それを再現する形で学びが進みます。対照的に、このワークショップでは、実際に音を鳴らしながら音楽をつくる過程で、自然と湧き起こる欲求や必然性のもとに「記譜」（楽譜を書くこと）へと進むプロセスを大切にしています。

　例えば、「とても小さな音から始め、クライマックスに向けて音を大きくしていく」というシンプルな即興の「型」であれば、その場で言葉を交わすだけでも十分共有できます。しかし、ここに「冒頭ではノイズに楽器音を 5％ 混ぜ、最後に向けて 100％ にする」といった情報を次々に付け足していきたくなった場合は、紙やホワイトボードに記述した方が共有しやすくなります……ここで楽譜の出番です！　即興と記譜の間を行き来しながら、どのような書き方が

146　音楽編

最も適しているかを皆で考えていきます。

5-1　即興の型を考える

　4節では、"一つの音で"、"教会旋法で"など、ファシリテーターが提案した「型」に沿って即興演奏を行い、参加者から挙がった「次はこうしてみたい！」という声をもとに、「型」を変化させていきました。ここで、学生自身が考案し、全員で試演しながら発展させていった即興の型を二つご紹介します。

1.　感情による演奏

　　大きな紙に「嬉　悲　幸　怒」の4つの感情を書く。指揮者役が指し示す感情に応じて、演奏者たちは、その感情を表現した音をだす。

→試演したところ、指差しのスピードにも応じると面白いことがわかった。
　「嬉」から「怒」までパッと切り替わることもあれば、
　10秒以上かけて切り替わることもある。

→紙面を指差して伝えるよりも、指揮者が自分の顔の表情を変えることで、
　音を操ってみたらどうだろうか？という案がでた。

→指揮者のパフォーマンス性も向上し、よりエキサイティングな即興になった。

2.　模倣と発展

　　円を作り、一人一つ楽器を持ち、時計回りに順に音をだしていく。その時、前の人の出した音を模倣するようにする。模倣をしようとしても、楽器の特性の違いから、完全には模倣できない。そのため、素材が少しずつ進化していく様子が面白い。一度試した後、以下のような工夫を加えた。

→ピッチのある楽器（ギター、ピアノ）同士の距離を離す。

→ピッチのある楽器とない楽器を交互に置く。

→反応速度を上げ、できるだけ早く次の人に音を回すようにしてみる。

―考案した学生自身による振り返り

　　私が提案したのは、みんなで円を作り、常に隣の人の出す音を真似し続けるという作品であった。人を真似る際に、ある程度の短いフレームで区切るパターンと、フレームで区切ることなく連続的に音をつなげるパターンの二つを試した。はじめに自分の出した音が連続的に解釈され、再生産されることで、誰が作った

わけでもない音楽が生まれるのではないかというテーマをもった作品であったのだが、短いフレームで区切ったパターンの時に、そのフレームがリズムとなり、**誰も作っていないものが、みんなで作るものに変化した気がした**。その時、音楽における記述的な意味の担い手、表現としての形式を支えているのはリズムなのだと思った。

5-2　音楽構造を図式化して、演奏してみる

続いてご紹介するのは、オンライン上で行った即興演奏のワークです。2020年当時、Zoomを使った合奏で、複数名がタイミングを合わせて同時に音を出すことは不可能でした。そのため、「○秒〜○秒の枠内で、各自がn回、音を鳴らす」という最も行いやすい形式で即興演奏を進めていきました。

演奏は、「即興の型」をファシリテーターがZoomで画面共有しながら行われます。横軸は時間を表し、左から右へ読んでいきます。参加者は、○のある位置で、何らかの音を鳴らします。大きな四角が2つ並んでいますが、全体を1分間の即興と決めて、前半の30秒では皆まばらに音をだし、後半では音が増えていくというシンプルな流れを図式化しています。1人何回ずつ楽器を鳴らすかは、その都度、参加者と相談して決めることにします（譜例8）。

次の即興の型2（譜例9）では、大きな灰色の三角形によって、音量をだんだん大きくすることを表しています。前半ではピッチのない打楽器を鳴らし、各自が次第にピアノ、ギターなど音程のある楽器に持ち替えるのはどうか？という提案をしました。

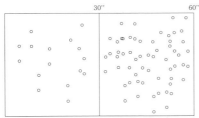

譜例8　即興の型1　　　　　　　　譜例9　即興の型2

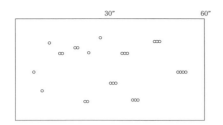

譜例 10　即興の型 3

即興の型3（譜例10）のように「始めは1人1音ずつランダムに音を鳴らす。誰かが2音続けて鳴らすのが聴こえたら、他の人たちもそれを模倣して2音ずつ奏ではじめる。3音、4音……と増やしていく。これを60秒間行う」という即興も行いました。音と音の間をたっぷり取り、奏でる速さはその都度変える、などのニュアンスもつけてみます。他の人の音をよく聴き合うことが求められ、徐々に音楽的な響きが生まれてきました。

続いて、"1、2、3、5、8……"と、フィボナッチ数列に従った音数で、1人1数ずつ音を鳴らしてみるという即興も行いました。今回は、前の人の音数を模倣する方式は適用しないこととします。はじめは息をのむような時間が続いたのですが、21まで鳴らしたあたりで、音数を判別することができなくなり、みんな笑いだしてしまいました。

最後に、参加者自身にも、即興演奏の案を考えてもらいました。図形楽譜[19]は、参加者同士で合意形成をしながら進めると、即興のツールとしても使えます。

あなたの1分間の即興アイディアも書き込んでみましょう！

---

19) 図形、絵、グラフなどを用いて、従来の楽譜（五線譜に定量的に記されたもの）とは異なる方法で書かれた楽譜のこと。

5-3 自分たちの作品を3000年後の未来人に伝えるとしたら？
── 図形楽譜を書いてみよう

　こんな思考実験を行いました。「もしも、3000年後に生きる未来人に、自分たちが〈演劇編〉で創作したサイトスペシフィックな作品を再演してもらうとしたら、どのような記述を残しますか？　3000年後には、現在の文明は一度滅びているかもしれないし、演者のなかには地球外生命体も混ざっているかもしれません──それをふまえて、できるだけ普遍的な書き方で、大きな紙の上に表現してみてください」そう伝えて、演劇作品を共につくったメンバー同士で集まってもらいました。

　途中で、参加者から「日本語は通じますか？」という質問がありました。「細かい設定は皆さんに任せます。機械翻訳はできているかもしれないけど、みんなが何気なく共有している慣例や、文脈、『間』などは共有されていない可能性が高いのでは」「『これだけは絶対に伝わってほしい！』ということは何かを考えて、それをメインに置くと良いんじゃないかな」と伝えました。さて、どんな形で記述すると良いでしょうか？

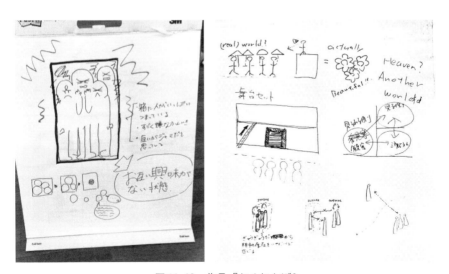

図11, 12　作品『かくれんぼ』

『かくれんぼ』は、証明写真機を、満員電車に見立てて演じられた作品です。（詳しい内容は〈創作編1-1〉の解説と批評を参照してください。）

学生A：箱の中にぎゅうぎゅうに人が詰まっていて、嫌でもお互いが見えすぎるような状態からスタートします。（図11）それが最後には、何かを投げかけるという行為のみが成立している状態になっていきます。
（図12）の右上の図は、観客のさしていた傘が、2階にいる演者からは、お花畑みたいに見えていた様を描きました。そこでは『観る側』と『観られる側』の反転が起こっていたんです。

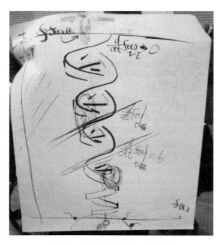

図13　作品『まだ、先が』

『まだ、先が』は、4階建ての螺旋階段で演じられた作品です。（図13）階段を昇っていく主人公が、各階ごとに自殺を考えている人と遭遇し、「まだ先があるじゃないですか」と説得していくストーリーです。「舞台を下から見上げる観客は、階段全体を把握して客観視することができる一方、人生＝階段の途中にいる当事者たちは、階段に先があることに気づかない……（学生の解説より）」

学生B：作品の世界観を図にしてみました。まず、螺旋階段がDNAみたいに見えたら面白いなと思ってスパイラルを描きました。階段の一番上まで昇ったら死んでしまうんですけど、（未来人が死を克服していたらどうしよう）と思ったら怖くなって、キリストを描いてみました。で、終わりがあったら始まりもあるんじゃないかと思って、一番下に精子と卵子を書きました。そういえば生死ってタイムラインじゃないか？と思えてきて、数学は未来にも残せそうなので、T軸とグラフ軸を書きました。そしたら、時間を区切ると

いうことは微分じゃないかという話になって、人生の不確定さを不定形で表現しています。この DNA の上を歩いている人は全体が見えていない状態で、最後に上まで来て「ジーザス！」みたいな感じになります。人生のグラフの値を積分したらこうなるという話で、微分値は最後には 0 になります。

学生 C：それから「パフォーマンスは屋外でやりたいよね」「木がほしい」という話になって、右側に木を、「雨が降るといいよね」と、左側に雨を描きました。未来人が、これを見て思ったことをそのまま演じてくれれば、それがその時代の表現になると思います。

　普段は論理的に話を進める学生たちが、いつになく感覚的な言葉でやりとりしていたのが印象的な回でした。2017 年の授業では、〈音楽編〉の初回にこのワークを行うことで〈演劇編〉から〈音楽編〉への自然な移行が叶いました。2020 年に再び同じワークを行った際は、「描いた図を『図形楽譜』に見立てて、1 分間の即興演奏をする」というアレンジを加えました。トランジションとして、新しい表現の探求として、また音楽の小作品をつくる体験としても、よく機能したと思います。

　ここで行われたことは、演劇作品として時間軸上に表現された内容の「抽象化」「記号化」といえます。これは、楽譜を書くという営みと非常に近いものがあるのではないでしょうか。

　「作品の内容を未来人へどう伝えるか？」という問いは、まさに、音楽編の冒頭で書いた "遠くの誰かへ宛てた手紙" のようですね。1977 年に、人類がボイジャー探査機に載せて宇宙へ送った「ゴールデンレコード」には、地球を紹介するさまざまな音楽、図、数列などが刻まれています[20]。

　このワークでは、現実には有り得ないような世界を仮定して、答えのない問いに向き合うことによって、正しさや常識にとらわれがちな思考から離れることを促しています。空想や妄想が新しい製品やプロジェクトの発想につながることは、アートの現場に限られたことではありません。創造性に火をつけるために、常日頃からの空想を……！

20）ここから各データの詳細にアクセスできる。「Multimedia showcase with the contents of the Golden Record」 https://goldenrecord.org

5-4 絵画を観るように楽譜を読む──リゲティとバッハの楽曲分析

楽譜は「読む」ものであって「観る」ものではない、と一般には考えられています。楽譜に書かれた符号を読むのではなく、まるで絵画を観るように、楽譜を視覚的に読み解くことはできないだろうか？──そんな空想から生まれたのがこのワークです。

実際のところ、楽曲構造を視覚的に感じとれるような楽譜も存在します。例えば、ハンガリーの作曲家ジェルジ・リゲティ（1923-2006）の管弦楽作品《アトモスフェール（Atmosphères）》では、高音部から低音部にかけて次第に音数が増えていく音像の筆致の濃淡と、実際の演奏から聴こえてくる音響効果が一致しています（譜例11）。

ワークの導入として、この《アトモスフェール》の楽譜を眺めながら曲を鑑賞しました。その後、とある楽譜を、題名を伏せた状態で配布します。そして

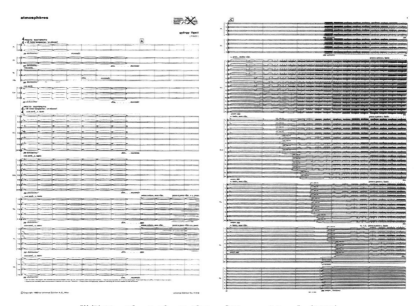

譜例11　ジェルジ・リゲティ《Atmosphères》(1961)

5. 即興⇄記譜　153

「この曲の構造にはある大きな謎が隠されています。グループごとに探してください。制限時間は 10 分。どうぞ！」と伝え、グループワークに入ります。

突如始まったクイズに、教室内は、熱い盛り上がりをみせていました。読者の皆さんも、ぜひ一緒に謎解きにチャレンジしてみてください。

譜例 12　と・あ・る楽譜（抜粋）[21]
※謎解きの答えは、音楽編の最終ページ（p. 295）に掲載しています。

野口：みんなは、分からないことってどう分析する？
学生："疑う"？
野口："疑う"！　いいね！　あとは比較するとか。共通項を探すとか……。
学生：物理的に同じ箇所とかあるよな……。
野口：そう、同じ形の連なりが何度も出てきてるよね。気になるモチーフを見つけたら、色で塗り分けたり、記号をつけてみると良いよ。たとえば冒頭のブロックを A、それと似たブロックを A′ としてみる。そして見つけた構造を紙に書き出すと何か見えてくるかもしれない。

　　　　　　　　　5 分後――

野口：さあ、どうでしょう？　もう一つのヒントは、この曲が 8 小節で一つのまとまりになっていること。部分が見えてきたら、次は全体を俯瞰してみよう。

---

21)『ゲーデル、エッシャー、バッハ　あるいは不思議の環』ダグラス・R・ホフスタッター（2005）という一般向けの科学書にも、この曲にまつわる面白い文章が書かれている（pp. 210-213）。

154　音楽編

　時間が余ったチームには、続いて J. S. バッハ《平均律クラヴィーア曲集》第一番（ハ長調）のフーガの分析に挑戦してもらいました。これは音楽大学の分析の授業では必ず扱われる定番の課題ですが、先ほどの曲と同様に、視覚的に分析することも可能です。分析終了後、学生たちが色分けをしたり、A、B、C……と名前をつけてグループ化したブロックが、伝統的には、「主唱」「答唱」あるいは「対唱」などの名称で呼ばれていること、そして転調を繰り返しながらパズルのように組み立てられていることを伝えました。そして、分析した楽譜を眺めながら、再度この曲を鑑賞しました。

　一聴すると単調にも聴こえるバッハのフーガですが、楽曲分析をした後では、その聴こえ方に奥行きが生まれます。バッハの音楽が、時代を超えて人々を魅了しつづける理由の一つには、譜面上に一つとして無駄な音のない「完全性」があるのではないでしょうか。

　この節では、楽譜のもつ様々な機能をみてきました。楽譜は、音楽を現実のものとして形作るための大切な手段であり、作者の意図する創造物を、遠く離れた人へ伝達するための設計図、またはミディアムでもあります。楽曲分析のワークでは、楽譜そのものを鑑賞の対象として、視覚的に愛でることも提案しました。楽譜のあり方は、多様な「図形楽譜」、紙媒体ではなく映像による「Animated Notation」、著者が近年取り組んでいる「言葉の楽譜」など、日々、進化を続けています。3000 年後の未来にはどんな楽譜が存在しているのか、楽しみですね！

6. 音楽を言葉にする

　音楽は、言語にも似た独自の理論体系をもち、情感、印象、哲学などの幅広い情報を内包します。このワークショップでは主に、言葉ではなく音、そして音楽によって対話し、音楽を思考することを目指してきました。そうした実践的なワークと並行して進めてきた、言語を用いた思考的な試みを、この節では紹介します。

6. 音楽を言葉にする　155

　まず、それぞれの参加者が「音楽的体験」を語り合い、「音楽とは何か？」
を主題にコンセプトマップを作成したときのエピソードを取り上げました。さ
らに、現代芸術家の岡本太郎（1911-1996）や哲学者フリードリッヒ・ニーチ
ェ（1844-1900）のテクストを通じて、「音楽は美しいものなのか？」「アポロ
的芸術とディオニュソス的芸術」などをテーマに、学生たちと行ったディスカ
ッションの記録をまとめました。

6-1　心に残る「音楽体験」を共有する

　参加者の周りには、これまで、どのような音楽が存在してきたのでしょうか。
〈2-1〉で「心に残る"音響"体験」を扱いましたが、ここでは「心に残る"音
楽"体験」について語り合います。教室で語られたエピソードには、次のよう
なものがありました。

- ピアノで《花の歌 22)》を練習しているとき、素敵な服を着た女の子が踊っている
  映像が頭のなかに浮かぶという共感覚的な体験をした。
  その後、曲想がつかめた感覚があった。

- 失恋したときに、たまたま聴いた「GREEN DAY」の《Basket case》という曲が
  胸に刺さった。それを機に、自分でも曲をつくってライブで演奏をするようにな
  った。

- 「Merzbow」のライブで暴力的なほどのノイズを浴びて、マリー・シェーファーの
  「耳にはまぶたにあたるものがない」という言葉を痛感した。

- 母の車に乗っていると、大黒摩季の曲が流れてきた。ふと、とても幼かった頃、
  同じように母の運転する車のなかで、その曲を聴いていたときの記憶を鮮明に思
  い出した。

- フランスで夜中にタクシーに乗ったら、車内で詠唱のような美しい音楽が流れて
  きた。「これはなんの音楽ですか？」と運転手にたずねると、「コーランだよ。今
  はちょうど祈りの時間だからね」と返ってきた。

22）グスタフ・ランゲ（1830-1889）《Blumenlied》Op. 39（1867）

156　音楽編

- 祖母が危篤の状態になったとき、それまで宗教的なことはまったく信じていなかったのに、ピアノを弾きながら、思わず祈ってしまった。

- ピアノのレッスン中、右手と左手で異なる拍子を刻む、リゲティの難曲[23]を弾いていると、ある奇妙な感覚に陥った。天井の辺りから、演奏を続ける自分を見降ろしている。なんとかレッスンを終えて廊下に出ると、20 メートル先にいる人の衣ずれの音が、まるで耳元で鳴っているように聞こえた。街に出ると、すべての色が鮮やかで美しかった。その状態は数時間続き、朝になるとすっかり消えていた。

　最後の三つの体験は、著者がクラスで共有したものです。

6-2　音楽のコンセプトマップを作成する

　アンソニー・ストーの『音楽する精神——人はなぜ音楽を聴くのか』（1994）、岡田暁生氏・吉岡洋氏の編著による『文学・芸術は何のためにあるのか？』（2009）を読んだ後に、全員で一つのコンセプトマップ（概念図）を作成しました。〈6-1〉で共有された音楽体験や、これまで行ってきたワーク、授業で購読したテクスト、音源、映像作品、雑談で話題にのぼったことなどから、気になった要素をふせん紙に書き出し、大きな紙の上に貼っていきます。（写真1）

　要素が出そろったら、似ている要素同士をくっつけて統合したり、線を引いて分類したりしながら、整理していきます。それぞれが手を動かし、おしゃべりをするようなカジュアルな雰囲気のなか、ワークは進みます。

　音楽のジャンルを越えて、人類の営みとしての"音楽"を俯瞰し、意見を交わします。視点を世界の周縁や過去、そしてこれから起こりうる未来にまで広げると、どんな音楽の形が見えてくるでしょうか。

23）ジョルジ・リゲティ《Études pour piano, Livre1, No 4, "Fanfares"》（1985）

6. 音楽を言葉にする　　157

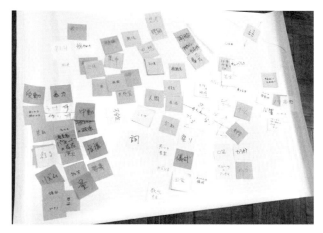

写真1　コンセプトマップ「音楽とは何か？」

「応援歌って（マップ上の）どこに入るんだろう？」
「大晦日の第九（※）と、紅白歌合戦は？」
「知り合いに、こういう作業中、無意識で口笛を吹く癖のある人がいて。その人にとっては作業中のBGMくらいなんだろうけど、あまりにも体に染みついてしまって、そのうち、作業をしていなくても普通に口笛を吹きだして驚いた」
「それって記憶のなかの音を再現してるのかな？」
「頭のなかで鳴り出して、やたら止まらない音楽ってあるよね」
「イヤーワームっていうんだっけ？　耳のなかの虫」

「国歌がリミックスされた音楽が使われている短編映画があるんですけど、どこかの国では、その映画が始まる前にみんな起立して、国歌を斉唱するらしい。国歌信仰とか、自分はよく分からないですけど」

※「喜びの歌」としても知られる、ベートーヴェンの《交響曲第9番》

共有されたエピソードをもとに要素を整理することで、それぞれの学生の

158　音楽編

「音楽」への視点や関心が、少しずつ浮き彫りになってきました。コンセプト
マップを作成する過程では、音楽の多様な側面や、音楽がもたらす影響につい
て、さまざまな観点から考察が行われました。以下に、学生たちと交わした会
話のなかから、テーマ性をもつものを断片的にご紹介します。

音楽と忘我

野口：「暴力」も「受け手」側に入れることにしたんだね。私が〈6-1〉で共
　有したような、演奏中に起こる「忘我」の体験は、このマップだと、どこに
　入るかな？

学生Ａ：忘我って、自分で演奏しているときに起こるものなんですか？

野口：演奏している人と聴いている人、どちらにも起こり得るんじゃないか
　な。みんなはそういう経験ってある？

学生たち：……？（首をかしげる）

野口：私は、批評家の浅田彰さんとかが音楽について書かれた文章を読んで
　いると、著者は**そのこと**について書きたいんだなと感じることがある。でも、
　ダイレクトに**そのこと**を書くと"危ない人だ"と思われるから、前置きをた
　くさん置いて、あくまで理性的に、でもやっぱり**そのこと**を書こうとしてい
　る。それは伝わる人には、伝わる。多様な音楽体験を重ねていくと、皆にも
　音楽に没入する瞬間がいつか起こるかも知れない。私のときは、同じ曲を6
　時間くらい練習した後で……とにかく衝撃的な体験だった。

学生Ｂ：スポーツでもありそうな話。

野口：スポーツ選手も"ゾーンに入る"っていうよね。

学生Ａ：うん。でも"陶酔"になってくると、より芸術的な気もする。ニー
　チェは、この"陶酔"という言葉は芸術にしか使えない、なんて言ってる。
　それが崇高なものとして扱われて、はじめて陶酔が起こる。

野口："陶酔"は、宗教的体験とも結びつくことがありそうだよね。

学生Ｃ：それって、どういう感じなんだろう。「一体化したい」みたいなこ
　と？

野口：それもあるかもしれない。陶酔って、多かれ少なかれ誰にでも起こる
　ものだと思う。だけど、それは結構、危険なことでもあって。自分自身でし

っかりと手綱を引かなければならない。

学生D：文章を読んだだけで陶酔、高揚を感じることがあるというのは、誰かの演説を聞いて「俺もその一部だ」みたいに思うことと似てるのかな。ただ、それが必ずしも音楽につながるかというのは……。

野口：『悲劇の誕生』でも、ワーグナーの音楽について触れられているけど、ワーグナーのディオニュソス的な音楽が、ナチスのプロパガンダの一端を担ったという話があるよね。

　音楽は〈意味の構造〉の〈外〉で鳴り響く。そこには意味性の分節ではなくメタリックな連続がある。［……］

　こうして、音たちは旅人になる。〈外〉の空間を縦横無尽に横切っていく、その途方もない往来。それが音楽である。

　そんな音楽に耳を傾けること。そのうち、自分自身が無数のきらめく微粒子となりメタリックな音の粒となって、コスミックなさざめきの中に漂い出すこと。それがヘルメスの誘惑である。

　音楽は〈外〉へと誘っている。

浅田 彰（1985/1992）『ヘルメスの音楽』

受動──中動──能動

学生A：紙の左端に置いた「受動性」。これは、ノイズ音楽のライブを聴きに行ったときのエピソード。圧倒的な音量で、心地良くないノイズが迫ってきた時、"それでも人間は、それを聴けてしまう"という体験をして以来、あれは一体なんだったんだろうって考えている。受動的でありながら能動的である「中動態[24]」っていう状態について、國分功一郎が書いているんだけど、音楽も、その「中動態」に近いのかな？

学生B：私は、自分の演奏を人に聞かれるのがすごく嫌で。ピアノの練習をしているとき、一瞬でも（あ、母親に聴かれてる）って思ったら、指がうまく動かなくなっちゃうんです。

24）國分功一郎（2017）『中動態の世界──意志と責任の考古学』医学書院

学生Ａ：人に聴かれてるって意識した途端に、身体が硬直してうまく動けなくなるのって、受動的な状態だと思う。自然と流れていく川の流れに身をゆだねるような……中動態的に音楽を捉えるというのは、そんな状態なのでは？

野口：Ｂさんの話を聞いて、昔、薩摩琵琶奏者の中村鶴城[25]さんから言われた言葉を思い出しました。みんなは宮沢賢治の『セロ弾きのゴーシュ』って読んだことある？　主人公のゴーシュが家で一人でチェロを練習しているところに、色んな動物が音楽を聴きにくるというお話。練習中、思ったように指が動かないと、いらいらすることもある。けれど、誰も聴いていないと思って弾いているその音も、とても小さい生き物——昆虫や微生物が聴いているかもしれない。そう考えたら、一音だって、自暴自棄な音をだせるか？　あなたは世界にどんな音を響かせたいのか？　そう問われてから、演奏するときの意識が変わっていったんだ。

常に「何らかの生き物に聴かれている」と思って弾くようにしてみたら、そのうち、お母さんが聴いていたって、大勢のお客さんの前で弾いたって、何とも思わなくなるかもしれないね。

音楽はどこから音楽になるのか

野口：みんなは、音はどこから音楽になると思う？

学生Ａ：意図的に鳴らされた音が、音楽といえるのでは？

野口：人がただ意図的に鳴らした音なら、すべて音楽かな？（ドンドンと足を踏み鳴らしながら）

学生Ｂ：聴いたときに何らかの周期性を感じたら、音楽なんじゃないか？

野口：それは良い指摘だね。逆に、「周期性が全く無い音楽」というのを考えてみると、ホワイトノイズのような音響になるよね。ランダム性を取り入れた音楽をつくっている作曲家もいるけど、もし完全にランダムな音楽を生成したら、ちょっと人間には理解できない音楽になってしまうだろうね。ひ

25）中村鶴城（1957-）第 28 回日本琵琶コンクール第 1 位。武満徹作品のソリストとして、ザルツブルグ音楽祭をはじめ、国内外で NHK 交響楽団等との共演多数。

ょっとしたら機械には、いつか楽しめるかも知れないけど。

学生Ｃ：（挙手して）無調。

野口：たしかに「無調音楽」のなかには、周期性を無くそうとしたものがあるね。「十二音技法」では、1オクターブの12音に番号をつけて、並び替えて独自の音列をつくることで、12音を偏りなく均等に扱おうとした。だけど作曲家の音の好みは確実に曲に反映されるので、音楽が周期性から完全に自由になれたとは言いがたかった。……音と音楽の違いについて、他に何か意見がある人はいる？

学生Ｄ："それを音楽として聴くか"では？

野口：面白い！　ただの環境音に過ぎない音も、聴く側の意識によって音楽的に聴くこともできるのでは？という意見だね。（ジョン・ケージの《4分33秒》を思い出しながら）そういう体験をしたことある人っている？

学生Ｅ：ノイズ音楽のライブを聴きに行ったとき、僕にはそれが音楽だとは全く思えなかったけど、周りには音楽にのってる人もいて。音楽は、**関係性のなかに生まれるもの**なのかな、と思った。聴き手が、それを音楽として聴くという姿勢。「受け取りますよ」という意思をもって、はじめて音楽が成立するのかなって。

野口：音楽を奏でる側の能動性と、聴く側の能動性。そして周期性の有無が、ただの音と音楽を分けているのでは、という意見がでました。これは良い着眼点だね。

6-3　講読──岡本太郎『今日の芸術』

　授業では、三善晃、マリー・シェーファー、ピエール・ブーレーズ、フィリップ・マヌリなどの作曲家が書いた文章をはじめ、音楽記号学、パフォーマンス論、美学、神経科学と多分野にわたるテクストを扱いました（全文献リストは、ウェブサイトの付録に掲載しています）。これらを元に交わされた議論のなかから、浮かび上がった主要なテーマを二つ、取り上げたいと思います。

音楽は美しいものなのか

　私たちは、ともすると、音楽とは美しいものであると無条件に考えてしまいがちです。美しさ——たしかにそれも音楽の重要な指標の一つです。音の響きに一度も美しさをおぼえたことがないという人は、おそらく少数でしょう。ある二つの音が協和しているか否かは、振動数の比率として物理的に解釈できる事象です。そして協和音程が快感情をもたらすことを、（文化的背景によって多少の差はあるものの）私たちは幼少期から体感として知っています。

　西洋音楽は「美」を最も重要な価値として発展してきました。しかし近代に入り、新しい美学が音楽に取り入れられると、調性は崩壊を迎え、クラシック音楽は急速に解体され、価値観が刷新されていきました。それにも関わらず、日本の音楽の教科書で、この変化について扱われるのは最後の数ページに限られ、音楽は依然として、美しいもので、その上なんとなく善いものであると広く伝えられています。

　1970 年代に、こうした状況に対して大きく声をあげた前衛芸術家たちがいました。その一人、岡本太郎は「今日の芸術は、うまくあってはいけない。きれいであってはならない。ここちよくあってはならない」と説きます。

> すぐれた芸術には、飛躍的な創造があります。時代の常識にさからって、まったく独自のものを、そこに生み出しているわけです。そういうものは、かならず見るひとに一種の緊張を強要します。
>
> 　なぜかと言いますと、見るひとは自分のもちあわせの教養、つまり絵に対する既成の知識だけでは、どうしてもそれを理解し判断することができないからです。［……］それは、芸術家がいままでの自分自身をも切りすて、のり越えて、おそろしい未知の世界に、おのれを賭けていった成果なのです。そういう作品を鑑賞するばあいは、こちらも作者と同じように、とどまっていないで駆け出さなければなりません。
>
> 岡本太郎『今日の芸術』

　この文章が書かれてから 50 年以上経った今でも、岡本太郎の言葉が新鮮に聞こえるのは、いくぶん皮肉なことのようにも思えます。授業に参加した学生たちの間からも、「音楽は美しいもの」という価値観にもとづいた声は、数多く聞かれました。そこで、芸術を考える上で、芸術的価値と心地良さという指

標をまず切り離して考えてみようという提案を、岡本太郎のテクストを通して行いました。

　ただし、このような考え方も、現在は変わりつつあるということを、ここに書き添えておきたいと思います。岡本の主張のように、「芸術はきれいであってはいけない。清濁併せ持った表現こそが芸術的態度だ」という考え方が、かつては主流だった時代もありました。そこへ90年代からのソーシャリー・エンゲージド・アートや、アートプロジェクトなどの、社会との関わりのなかで実現するアートの興隆によって、「きれい」で「心地良いもの」が再評価され、それが再びアートと結びついても良いのでは、という流れが生じたように思われます。さらにコロナ禍を経て、「ケア」や「ウェルビーイング」とアートとの結びつきをテーマにした企画展は一段と増えました。

　こうした傾向は、現代音楽にもみられます。現代音楽のフェスティバル「ダルムシュタット夏季現代音楽講習会」に私が2010年代後半に訪れたときは、コンサートで演奏される新曲のなかで、わずかな協和音が聴こえるたびに、顔を見合わせ、肩をすくめる現代音楽学徒たちの姿が見られました。2024年現在は、他ジャンルとの融合や国際化が進み、聴きやすい曲を発表する作曲家も増えています。美しく善なるものと、濁った生々しい現実を突きつけるもの。その絶妙なバランスの上に、現代芸術の表現は成り立っています。そして我々は、芸術の潮流の転換期に立ち会っているのかもしれません。

6-4　講読──ニーチェ『悲劇の誕生』

　哲学者フリードリッヒ・ニーチェの『（音楽の精神からの）悲劇の誕生』（1872年）は、音楽、芸術分野で引用される頻度もきわめて高いことから、全ての年度で扱いました。『悲劇の誕生』では、ギリシア神話に登場するアポロとディオニュソスの二神が象徴的に扱われます。造形芸術、形式、秩序、理論などを司る、太陽神アポロ。そして陶酔、情動、豊穣などを司る、葡萄酒の神ディオニュソス。ニーチェは、このアポロ的なものとディオニュソス的なものとの二重性によって芸術が進展していくと説きます。

　受講生の門田遥さんは、レポートのなかで、アポロ的な音楽を「神がわれわ

164 音楽編

れに宇宙の調和を知らしめるために送った音。精密な、静かで澄み渡った数学的なもの」、ディオニュソス的な音楽を「人間の胸から湧き出てくる、内なる音。不合理で主観的、感情に富んだもの」とするシェーファーによる定義（『世界の調律——サウンドスケープとはなにか』）を引用し、自身の音楽体験について、こう分析しています。

　　なぜこの定義が（私にとって）最大の発見だったのか。それは、私が音楽をディオニュソス的概念によってしか捉えていなかったからである。私は邦楽ばかりを好み、インストや洋楽を聴いても長続きしないきらいがある。これは歌われる日本語に強く惹かれているためで、それに寄り添うもの、付随するものとしてその曲の音を聴いている。つまり、その曲のメロディや演奏は歌詞内容の主観性を映した鏡といえるものであり、この聴き方は明らかにディオニュソス的なのだ。

　そして、古代ギリシアの激情の抒情詩人、アルキロコスを例に、現代のポピュラー音楽についての考察が続きます。

　　そのような音楽の聴き方では、発せられる言葉をその唄い手の声で、メロディと共に（そして演奏と共に）知覚することとなる。よって、音楽そのものを鑑賞しているというより、むしろ『悲劇の誕生』に登場する抒情詩人を音楽の背後に見ているという方が正しいように思う。抒情詩人が主観たっぷりに吐き出した根源的苦痛と全く同じものが、私の好きな音楽にも見て取れる。たとえば《バウムクーヘン》（フジファブリック）の歌い出しは「何をいったいどうしてなんだろう　すべてなんだか噛み合わない　誰か僕の心の中を見て」という、まさに！といった内容である。そこで歌われる根源的苦痛が、自らの根源的苦痛と重なるとき、自分の内側に丸まっていた主観が歌によってひょいと拾い上げられたように感じて微かな救いを感じるのだ。では、それは音楽を介してではなく抒情詩人と直接話したとしても感じるかというと怪しいと思うのだ。そこに「音楽とは何か」のひとつの答えがありそうだ。

　最後に、アポロ的芸術にはじめて触れた体験として〈5-4　絵画を観るように楽譜を読む〉ワークを挙げ、レポートはこう締めくくられています。

　　音楽のディオニュソス的側面しか見ていなかった私にとって、フーガやカノンの譜

面読解、和音などから明らかになった音楽の構造の美しさは、授業で触れて初めて気付かされたものだった。バッハのカノンでは楽曲分析の楽しさを知り、また、その完成された構造美に驚かされた。音楽の美しさはここまで計算されたものだったのか、と体感した。一方で、いざフーガの構造を理解して聴いても完全には曲を把握できず、そのもどかしさが面白かった。[……] 音律や音階、和音など音楽のアポロン的側面は未知の領域で、これを吸収したいというのが私の当面の目標になった。

アポロ的芸術とディオニュソス的芸術

レポートに書かれている、楽曲構造への分析的なアプローチなどは、まさにアポロ的芸術観に根差したものといえるでしょう。2 節から扱ってきたような、サウンドスケープにまつわる研究もまた、アポロ的なものであると、マリー・シェーファーが書き残しています。それでは一体、「ディオニュソス的」とは、どのようなものを指しているのでしょうか？　ニーチェ自身は、このように書いています。

「固体化の原理[26]」が打ちこわされてしまうと、人間の、いや、自然のもっとも奥深い根底から歓喜あふれる恍惚感が湧き上がってくる。[……]
　ディオニュソスの酒神賛歌（ディテュランボス）において、人間の心はかきたてられ、その一切の象徴能力が最高度に発揮される。ついぞかつて感じられたことさえないものが表現されようと押し迫る。それは、マーヤのヴェール[27]の破棄であり、種族の、いや、自然の精霊（ゲーニウス）として万物が融合帰一した姿である。今や、自然の本質は象徴的に表現されることとなる。[……] 別種の象徴的な諸力。すなわち、音楽の諸力が律動（リュトミク）として、強弱（デュナミク）として、和声（ハルモニー）として、とつぜん嵐のように生い立つ。[……]
　アポロ的ギリシア人は恐怖を感じたのだ。[……] 自分のアポロ的意識など、しょせんは一枚のヴェールのように、目の前からこのディオニュソス的世界をおおいかくし

---

26) 固体化の原理は、ショーペンハウアーの「存在の充足根拠の原理」のこと。曰く、この世界の根底にある、不合理で盲目的な、生きんとする意思の世界を、個々の形象として表象させる原理を指す。注 26、27、ともにニーチェ『悲劇の誕生』西尾幹二の訳注（2004）による。

27) サンスクリットからきた言葉。マーヤとは虚妄、幻影のこと。夢や蜃気楼に似ている。「人間の目におおいを被せて、在るともいえないし無いともいえない、とある世界を見えるようにする幻影のヴェール」（ショーペンハウアー『意志と表象としての世界』）。

166　音楽編

ているだけではないか、という恐怖を。

フリードリヒ・ニーチェ『悲劇の誕生』pp. 11-22

　能、音楽、舞踏など、パフォーミングアーツの多くは、洋の東西を問わず、宗教的な祭祀や儀式を起源にもちます。祭祀で奏でられる音楽には、音型の単純反復の組み合わせや、ドローン、金属系打楽器の多用など、トランス（変性意識）を引き起こす要素が散りばめられています。それらは現代では形を変えて、陶酔的な高揚感をもたらすものとして、さまざまな音楽に（主にクラブミュージックに、現代音楽ではドローン音楽やミニマル音楽として）受け継がれています。

　音楽は、クラシック、ジャズ、歌謡曲、宗教音楽とジャンルを問わず、強く人の心を揺さぶります。全身の毛が逆立ち、音と自分の境目がなくなり、涙が溢れそうになる、あの感覚──ニーチェ以降、多くの専門家が、それを「ディオニュソス的なもの」として論じてきたのは、音楽分野において他に適切な学術用語がいまだ存在しないためでしょう。

　音楽には、集団に癒しや団結力をもたらす一方で、政治や戦争の場面では大衆の心を一つにまとめるために用いられるなど、破壊的な影響を与える力もあります。理性を超えた共鳴を引き起こし、集団を特定の思想や行動へと導く強力な手段に成り得るという意味で、毒にも薬にもなるものです。潜在するエネルギー自体は良くも悪くもなく、それを使う人間によってその意味が変わる。こうした二面性こそが、ディオニュソス的なものを扱うことの難しさであり、また、人々を魅了してやまない魅力につながっているのかもしれません。

　音楽教育の場で伝えられる内容は、どうしても理論や言葉で説明可能な「アポロ的なもの」に偏りがちです。このワークショップも例外ではありませんでした。授業では「ディオニュソス的恍惚」について、ギリシア神話よりも身近な例として、江戸時代末期に起こった「ええじゃないか」（人々が何日間も歌い踊り続けた現象）や、当時、渋谷の街で爆発的に広がりつつあったハロウィンブームについて話題に挙げました。また、私自身の変性意識や忘我にまつわる体験も、どこまで語っていいものか迷いながら、少しずつ共有していきまし

た。いざ、それを話題にあげてみると、学生の間から、ロックフェスや合唱の演奏中に似たような体験をしたことがあるという声も挙がり、思いのほかカジュアルに話題にできるのかもしれない、という感触を得ました。

　3年間のワークショップのうち、「ディオニュソス的なもの」が一瞬、ゆらりと顕れたことがありました。それが〈4-5　旋法を用いたインプロヴィゼーション―教室が沖縄の楽園に〉に描写される場面です。もっとも、ディオニュソス的なものは、演奏のプロフェッショナルにとっても簡単に引き出せるものではない、稀にして予測不可能な現象といえます。しかし、ディオニュソス的なものなくして音楽を語ることはできません。これは、なんとかその「ディオニュソス的なもの」を学生たちと共有する方法を模索し、対話やテクストをとおして試みを重ねた記録といえます。

7. 共感覚・多感覚ワークショップの試み

　この節では、音楽編の締めくくりとして、ワークショップを通じて実験的に展開してきた「感覚」にまつわる試みについてご紹介します。共感覚（Synesthesia）とは、色に音を感じる、音に手触りや匂いを感じるなど、1つの刺激に対して、異なる種類の感覚が自動的に生じる知覚現象のことです。画家のカンディンスキー、作曲家のスクリャービン、メシアンらは、この共感覚をもっていたといわれています。私自身は共感覚保持者ではありませんが、音が脳内で音名に変換される「絶対音感」をもっています。音楽に専門的に取り組む際には便利ですが、感覚的に音楽を楽しむことを妨げるため、絶対音感を自由にオン／オフできないものかと長年、試みてきました。共感覚と絶対音感は、その変換が瞬時に起こり、制御できないという点で、少し似ているのではないかと想像しています。

　授業ではまず、16世紀頃から始まる、共感覚的につくられた芸術作品の潮流に触れ、神経学的視点から共感覚について書かれたテクスト[28]を読んだ後に、それぞれの経験を共有する時間をもちました。

168 音楽編

　共感覚は一部の人間にのみ起こる特殊な知覚現象ですが、多感覚（Multisensory）ではどうでしょうか？　実際のところ、私たちが体験する事象のほとんどは、ある一つの感覚を満たすものではなく、複数の感覚にまたがったものです。ひょっとしたら、私たちの誰しもが、日頃から"多感覚／共感覚のようなもの"を、うっすらと体感しているのかもしれません。こうした内側の知覚のはたらきに意識を向けるワークを行いながら、芸術作品のなかでの感覚の扱われ方について考えていきます。

　　聞くことと触れることは可聴音の周波数の低い部分が肌で感じることのできる振動に移行するところ（およそ二〇ヘルツ）で重なる。聞くことは離れたものに触るひとつの方法である。
　　　　　　　　マリー・シェーファー『世界の調律──サウンドスケープとはなにか』

7-1　写真から体験を立ち上げる

　2020 年、オンライン授業の初回に、誰もが参加しやすいワークを行いたいという思いから「写真をながめ、その場面をできるだけ鮮やかに想像する」というワークを実験的に行いました。

　まず、全員が Zoom のカメラとマイクをオフにして、それぞれの部屋の照明を少し落とします。深呼吸をし、ゆったりと集中できる環境を整えます。準備ができたら、ファシリテーターは言葉を発さずに、写真を 1 枚ずつ、30 秒ほどかけてゆっくりと表示していきます。すべてのイメージをながめ終えたら、写真から何か連想されるものがあったかを尋ねます。繊細な感覚にフォーカスするために、それぞれが集中して無言で体験する時間と、感想の共有やフィードバックを行う時間をはっきりと区切って行います。

> 野口：さて、以上 4 場面でしたが。何かが「強烈に浮かんできたよ」という
> 方はいますか？

---

28) 北村紗衣編（2016）『共感覚から見えるもの──アートと科学を彩る五感の世界』勉誠出版。

7. 共感覚・多感覚ワークショップの試み　169

写真 2〜5 （左上から）海岸、動物園、祭り、森

学生A：僕は自然が大好きで、ダイビングもしていたので、波の音、潮の香り、海鳥の鳴き声。あと潜ったときの無音に近いのだけど、自分の呼吸音とかがすごく聴こえてくるような独特な音が思い出されました。

野口：浜辺の写真をながめていて、想像のなかで海中まで潜ってしまったんですね！

学生B：祭りの場面を見ているとき、クラシックの作曲家、芥川也寸志さんの《トリプティーク》っていう曲の第3楽章が頭に浮かんで離れなくて。まさに祭りのにぎわいというか、熱気のある感じ。その曲はリズムもお囃子のようなので、写真につられてソースの匂いとか汗の匂い、ちょっと草木が生えているなら土臭いような匂いも漂ってくるような感じがしました。

野口：記憶のなかのお祭りの音が蘇っただけでなく、それが既存の曲と混ざり合ったんですね。

学生C：私が一番面白いなと思ったのは、森の写真です。小さい頃から森で遊ぶのが好きだったので、鳥の声や、たまに出没する猿の鳴き声とかが聞こえてきて……。匂いも……樹の匂い、虫の匂い、色々したんですけど……4枚目の写真のなかの光の当たった感じ、そこからはあまり動物の声はしなくて、すごく神聖な感じで。賛美歌みたいなのが自分の中に流れてきて……。

野口：幼い頃から森になじみが深いと、記憶の引き出しがたくさんあるのでしょうね。

　はたして、写真から何か浮かぶ人がいるだろうか？　ファシリテーションが少し誘導的ではないだろうか？——と自問しながら行ったワークでしたが、次々に語りだす参加者の声を聞いて、どうやら数名の内側では何かが起こった

170 音楽編

らしい、という手応えが得られました。ここでは、普通なら誰かが喋っているはずの Zoom 上で、数分間、音の無い「放送事故」のような状況をつくることで、感覚の遮断を擬似的に再現したといえます。

7-2 感覚を遮断して世界を体験してみる

二人一組になり、一人が目隠しをして、感覚の一つ（ここでは視覚）を遮ります。もう一人は、相手の手をとって、大学の敷地内を歩きます。どこを歩くかは参加者に委ねられ、会話は必要最小限にとどめることとします。10分経ったら教室に戻ってきて、感じたことをシェアします。視覚を遮ることで、いつも過ごしている場所はどのように知覚されるでしょうか。

野口：おかえりなさい。体験してみて、どうだった？

学生A：普段から歩いている道なのに、違う道のように感じました。

学生B：うんうん。思っていたよりも、目隠しして歩くって恐かった。

野口：誘導する人の、相手の身体への手の添え方、添える位置、それから声のかけ方、歩く速度によっても、体験は全然違ったものになってくるよね。

学生B：信頼関係がめちゃめちゃ大事。自分は、誘導を受けた後に誘導側にまわったので、目隠しをしていたとき、本当はどうしてほしかったかを実践することができたと思います。

学生C：僕は、文化祭で使った大道具が置いてある場所や、音楽をかけながらダンスの練習をしている人たちの方へ誘導してみたんですけど。

野口：ずいぶん足場の悪いところに入っていくから、見ていてひやひやしたよ……！ 異なる刺激が得られるところへ誘導すると、よりエンターテインメント性が増す体験になるね。

学生D：感覚を遮断すると、他の感覚が鋭くなって、想像で補い始めるということを、はじめて体験として知りました。

野口：いわゆる"気配"にも敏感になるよね。

相手の状態をよく観察して、どのようなガイドを必要としているかを、それ

それが見つけていってほしいという考えから、このワークは、事前に情報をほとんど伝えずに始めました。一見すると、誘導する側に新しく学ぶことが多いように見えますが、誘導を受ける側もまた、相手を信頼して身を委ねるしかないという特殊な状況に置かれます。ここで行ったような模擬的な同行体験は、看護学校の授業でも行われるそうです。ケアすることと、ケアされることの両方を体験することは、一般の人にとっても、意味あるものになり得るのではないでしょうか。当時の参加者からは、授業から数年経った後に「今も印象に残っているワーク」として語られていました。

〈7-1 写真から体験を立ち上げる〉では聴覚を、〈7-2 目隠しをして歩いてみる〉では視覚を遮ることで、他の感覚が増幅されることを体験しました。私たちは、五感について、何らかの刺激が私たちの方に向かってきた時にはたらくもの、というイメージを持ちがちですが、実際には、常に新しい刺激を求めて、絶え

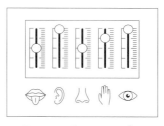

図14　五感のフェーダー

間なく探索し続けるレーダーを身につけて生活しているような状態なのだそうです。私は、想像のなかで、フェーダーのついた架空の装置をイメージすることがあります（図14）。視覚、聴覚、嗅覚、触覚、味覚に適応したフェーダーに指を置いて、それぞれ入ってくる量を調整するような感覚です。

7-3　ロックダウン中の多感覚体験をデザインする

2020年、コロナ禍1年目。政府によって外出制限が出されるなか、気分転換に散歩に出かけたとき、自身の感覚にちょっとした変化があることに気付きました。近所の家の前を通りかかると、その家特有の匂いが非常に強く感じられたのです。家のなかに閉じこもって、ずっと同じ匂いに囲まれていたからでしょうか。微細な変化に対して、嗅覚がいつもより敏感に反応しているようでした。ロックダウンという非日常の時間のなかで、私たちの感覚はどのように変化していたのでしょう？——こんな課題を実験的に行ってみました。

172　音楽編

課題：多感覚体験のデザイン

「複数の感覚を同時に満たす体験」を考案、実行した後に
次の二点を Slack に投稿してください。

- 何をしたか？
- 体験中、どのような感覚がはたらいていたか？

　私が例として挙げた体験は「熱い湯船に浸かりながら、冷たくて甘いハーゲンダッツ（ストロベリー味）のアイスを食べる」というものでした。身体の表面や内側はポカポカと熱いのに、口のなかと喉元を、ひんやりとして甘酸っぱいアイスがすうっと通っていく。ピンク色のアイスが少しずつ溶けていって、最後には甘い液体みたいになる。ちょっと高いアイスをお風呂のなかで食べるという、やろうと思えばいつでもできるのだけど、家のなかでたっぷり時間の余裕があって、こんな機会でもないと、やらないようなこと。少しの背徳感、その味わい。さて、学生たちはどんな体験をしてきてくれるでしょうか？

**目隠しをして、ロックバンド「Nirvana」の曲を聴きながら、
冷たいオランジーナとぬるい伊右衛門茶を交互に飲む**

　オランジーナは歪んだギター、伊右衛門茶はベースとイメージが重なって際立ってくるような感覚でした。炭酸のパチパチがディストーションのザラザラと一体化していくようでした。お茶は、味というか匂いが重低音とリンクしました。

**コーヒーを飲みながら「お洒落な喫茶店」の画像を見て、
そこで流れていそうな音楽を聴く**

　喫茶店の画像（視覚）、音楽（聴覚）、コーヒー苦く淹れすぎたな（味覚）、いい匂い（嗅覚）、ちょっと熱い（触覚）などの感覚がはたらいていたように思われます。この体験を行う前に「右手で冷たい氷を触りながら左手で熱いコーヒーを飲む」「右手でつるつる／すべすべした材質のものを触りながら左手でコーヒーを飲む」なども試したのですが、その時は正直あまり変わりませんでした。

　ですが、この「擬似喫茶店体験」をしてから振り返ってみると、それらの時では右手の指先の感覚やコーヒーの味・感触にかなり集中していたように思われました。匂いなどの他の感覚は完全に失われたわけではなく、むしろ知覚された上で無意識的に無視されていたような感じがしました。それに対して、特にどれかの感覚器官

に偏りすぎることのない「喫茶店体験」は、それぞれの感覚が緩く主張しあって、結果として心地よい雰囲気を作り出していたような感じがします。見慣れた自分の家にいるということは常に分かっていましたが、少し別の場所にいるような感覚も同時に味わうことができました。

**本来、音に集中して目を瞑って聴くことが多い ASMR 動画を、
あえて無音で観てみる**

　より ASMR 動画を聴いている時の気分になれるよう、イヤホンをした状態で、観る。最初は周りの雨や風の音が耳に入ってきて集中できなかったが、だんだんと周囲の音に慣れていった。そして動画を見ていると、だんだんとその音を勝手に想像するようになっていた。この感覚は、よく声が通らない場所で、話し手の口を見て内容を察することに似ていると感じた。

音楽を聴きながら即興で抱き枕を叩く

　聴いた楽曲は「zekk」の《Libertas》。触覚と聴覚の結びつきを感じた。また、"音を触る"、"抱き枕を聞く"ということを感じた。例えば、音を見る、ということは身近かもしれない。怖い話を聞いているときに自分の中で映像を思い浮かべているとき、それは音を見ていると言えるだろう。それは、その見ている内容が音によるものであり、その音を聞くことによってしかその映像が思い浮かべられないことから、その音とその映像が同じものとして考えられる。同じように、即興で触ると、その触り方はその音によってしか実現しない。そのため、その触り方が音そのものであり、音を触っているという感覚になった。また、抱き枕を叩くのと、机を叩くのとでは同じ曲への印象も違ったため、これは触るものによって音が変わる、つまり抱き枕を聞いている、ということになるだろう。

　他にも「ぬいぐるみを抱いたり膝の上に乗せたりしながら、英語のスピーキングの課題を行ったところ、ストレスを回避しながら課題を遂行できた」という体験や、「食器を洗いながら右足対左足でジャンケンしたところ、非常に混乱してほとんど不可能だった」体験など、たくさんの個性あふれるアイディアが挙がりました。

　自分自身を実験台に、体験それ自体をデザインすることは、作品制作のプロセスと似ているところがあるのではないでしょうか。というのは、作品をつく

174　音楽編

ることは、それを鑑賞する人の体験をデザインすることでもあるからです。五
感のインプットとアウトプットのバランスを調整することは、作品制作やパフ
ォーマンスにおいても重要です。作品制作では、観客が五感をどのように使っ
て作品を体験するのか想像することが求められ、パフォーマンスでは、自身の
五感をどの程度ひらいておくかという鍛錬と関わってきます。

7-4　触れるとき、触れられたときの感覚を
　　　オノマトペにして、音楽にする

「感触が面白いと思う物を持ってきてください」と事前にアナウンスします。

参加者が Zoom に持ち寄った「感触の面白い物」

電卓　ガムテープ　変わった形の石　粘土　ぬいぐるみ　カッサ　消臭ビーズ
気泡緩衝材（梱包用のプチプチ）×３名　皮の表紙の本　メイク用の刷毛
お風呂に浮かべるアヒルのおもちゃ　Apple 製品の外箱　バナナ
毛糸でできたぬいぐるみ　猫（生物）

オンラインで行ったため、ペットの猫まで登場しました。持ち寄ったものか
ら得られる感触をもとに、次の２種類のオノマトペ（擬音）を考えてみます。
①物で自分の身体に触れるときの感触
②物によって、触れられたときの感触
既存のオノマトペには存在しない音かもしれません。

　①は、物を扱う主体として、指先や手のひらではなく、手に持った物で自分
の身体に触れるときにどんな音を感じるか、②は、触れられる客体として、ど
んな音を感じるかを表しています。自分の内側に生じる２つの感覚を分けて
感じ取り、音声に変換してみましょう。それは既存のオノマトペには存在しな
い音かもしれません。

　さらに、①と②を統合したオノマトペ③を考えてみます。
どんどん聞いたことのない音になっていきます。

参加者の考案した触覚のオノマトペ

消臭ビーズが触れるときの音　①「トゥルルルルル」
消臭ビーズの音に触れられたときの音　②「クチュアァァ♪」（♪…音程が上がる）
お風呂に浮かべるアヒルのおもちゃ　①「グッ」＋②「ニョッ」＝③「グッッニョ」
鳥の羽でできたはたき　①「ふわっ」＋②「ふも」＝③「ふぁもっ」
カッサで顔面を押す音　③「ゴリュッゴリュッゴリュッ」
残り少なくなったテーピング用のテープを指でつぶす音 ③「むキュ」
キリンの幼児用玩具　③「スキュゥ…」

　オノマトペを共有する際は、考案者が、持ち寄った物で自分の身体に触れながら、①②③を順に声に出しました。それに続いて、他の人たちも、手元で動きを模倣して感触を想像しながら、オノマトペを繰り返します。

　人が触られている様子を見て、自分も触られているように知覚する「ミラータッチ共感覚」という現象があります。このミラータッチ共感覚が、はたしてオンライン上でどの程度起こるか試してみたいという意図から、参加者にこれを行ってもらいました。結果的には「猫を触っているところを見ていると、触感がよみがえるようだった」という参加者が一人いたに留まり、想定していたような強い共感覚は生じなかったようです。その一方で、オノマトペを作る際、「『むキュ』の『む』だけは平仮名のイメージがあります」「『スキュゥ…』は、最後が小さい『ゥ』の音なんです！」など、文字変換へのこだわりを示す参加者が多かったことは意外に感じました。

　最後に、出来上がったオノマトペを、3分の枠のなかで、さまざまな方法で発声してみるという時間を設けました。「発声の速さ、抑揚、音程など、毎回異なる言い方をする」というルールを設けることで、言葉がだんだん音楽的な響きになっていきます。

　3分間の即興を終えてみると、「発声するタイミングを見極めるのが難しかった」という声が挙がりました。そこで次は「誰かが言葉を発したら、間髪を入れずに声を重ねる。オノマトペは全部で7回言う」というルールを加えて、再挑戦しました。

キャシー・バーベリアンの《ストリプソディ（Stripsody）》(1966) を複数人で歌ったような、なんとも不思議な音楽ができあがりました。みんなが驚いたのは、即興の終盤で、オノマトペを言い終えた後、素材として持ってきたバナナをむしゃむしゃと食べ始める学生がいたこと！ 遊び心にあふれた楽しい時間でした。

7-5 楽譜は紙に書かれたものとは限らない?! 身体楽譜を描いてみよう

著者が 2012 年から取り組んでいる実験的パフォーマンス《SENSORIAL SCORE》を元に考案したワークを行います。

写真 6　Maya Felixbrodt （ヴィオラ）と著者

《SENSORIAL SCORE》は、一人の作曲家と一人の演奏家による即興パフォーマンスの「型」である。いくつかのシンプルなルールに則って、音型、音高、エクスプレッション等が、奏者へと触覚を介して伝達される。"作曲家の脳内にある音を触覚で伝えることができないだろうか"という発想からスタートしたこの実験的プロジェクトでは、演奏家の身体はいわば「五線譜」として扱われる。演奏終了後に奏者の身体に残った痕跡こそが、記録媒体という意味での「楽譜」といえるだろう。楽譜から「紙」を取り除いてしまうことで、「伝達」と「記録」という楽譜の本質が見えてくる。（プログラムノートより）

必要材料
アクリル絵の具、水、湯、毛の太さや硬さなどが異なる数種の筆
多少濡れても問題のない楽器
オプション：火を灯したキャンドル、氷水を入れた器

事前準備
あらかじめ、絵の具がついても問題のない服に着替えます。服の裾をまくりあげ、肌に、肌荒れを防ぐためのクリーム（日焼け止め等でも代用可能）を厚く塗っておきます。

身体楽譜を描いてみよう

　4〜5名のグループに分かれて、互いの肌に絵の具をのせてみることから始めます。まずは受け取る感覚を細かく分析してみます。どんな感触が感じられるでしょうか？　ファシリテーターは「筆の毛先と水分、どちらを先に感知してる？」「もしもそれを音に変換するとしたら、どんな音だと思う？」と問いかけながら、各グループの様子を見て歩きます。

> 野口：足の甲と、すねだったら、どちらの方が高い音に合う感じがする？
> 学生Ａ：僕は、手足の末端の方が音が高い感じがしました。
> 学生Ｂ：足元が一番音が低くて、上に行くほど高くなっている感じ。
> 学生Ｃ：男性だと低い音の方が出しやすいっていうのはあるよな。

　音の高低の変換の仕方は本当に人それぞれのようです。Ａさんのように、身体の中心に近い場所が低い音と感じる人もいれば、Ｂさんのように、重力に比例しているのか、より大地に近いところが低く感じるという人もいます。Ｃさんは、それが発声のメカニズムと関連しているのではないかと考えたようです。たしかに、ヒトの声帯を一本の楽器のようなものと捉えてみると、低い音は身体全体を響かせ、高い音は声帯をしぼることで身体の高い部分に響きます。はたまた、自然の音に目を向けて、大きな滝の周囲の音響について考えてみると、滝の上の方では小さく高い音が、下の滝壺の方では重低音が鳴っています。

　絵筆の感覚に慣れてきたら、身体に描かれる方の人は、楽器を手にして、身体に筆がのった瞬間に、できるだけ速く音を鳴らすことで反応するようにします。皆が思い思いに体験しているところへ、ファシリテーターは次のような問いかけを続けます。

> 野口：書き手のストロークの強さは音のどんなところに影響する？
> より長い音型を伝えるには、どうしたら良いだろうか？
> 書き手と演奏家の間で、筆の動きに対応する音を
> あらかじめ決めておくとしたら？

次は、それぞれの感覚にどのような音のパラメーター（高さ、長さ、強さ、音色など）を当てはめるかを決めてみます。始めは、おそるおそる相手の身体に書いていた学生たちでしたが、次第に、音や動きがダイナミックになっていく様子がみられました。

> 学生Ｄ：何か反応しなければと、なかば強迫的に思ってしまうな……
> 学生Ｅ：ていうか、これってリアクション芸じゃん?!

その後、小さな"モチーフ"を重ねて、"テーマ"をつくることから始めて、何かしらの構造を作っていくことを意識するよう促しました（「ロンド形式」や「ソナタ形式」などを例に、小さなモチーフを組み立てるようにして音楽構造をつくるプロセスについて、〈5-4　絵画を観るように楽譜を読む〉に続く楽曲分析で扱っていました）。

最後に、絵の具の温度を変えて、熱い絵の具と冷たい絵の具で、音への変換を体験してみます。絵の具と、様々な楽器の音や、歓声が激しく飛び交うなか、何かがふっきれた様子の学生がいました。彼はその後、2017年の創作作品『れるられる』〈創作編1-2〉で、音を操作し、音に操作される"指揮者"として、大胆なパフォーマンスを見せてくれました。

何かを失うことは、何かを得ること

〈1-1〉にも書いたように、この節で扱ってきた「感覚」に意識を寄せるようになった背景には、聴力を断続的に失った経験があります。難聴はそれほど珍しい病ではありませんが、当時の私にとっては、とても大きな障壁でした。しかし、いま振り返ってみると、その経験は、正統派の現代音楽作曲から脱却し、異なる方向性に足を踏み入れるターニングポイントになっています。病を機に、身体の声に耳を傾け、自他へのケアに意識を向けるようになったことが、自己の変容と新たな創作につながっていきました。

このワークショップには、それぞれの難しさを抱える学生も参加してくれて

いて、感覚や認識、考え方の差異を“興味深いもの”として、互いに受け入れ
ながら、場を共につくりあげていくプロセスがありました。私は、自身の喪失
体験を進んで共有することで、一見マイナスに見えることも、考えようによっ
てはプラスに転じられ、後々その人の個性を形作っていくこともあると伝えら
れたら……という思いをもって、その場に臨んでいました。

　傷や喪失を本能的に埋めようとする自己治癒のプロセスにおいて、ひらめき
や創造性が表れることは少なくありません。自身の領域が脅かされるような壁
に直面したときにも、どこかに創造的な「解」があることを信じて、探し続け
てみる。長い暗闇を抜けたとき、掌にはきっと、変容した新しい何かが、レジ
リエンス（復元力）と共に残されています。

　「無いことは、有ること」で、「有ることは、無いこと」でもあるのではない
でしょうか。無と有は、複雑にからみあっています。

7-6　美しさを“味わう”──音楽編まとめ

　ある日の即興演奏のワーク後に、こんなことがありました。学生たちと「言
葉になる前の感覚」を共有したいと思った私は、教室に一枚の絵画を持ってい
きました[29]。

「芸術を“味わう”っていう表現があるけど、
本当に味わうように、この絵を眺めてみたら、どうなるかな？
言葉にしようとしなくていい。
言葉になる前の感覚で、絵を受け取ってみて」

　学生たちは、なぜか楽器を置かずに、音楽をその身にまとったまま、ぽろん
ぽろんと小さな音を奏でながら、少しずつ絵の方に近づいていきました。

　しばらくすると、ある学生が、絵をじっとみつめて、なにか切実そうな様子

---

[29]　八坂圭《Lesson of the sun -adjust-》（2016）
　　　画家の八坂氏は「絵画のなかを旅するように鑑賞してほしい」と語っている。

音楽編

写真7 『窓辺に置かれた絵』

で「この絵はここに置いてほしい」と、窓の方を指して言いました。
「この絵は絶対に、ここじゃなきゃいけないんだ。光のあたるところ……」

絵が窓辺に置かれると、皆、吸いこまれるように絵を見つめていました。スライドには、この日ちょうど扱っていた、井筒俊彦『意識と本質』の文章が映されています。

私が花！と言う。
すると、私の声が、いかなる輪郭をもその中に払拭し去ってしまう忘却の彼方に、
我々が日頃狎れ親しんでいる花とは全く別の何かとして、
どの花束にも不在の、馥郁たる花のイデーそのものが、音楽的に立ち現れてくる。

マラルメ《詩の危機》

世の中のどの花束にも絶えて見当たらぬ、
つまりこの世のものならぬ、花のイデー
それこそ実在するものとして把握された花の普遍的「本質」だ。
空間に充満してたゆたう音楽が、物質的事物の存在とは違った次元で、
確かに存在するといわれるような意味で、

花の「本質」は存在する。まさに「音楽的に」である。

井筒俊彦『意識と本質』

　絵と対峙しながら、しばらく誰も言葉を発さず、静かに音を奏でていました。窓から差し込む光と、音だけしかないところ。誰かが「純粋性……」と呟きました。

　彼らがとても自然に、音楽を奏でながら鑑賞している様子を見ていて、ああ、伝わった……と感じました。いつまでも忘れられない光景の一つです。

音楽編のまとめ

　言葉にすると零れ落ちてしまうようなものこそが、音楽の本質なのではないかと思うことがあります。『意識と本質』には、「無分節」の世界が、言葉によって分節され、形を帯びていく過程が、丁寧に書かれています。そして無分節にほど近い、第二の透明な分節の世界は、「音楽」や「花」といった象徴を伴って描写されます。主客が逆転し「存在が花する」、「花が鳥に浸透し、花が鳥であり、他の全てのものであり、そして『無』である世界」。華厳哲学に影響を受けていたといわれるジョン・ケージの作品、《4分33秒》の発想の元にあるのも、こうした相互浸透だったのではないでしょうか。

　音楽、そして花には、言葉にならないものが託されます。愛、悲しみ、祝い、弔い——人々の思いをのせて、音楽も花も、人の一生の大切な節目を彩ります。美しいものも、聖なるものも、俗なるものも、すべてを包有して、芸術はその歴史を更新していきます。音楽とは、芸術とは何だろうか？という途方もない問いを、あの場で学生さんたちと共有できたことは、私にとっても大きな宝となりました。

　次章からは、いよいよ〈創作編〉に入ります。演劇と音楽を通して体験と思索を深めてきた学生たちは、どのような作品を生みだすのでしょうか。

元受講生へのインタビュー　2
「物理学の美しさは、僕にとって芸術みたいなもの」

前野 伶太（まえの れいた）

北海道札幌市生まれ。東京大学工学部卒。物理学を中心とする自然科学への興味から、東京大学大学院理学系研究科素粒子国際研究センターに所属しており、現在は修士課程1年生。主な研究テーマは量子計算を用いた粒子散乱のシミュレーションで、素粒子物理学の現象を、量子コンピュータを用いてシミュレーションしていく研究を行っている。素粒子物理学、数理物理学、量子情報に関心がある。修士課程卒業後は博士課程に進学し、専門分野の研究をさらに推し進めていく予定である。芸術に対しても強い関心があり、渋谷 QWS において香りをテーマにしたイベント『オルファクトリー・アート』を主催した経験がある。

（2023年7月12日　Zoom にて実施）

芸術を作ることへの抵抗感がなくなった

野口　2020年のオンライン授業を受ける前と後で「芸術に関わることへの抵抗が減った」とのことですが、もともと少し抵抗感があったんですか？

前野　知識が乏しい状態で作っていいんだろうか……みたいなところは、頭の片隅にありました。僕は絵を描いたり曲を作ったりもするんですけど、それは自分一人で完結するので、言葉にする恥ずかしさがなくて。でも演劇も音楽も、チームで作品を作るときには、自分の芸術に対する意見を言語化して他者と共有しなきゃいけない。それをやらざるを得ない状況になったのが良かったですね。

西尾　集団創作の中で、具体的に他の人と意見が違ったとか、そんなエピソードがあれば教えてください。

前野　音楽作品を制作するにあたって、音に感情をどう乗せていくか、どこまで分かりやすくするかをすごく話し合ったのを覚えています。見えすぎても単純になってしまうし、複雑すぎても伝わらない。最終発表の前日は、音楽を作るために徹夜をした記憶があります。

元受講生へのインタビュー　2　　183

2020 年度・音楽『filter』

　チーム 4 人が Zoom のギャラリービュー（全員の映像が一度に見渡せる表示画面）上でバンドセッションしている映像に、創作した音楽をのせた作品。感情をテーマとした 4 パートに音楽の曲調が分かれており、パートごとの映像には赤・青・緑・黄色のフィルタがかかっている。

自然科学における美しさ

野口　この授業を受けてから「芸術となんらかの関わりを持って生きていきたいと強く思うようになった」とありますが。

前野　美しいもの、心に響くものにはずっと惹かれてきたけれど、自分は勉強に力を入れてきてここに至っているので、東京大学の学生として、芸術にどう関われるかみたいなところはずっと模索していました。今一番興味があるのは物理学なんですが、すごくすごく美しくて、僕の中では一種の芸術みたいなものなんです。

　どういう時に美しさを感じるかっていうと……例えば、高校までで習う古典力学（ニュートン力学）の範囲では、運動方程式があって、そこからエネルギーと運動量の保存則が出てきて、これはこういうものだから覚えなさいと。高校生（と当時の物理学者）はそれを受け入れるしかない訳です。しかしさらに学習を進めていくと、エネルギーと運動量の保存則は時間と空間の原点をどこにとってもいいよ、という一種の時空構造の不変性に帰着することが分かります。このように、突然出てくる方程式（この場合は運動方程式）から、これらの保存則が成り立ちます、というような原理よりも、対称性・不変性に着目した原理の方が説得力がありますよね。

　人間的にそうあってほしいような対称性・不変性を原理としていくことで、今見えている古典力学とかっていうのが本当に表せるっていうところで、奇跡みたいだなというか、美しいと感じます。

野口　原理そのものの美しさ、みたいなもの？

前野　そうですね。そうあってほしいみたいな原理を基に、それが本当に出てくるとき。自然を説明できるみたいなところが、すごいなって思います。心に響くというか。

西尾　物理学の細かいところは分からないけれども、自分が美を感じたことがあるわけじゃない部分について、ひとが「美しさ」っていう言葉で語っているのを聞くのは、すごく面白いなあと思って聞いていました。そういうことがあるのは、わかる。

岡本 前野さんご自身が、そこ（物理学）に何らかクリエイティブに参画していくということですか？

前野 ゆくゆくは創造する側に立ちたいとは思うんですけど、まだまだ勉強しなきゃいけないことがたくさんあって。研究もしつつ、いずれそっち側に立てたらいいなという感じです。

野口 新しい原理を発見することが創造的行為とすると、前野さんにとって、研究自体がアートと言える……？

前野 そうですね。僕にとっては、新しい原理を発見すること自体に感動があるので、そういう意味では研究を芸術として捉えることもできるのかなと思います。自分の好きなものを考えたときに、僕はあまりお金にならないものが好きで。自分の基準は、心に響くかどうかなんですね。それでいくと、芸術と自然科学に大きな違いはないのかなと思うんです。

岡本 前野さんは、一つのものから広がりを持たせて、根本的なところをちょっとずらしていくことによって他の分野も巻き込んで、統合していくのが好きなのかなという印象を受けました。この授業の後に企画されたイベントでの五感や嗅覚への広がりを見ていても、そういう感じがしましたね。

前野 あまり意識したことはなかったですが、新しいものを生み出すことは楽しいですね。やっぱり何らかの新しい視点であったり、異分野との融合みたいなところから生まれるものって絶対新しいじゃないですか。なので、何か作りたいなとなった時には、そういう視点は持ってるのかもしれないです。多感覚に根ざした創作というのも、授業で聞きたかった内容の一つでした。

アートとお金、幸せの話

西尾 あんまりお金にならないようなことが好き、ということでしたが、芸術でも研究でもお金が必要ではあって。どうやってお金を持ってくるか、となったときにわりと「（短いスパンで）役に立つ」という言い方をせざるを得ないわけですけど、前野くんの研究や芸術は、どういう価値の尺度で説明できるものだと思いますか？

前野 僕もよく考えてるんですけど、金銭的な価値とか、商品としての価値って「便利さ」を尺度に決まるのかなと。人って「便利になるから買う」はあるけど、「幸せになるから買う」ものってあまりないのかなって最近思っていて。最近っていうかずっと。でもそういうところは僕にとっては価値じゃないというか、便利っていうのとは一つ独立した軸なのかなと思いますね。

野口 この話の流れで「幸せ」っていう言葉が出てくるのは、時代性を感じるとい

うか、面白いですね。ある種のウェルビーイング的な捉え方をしてるってことですかね。

　インタビューに際して事前に行ったアンケートで、「あの場で何をしていたのだと思いますか？」という質問に対して、前野さんは「自分のアイデンティティを以て、芸術への関わり方を模索していたのだと思います」と書いてくれましたが、自分独自の関わり方は見つかってきましたか？

前野　そうですね。授業を受けていた 3 年前は、どうやって関わればいいのかわからなくて焦っていて、いろんな授業に参加したりして見識を広げてたんですけど。今は物理という形で、自分の居場所として、自分のアイデンティティと思って芸術と自然科学に向き合い、頑張れるポジションを見つけられたのかなと思っています。

補論 オンライン授業編

リモートで創作に挑戦！
岡本 佳子

　オンラインで創作ワークショップを実施するには何が必要でしょうか？　オンラインならではの利点はあるのでしょうか？　本章で紹介するのは、2020年春に実施された遠隔授業の記録です。ポスト・コロナとなった現在、対面を基本とした"日常"が戻った一方で、オンラインを用いた教育の実践や、公演配信などの試みも引き続き模索されています。ここでは、実施に至った経緯や授業の様子を「開講側から」振り返ってみます。試行錯誤の記録から、オンラインはもちろん、対面ワークショップについても今後の実践のヒントが見つかるかもしれません。

1. オンライン授業実施までの経緯
──今だからこそ／今であっても、やってみよう

　2020年2月。日本でも新型コロナウイルス感染症への不安が現実となり、次々と対面でのイベント実施に制限がかかるなかで、大学ではどのように新年度を迎えるのかが大問題となっていました。3月11日にはWHOからパンデミック宣言が出されます。ですがその直後に東京大学教養学部は、次年度に予定していた学事日程を変更せず、全面オンライン授業を決行する方針をまとめました。

　この決定を受けて「教養としての芸術学」も開講の有無を検討しましたが、最終的に、私たちは「わからないけれど、やってみよう」と決めました。少なからぬ他の実習が開講中止や延期になりましたが、東京都での感染者が増え続けているなか延期したところで秋学期での収束も不確かであること、また幸いなことに6月開始の授業（週2コマのS2ターム実施）であったことから、4月に新学期が始まってからも2カ月ほどの準備期間があったためです。

　西尾さん、野口さんとの相談メール（2020年3月末）でも開講への不安がひとしきり述べられたあとで、次のようなやりとりがありました。

> が、こんな稀有な事態に、オンラインでだからこそ出来ることを探求してみたいという気持ちも、ふつふつと湧き上がってきて、不謹慎かもしれませんが、わくわくしてきました。［野口］
> 現実がこういう状況になってしまっている以上、ひとつの空間に身体を伴って集まることができない状態での表現について、取り組まざるを得ないなと思っています。そしてそこから、思いがけない新しい発見や面白さにたどりつくこともあるかもしれませんね。［西尾］

　すでにこの時点で、世界中のアーティストが少しずつ作品配信の試みを始めていました。人類にとって経験のない状況のなかで、他の人々も新しいことを始めているのだから、その状況下で何かできるかもしれない──。こうして早いうちに「やるのであれば、せっかくだから楽しんでやろう」という方針が立

ちました。その一方で「取り組まざるを得ない」「この状況をどうサバイブするか」という視点も、地に足をつけて着実に進めるためには欠かせないものでした。

「今だからこそ」続けよう、という気概は大きな動機づけにはなりますが、終わりが見えなければ息切れしてしまいます。他ならぬ私も気持ちやモチベーションを保つために、頑張ってワークショップを実施する理由、付加価値をつけようとする圧力を無意識に感じていました。しかし、いつまで続くのかもわからない中でやり切るためには「今であっても」動じないで続けよう、という淡々とした推進力が欠かせないものです。

結果として2020年の授業も楽しく開講することができましたが（と私は思っています）、それもこの二つの大きな方向性──「今だからこそ」続けようという大きな原動力と、「今であっても」続けようという着実な推進力──が、うまい具合にバランスを取っていたおかげだと思います。新型コロナが感染症5類に移行するまでに3年以上かかったことを考えれば、あとから振り返ってもこれは正しい方向性でした。

もう一つ。必修科目ではない以上、実はこの授業は絶対に開講しなければならなかったわけではありませんでした。当時、国や自治体の方針であった「三密の回避」のために文化芸術全般が「不要不急」とされていましたが、そういう意味では授業自体もこの「不要不急」枠内に入りかけていたように思います。延期になっても本当に実施できる保証は全くなく、結局中止になってしまった場合、ゲスト講師への補償も不確かな状態でした。だからこそコーディネート側としては、中止や無期延期になるような事態はどうしても避けたい気持ちがありました。今から考えると授業開講自体が、オンラインであっても「表現を続ける」という意思表示の一つでもあったように感じます。

2．Zoomミーティングでのワークショップの準備と実施

ここからはオンライン授業の実施にあたって、さまざまな課題にどのように取り組んでいったかを振り返ります。具体的な授業内容を講義・ディスカッシ

190　補論 オンライン授業編

表1　オンライン授業での講義・ディスカッション・ワークの内容

回	テーマ	講義・ディスカッション・ワークの内容
1	ガイダンス	■自己紹介／■アイスブレイクと Zoom の練習／◇オンラインでのリサーチのためのデータベース講習＊1
2	演劇1	■聞こえる音を書き留める＊2／■言葉を身体で表現する＊3／◇テキストについての講義とディスカッション
3	演劇2	■絵画を言語化する＊4／◇テキストについての講義とディスカッション／■『カフェ・ミュラー』について振付家ピナ・バウシュになり切って答える
4	音楽1	◇テーマ「遊び」のコンセプト紹介／◇講師作品紹介／■音体験について話す／■音の借り物競争＊5
5	音楽2	■触感をオノマトペで表現＊6／■《石頭歌（石ころの歌）》、三音の音による即興演奏、「懐念年祭」
6	演劇3	■ゆっくり動く／◇自分たちで書いた対談記事を比較する／■写真を撮って観察する＊7／■写真を並べてタイトルをつける＊8
7	演劇4	■連想ゲーム／◇投票1位の対談記事を読み上げる／◇テキストについてのディスカッション
8	演劇5	リハーサル／皆からのコメント
9	演劇6	演劇　作品発表
10	音楽3	■音素材の聴き比べ＊9／■即興演奏（リズムパーカッション、数列を元にリズムを作る）
11	音楽4	■共感覚・多感覚について話す／■創作についての6つのキーワード出し／◇キーワードの深掘りとグループ分け
12	音楽5	■グループや個人による作業／講師からの助言／中間発表
13	音楽6	音楽　作品発表

実施データ　開講時期：2020年6月〜7月　受講人数：14名　内訳：1年生5名・2年生8名（文科4名・理科9名）、教養学部3年生1名（聴講）曜限：火・金の2限に1コマ（105分）ずつ、週2回実施。計13回。
◇：講義・ディスカッション等、■：ワーク等。

ョンとワークに分けて、表1にまとめました（より詳細な内容は付録の授業記録をご参照ください）。

2-1　技術的に可能か？

　それでは具体的な課題とそれに対する工夫を見ていきましょう。まず受講する学生はもちろん、開講側もオンラインツールの知識や利用経験が圧倒的に足

りておらず、皆それぞれの自宅から参加するため、問題があっても助けに行くことができません。マイクやスピーカーなどの機器やアプリの使い方、インターネット環境といった技術面の問題、カメラ ON による「顔出し」への不安といった精神面の問題など、様々な問題が予想されました。

工夫その 1　IT スキルの想定は低く、練習や準備・ガイドは丁寧に

　学生によって IT 技術を使いこなす能力にかなりの差があるため、Zoom によるリアルタイムの講義授業を受けられる環境さえ整っていれば、誰でも受講可能な内容にしました。講師側も無理のない範囲で何ができるかを考え、事前練習を行い、もしもの時のためのバックアップ（複数のデバイス、資料の事前共有、口頭だけでなくチャットで指示内容を共有）を用意しました。

工夫その 2　関わるスタッフを増やす

　トラブルが起こっても迅速に対応できるよう、開講にあたっては 2 名のティーチング・アシスタント（TA）に毎回参加してもらい、各回の記録と、教員や受講生へのフォローをしてもらいました。TA には創作の練習を見学して助言やアドバイスをしてもらうだけでなく、大学で利用可能で授業に役立ちそうなデータベースや電子書籍の紹介をしてもらい（表中の＊1）、創作の素材集めの手引きとしました。

2-2　どのようなプログラムにするのか？

　開講側がどんなに大変な状況だったとしても、履修者にとっては 1 回きりになるかもしれない創作体験ですから、大失敗するわけにはいきません。どの程度の難易度に設定するのか、オンラインツールを用いているからこそ導入できるワークはあるのか、内容についてのいっそうの検討が求められました。

工夫その1　授業のテーマ設定や構成

> **演劇テーマ「リサーチから作品をつくる」**
>
> 人はなぜフィクションを必要とするのでしょう？　私たちは日常的に、身の周りにあふれる「オハナシ」を楽しんでいますが、その生成過程についてじっくり考えたことはありますか？　この授業では、参加者各自の興味に従って、実在する人、もの、事をリサーチすることから作品をつくります。それは多かれ少なかれ、自分のものの見方で他者を切り取り、解釈して、ある形を与えてしまう行為です。他者をフィクション化することの権力性や暴力性と向き合いながら、創作を通して、自分と他者の〈あいだ〉にもぐっていってみましょう。
>
> **音楽テーマ「共感覚的ワークショップ／『遊び』をとおして作品をつくる」**
> 日常からこぼれ落ちてしまう、微かな感覚に耳を澄ますことからはじめ、多感覚／共感覚的ワークや、オンライン上での即興セッションを段階的に行っていきます。また、多様なジャンルからなる芸術作品とその理論、手法、美学的背景について紹介しながら、今この瞬間に生まれる「オンラインにおける芸術表現」についても、遊びをとおして探求します。後半では、個人もしくはグループに分かれ、小作品の制作を行う予定です。
> キーワード：現代音楽、実験音楽、電子音響、サウンドアート、民族音楽、古楽、メディアアート、電子工作、DTM、映像編集、図形楽譜、アルゴリズミック・コンポジション、ノイズの美学、天球の音楽、アポロとディオニュソス
>
> ※4月10日現在、人々が広く社会的距離を保つことを強いられる状況が続いていますが、この期間を、内に広がる豊かさに目を向け、創造性をブーストする好機と転じてみるというのはいかがでしょう？　このワークショップが何かのきっかけになればと願っています。（野口）

　2020年の授業テーマはそれぞれ、演劇が「リサーチから作品をつくる」、音楽が「共感覚的ワークショップ／『遊び』をとおして作品をつくる」でした。これ自体はパンデミック前から決まっていたテーマでしたが、結果としてどちらもオンライン授業と親和性の高いものでした。

　演劇パートでは自分から遠い「他者」についてリサーチし、その素材から発展する形で創作につなげます。内容自体に座学や講読を多く含んでおり、学生もさあ作るぞ！と身構えるのではなく、すでに経験のあることや馴染みのある

作業を積み重ねながら作っていくことができました。一方で音楽パートは、即興や「遊び」をとおした手法を用いており、授業時間や課題では手を動かすことにフォーカスした内容になりました。身近な遊びや、家や近所で身の回りにあるものを使いながら進めていき、楽しみながら試行錯誤していきました。

さらに、少しずつ演劇と音楽の両方に慣れていくために、全体としては次のような構成になりました。

- 言語を伴う演劇から先に実施し、その後非言語の音楽の順番にする
- 最初に演劇と音楽で2回ずつ導入を行い、その後それぞれ4回を使って創作実践や発表会を実施する

最初に2回ずつ演劇と音楽のワークショップを実施したことによって、アイスブレイク的な効果があり、創作に向けての様々な素材集めができたように思います。最初にお試しで2回ずつやってみる構成は対面で実施しても効果がありそうです。

工夫その2　身の回りにあるものを素材に

当時は外出自粛の時期でしたので、参加者がそれぞれの家で作業していました。そのため＊5〜9のワークは「身の回りにあるもの」を使って行われています。皆がまったく異なる場所にいるため、対面授業では持ってくるのが少々難しいようなごく個人的なもの（ぬいぐるみやアヒルのおもちゃ）や実生活に即したもの（消臭ビーズ）、生き物（リアルの猫）が出てきたのが印象的でした。また全国各地からの自然音や環境音が聞こえてきたのも、オンラインならではでした。

＊5　「一番高い音、低い音」、「美しい音、ノイジーな音」、「美しくかつノイジーな音」を各自で探してきてグループでシェアし、最も当てはまる音を決める。
＊6　手ざわりが面白いものを探し、ものに触れること（能動的に触れる）と、ものから触れられることの感覚を覚えておく。さらに、その両方の感覚を総合した「オノマトペ」を考えてみる。
＊7〜8　身の回りで気になるものの写真をたくさん撮って、何があるかを観察し、3枚選んでグループで共有する。3枚を並べて、全体に対してタイトルをつける。

194　補論 オンライン授業編

> ＊9　スマートフォンなどを用いて、各自が面白いと思った音を採集する。授業前に
> その録音データを Slack に上げておき、授業内で聴き比べをする。

2-3　生身の身体をとおさずに実行可能なのか？

　オンライン授業での最も大きな懸念は、双方向のコミュニケーションがうま
く成り立つかどうかです。この授業の狙いは、創作体験を通して自身の表現・
発信の回路を新しく切り開く、ということにあります。そのため重要なのは
「実践」です。生身の身体をとおさずに、十分な形でそれらを実行できるので
しょうか。白状してしまうと、空間・時間共有や身体接触については、どうし
ても不可能な部分が多かったというのが率直なところでした。ですがコミュニ
ケーションがうまく取れるのか？という点についてはうまくいく対応策や代替
策もあり、いくつかは対面でも使える方法だと思います。

工夫その1　わかったことや考えは全員で共有する

　オンライン授業は何かと孤独になりがちです。そのため、ディスカッション
では可能であればカメラを ON にすることをお願いしました。そして全体の
議論では発言した人が次の発言者をあてるなど、役割を決めることで参加者が
受け身にならないような、かつ、早めに顔と名前を覚えられるような仕掛けを
取り入れました。授業外のお知らせや創作のためのやりとりには Slack を使い、
記録が残る形にしました。

　さらに表中の＊2〜9では、個人ワークの後に時間をかけてグループや全
体で結果をシェアし、感想を話すようにしました。素材やアイデアの共有がで
きるだけでなく他の参加者の人となりや様子がよくわかり、次のワークや協働
への移行がスムーズになりました。

> ＊2　今聞こえる音をすべて書き留めてみるワーク
> それぞれの環境下で聞こえる音を書く。書いた結果を皆でシェアすると、それぞれ
> の場所の全く異なる状況が際立つ
> ＊3　講師が何かの言葉を言い、その言葉を瞬時に身体で表現するワーク
> 上半身の動きが中心になるものの、Zoom の「ギャラリービュー」（参加者全員を画

面に一斉に表示する機能）を使うことで、皆の様子を一斉に見ることができる。

＊4　特定の絵画を共有画面で見せて、それを言語化する

絵画3作品を共有画面で映し、言語化して書き留める。その後、全体で共有する。

工夫その2　きちんとやるけれども無理をしない、常に例外はある

　もう一つ大事だったのは、例外を認めるということ、そしてそれを確実に「伝える」ことだったように思います。オンライン授業では学生らの様子が把握しづらいものです。彼らの不調がわからないまま課題を出しすぎてしまった授業が認められたため、学期途中で学部から、課題を多く出しすぎないように注意喚起が出たほどでした。この授業でも必要な事前課題を毎回出していましたが、課題についてもチーム組みについても、そもそも創作についても、きちんとこなす必要はあるけれども事情があれば絶対ではない、他の代替手段による関わり方もある、だからきちんとコミュニケーションをとって、ということを伝えていたつもりです。

　　[この授業の] 単位認定は合否判定ですので、取り組んだ結果としての「失敗」や多少の遅れは全く問題ありません。むしろ「失敗」は大歓迎です。

　　ただそれは「準備課題をやらなくて良い」という意味ではありませんので、もし何らかの事情 [中略] で未提出や欠席が続く場合はぜひ一言相談してください。そのコミュニケーションを取ること自体が成績評価に響くことはありません。

　これは事前課題をなんとなく出さない人がちらほらと出てきたところで出したアナウンスです。うまく伝わったのかはわかりませんが、そのあと何人かからお願いや交渉があり、結果として、課題は遅れても出す、個人の創作も OK、創作がどうしても難しそうという場合は批評チームをつくるなどの対応がありました。最終的に、最後の音楽創作の段階で誰もドロップアウトしなかった、つまり皆が創作に参加したところを見ると、おそらく私たちの言わんとするところは伝わっていたのだと思っています。

3. オンライン授業ならではの苦労した話、楽しめた話

　ここまで見てきたように、実施にあたり様々な工夫を凝らしました……とはいうものの、実際はこんなに綺麗に考えながら対応していったものではありません。西尾さん、野口さん、岡本でやっていた試行錯誤を今から振り返って、結果として見るとこのように対応できていた（ように見える）というのがほんとうのところです。

　ですが同時に、実際に蓋を開けてみると「どうにかなっていました！　何なら、思っていた以上の効果を上げて」という実感もありました。「思っていた以上の」エピソードを中心に、オンライン実施による問題点と利点について紹介します。

3-1　空間・時間の共有や身体接触は行えず、受講者の様子がつかみづらい

　先に大変だったことを紹介します。演劇では特に空間、音楽では特に時間の正確な共有ができず、また当然ながら身体接触もできませんでした。それを前提に内容を考えて、果敢にチャレンジしていこうとする作品も見られましたが、後述するように合わせられないことに若干の寂しさを覚えた人もいたようです。こうした大きな制約のなかで、発表会でやや「守り」に入ってしまった傾向もありました。〈創作編 1-4〉ではこれに関連したエピソードを紹介しています。

　カメラ OFF の場合、講師はブラックホールに向かって話しているような感覚がどうしてもあり、受講生の様子がまったくわかりません。この授業では全員の状況を見ながら差し支えない範囲でカメラ ON をお願いしていましたが、ON であっても顔しか映らないため、それぞれの置かれている状況や心身の全体的な状態はわからず、受講者の様子がつかみづらいことがありました。どこでも、どのような状態でも参加できるのがオンラインの利点でもありますが、裏返すと、身体面で移動できないくらいの負担がかかっていても参加できてし

まうという側面があります。講師側としては、参加しているのだから元気なのだろうと思い込んでしまうことがあり、だからこそコミュニケーションがより求められたように感じます。

3-2　Zoom の機能による授業改善

できなかったこともあった一方で、Zoom を使うことではっきりと授業改善につながったこともあります。例えば、ブレイクアウトルーム機能（別室をつくってグループ分けをする機能）です。チーム作業やグループディスカッションをする際、対面の場合はグループを作って荷物を持って移動して集まって……と、それだけで5分はかかってしまいます。ランダムのグループ分けでよい場合、この機能を使えばワンクリック程度でグループ分けと移動ができてしまうので、かなりの時間が節約できました（余談ですが、私は現在も大人数講義でこの機能を使ったディスカッションを実施しています）。

さらに録画機能を使うことで、オンデマンド課題を出すことができたのも大きな変化でした。具体的には講師陣による対談を開催し、それを録画して「他人の言葉をパッケージする」というワークを演劇で行いました。〈演劇編 5-1〉対面授業では思いもよらなかった方法でした。

もうひとつの利点は、対面によるコミュニケーションが苦手という人が参加できたことでした。そのような人は基本的にカメラを OFF にすることで、ペースや空間、情報量を制限して自分を守りながら、声のみによるコミュニケーションをとることができます。このような顔出し NG のコミュニケーションも、オンラインならではの利点です。

3-3　オンライン空間での表現を考える「Zoom ネイティブ」の発想

ここからは技術的な機能以外での利点をふたつ、ご紹介します。私は開講前にプロフェッショナルによる「Zoom 演劇」を観劇したことがありましたが、その作品は「人々が Zoom で話している」設定の作品でした。人々の日常を覗き見しているような怖いほどのリアルさがありましたが、同時に、ひょっと

198 補論 オンライン授業編

すると Zoom 演劇は「人が Zoom で話しているという設定」から逃れられないのではないか？という気持ちにもなっていました。

　そのようななかで驚いたのは、Zoom 利用が最終的な作品の舞台設定に全然影響していないし、受講生自身も全くこだわっていなかったという点です。特に演劇については彼らが「Zoom ネイティブ」世代であることを強く感じさせるものでした。一つの作品を紹介します。

演劇『江戸』　岸本　駿

　この作品は江戸時代に暮らすある少女が現代にタイムスリップし、様々なものを経験する作品である。その少女は江戸時代の単調な暮らしに飽き飽きしており、何か面白いことがないかと考える。ある日出会った駕籠に乗って現代にタイムスリップする。そこで彼女は発達した文明や自分とは人種の異なる人々、果ては竜宮城など多くの未知と出会い、江戸時代に戻ってくる。この経験を経てやはり自分には江戸があっていると心変わりするのだが、この過程の解釈は聞き手に任されている。例えば、何を経験するかではなく誰と経験するかが重要であると気づいた、刺激的すぎる世界に圧倒されてしまい現実を知ったなどが考えられる。これらはいずれも少女の成長や変化に結びついており、成長がキーとなった作品であると言える。

　表現面では、遠隔でありながら Zoom の画面上で2人が繋がっているように描写し、映す範囲を上下させることで宙に浮いているような演出をしたり、場面転換を必要とせず突然現れて突然消えることを可能としたりなどの Zoom ならではの工夫を凝らした。見るべき点をはっきりと鑑賞者に示すことができるというオンラインならではの利点を利用した形である。本作品内では実現できなかったが、背景を素早く変更することもそれらの工夫の一つとして考えられる。

　これは遠隔でありつつも、どのようにして空間共有や身体接触を表現するかという点に果敢にチャレンジした作品でした。全員が Zoom 参加の場合、その状態がたちまち通常の状態になり、この状況下でできることの工夫を凝らした好例です。発表会を鑑賞したゲストからも、Zoom 利用に関してコメントをいただきました。

どの作品も、Zoom というツールの特性（画角、ヴァーチャル背景、ミュートによる登退場、画面共有 etc）をうまく活かして演劇を成立させていたことに、驚きました。Zoom 演劇ネイティブ（！）としてのみなさんのデビュー作品だと思います。目を閉じて耳に集中する、モノの感覚を台詞にする、かごに乗っている振動、とい

った、身体的な知覚へのアプローチが多かったのも、素敵なことだと感じました。リアルな場でやる演劇作品がこういった身体的な知覚に対して敏感かというと必ずしもそうとは限りません(身体が目の前にあるという前提がむしろ無頓着さを助長している向きさえあると思います)。今日はZoomというバーチャルな場ではありましたが、演じる自分と観ている観客の双方に身体的知覚を喚起させる舞台芸術ならではの楽しみがありました。［和田ながら(演出家)］

まず、演技を専門としていない人(私もです)がお客さんの前で演技をすること自体、物凄いハードルだと思うのですが、みなさんの発表を見てとても驚きました。従来の演劇上演とは違った環境(目の前にお客さんがいない／画面にうつっているのが自分たちだけ／自分の姿を客観視できる／自宅というホームの環境／など)だったことも関係しているかもしれませんが、演技をすることを(自覚的にも無自覚的にも)受け入れられているのだな、と感じました。［……］

ふたつめに、どのチームも発表の媒体がオンラインであるということを考慮した作品づくりをしたのだな、と感じました。例年の発表がどのようなものだったか存じ上げないのですが、恐らく今回は特に発表形態(媒体)と演出の相性を考えるというフェーズがあったのかなと思います。［……］　［三浦雨林(劇作家、演出家)］

『数学は本当に遠かったのか』(2020年演劇)

　もちろん、多くの作品でそもそも人物造形がステレオタイプに陥ってしまっているといった、内容面でもっと掘り下げる必要性について様々な指摘も受けました。ですがZoomによる演劇という技術的ハードルが、逆に演者の心理的ハードルを下げる効果がありそうだという点は、創作初心者の多いこの授業においては特筆すべきことかと思います。

3-4 海外からのゲスト参加が可能に

さらなるオンライン授業の利点は、海外など遠方にいるゲストが長距離移動なしで参加可能なことでした。音楽では、ジャズシンガーの Eri Liao さんが台湾から、そしてフィンランド・クオピオ交響楽団ティンパニ奏者の窪田翔さんがフィンランドから参加してくれました。外出自粛でほぼロックダウンの時期ですから、対面だったらまず会えなかったであろう方々です。全員がオンライン参加でしたので、1人オンライン／多数が教室に集まって対面、といった隔たりがなく、より親密でフラットな空間が実現できていたように思います。

Eri Liao　台湾・台北生まれ。東京大学文学部宗教学科卒業。同大学大学院を中退、コロンビア大学大学院芸術学部へ編入、NY で文芸創作とジャズを学ぶ。祖母の死をきっかけにコロンビア大学大学院を中退し、音楽活動を人生のメインにする。祖国・台湾の歌、日本の歌、ジャズと幅広い歌に取り組んでいる。

窪田 翔　フィンランド・クオピオ交響楽団首席ティンパニ奏者。桐朋学園大学、ルガーノのスイス・イタリア音楽院、フライブルク音楽大学で学ぶ。2011 年度文化庁新進芸術家海外留学制度奨学生。スイス・イタリア管弦楽団、NHK 交響楽団、フランス放送フィルハーモニー管弦楽団など数多くのオーケストラや音楽祭に客演するほか、サヴォニア応用科学大学講師として後進の指導にもあたっている。

Eri Liao さんとのワークショップ

台湾から参加していただいた Liao さんはジャズや台湾の民謡をレパートリーにするシンガーです。最初に Liao さん自身のルーツでもある台湾の、原住民族[1]の一つであるアミ族がお祭り等の時に歌う《石頭歌（いしころの歌）》を皆で歌いました（譜例 1）。この歌はいわゆる「コールアンドレスポンス」の形式で、お祭りのお囃子のような形式で歌われるとのこと。Liao さんが始めにコールをして、皆が特定のふしで「ホー、ハイ、ヤー、イヤ　ホー、ハイ、ヤー」と気持ちをのせて応答をするのですが、これらは意味のない音（「スキ

---

1) 台湾では先住民族のことを原住民と称する。

3．オンライン授業ならではの苦労した話、楽しめた話　201

譜例1　石頭歌（いしころの歌）
※調性、コードは任意。全てDmのみで伴奏することもある。

ャット音」）だけを使います。

Liao　（胸をたたいてリズムをとりながら）じゃあいきまーす。
　　　♪ホーハイヤー　イヤ　ホーハイヤー（手の平をカメラ前に向けて促す）
学生　♪ホーハイヤー　イヤ　ホーハイヤー（リズムが合わないのでややばらけて）
Liao　♪ホーハイヤー　ハイーイヤエヤーン
学生　♪ホーハイヤー　イヤ　ホーハイヤー
　　　繰り返し
Liao　ありがとうございます、ありがとうございます。こんな感じで、これで今の曲の半分が（終わりました）。
［……］
（この歌は）お酒の席などで、誰かリーダー的な人が、この「♪ホーハイ」という問いかけを歌い出すと、自動的にみんながこれを返すっていう感じで進む曲です。

このズレ、どうしましょうかね。

野口 ずれていてもカノンみたい、綺麗かもしれませんね。

ソロパートを歌う人はそれぞれの即興アレンジを加えていきます。皆のレスポンスはディレイ（遅れ）がありつつもカノンのようにも聞こえて、後から録画で見てもこれはこれで大変面白い即興演奏になっています。何回か試してみながら、皆は自由に入ったり叫んだり、楽器を手に持っている人はレ・ファ・ラ（D マイナー）の音をドローンのように流したり。結局、リズムを取ろうとしても際限なくずれていくので、パーカッションは小刻みに叩くなどして効果音的に使い、残りの時間では順々に皆で声を重ね合わせ、響きのみの即興ワークを行いました。

最後に Liao さんから、プユマ族の民謡《懐念年祭》の生演奏をしていただきました。1988 年に作られたこの曲には歌詞がついています。日本語の「ソノムカシ」という言葉が「なつかしさを感じる昔の、しきたり」という意味で外来語として使われているとのことでした。植民地時代に日本語を話すことを強制された名残が、今もプユマ語の中の外来語として残っているのです。この歌の語り手は都会に出ていて、年末にある故郷のお祭りに行くことができないけれど、一緒の場所にいたことを懐かしく思う……という内容の歌とのこと。集まることができないけれども皆で歌いたい、まさにこの時期の皆の状況にぴったりの曲を選んでいただきました。

窪田翔さんとのワークショップ

窪田さんはクオピオ交響楽団ティンパニ奏者として活躍されており、楽団の練習スタジオから参加いただくことになっていました。時差の関係で早朝（深夜）のクオピオからレクチャーしていただくはずでしたが、現地でちょっとした手違いがあり、授業開始時はまだ窪田さんは屋外で、入り口が開くのをひたすら待っている状況でした。さあ一同びっくり、授業時間は足りるのか、窪田さんは無事に中に入れるのか、楽器に辿り着けるのかとドキドキしながら待ちます。

やがて関係者がやってきてようやく窪田さんがスタジオへ入ることができま

3. オンライン授業ならではの苦労した話、楽しめた話　203

1. 右手 → 2. 右足 → 3. 左足 → 4. 左手 → 5. 「Ah！（声）」
の順番で、以下のリズムにのせて音を鳴らす

リズムは2小節で1組
「タン・タン・タ・タ・タン」と「タ・タ・タ・ター・タ・タン」

身体を一周、巡回するたびに、一打ずつ、ずれが生じる

譜例2　ボディパーカッションを使ったリズム遊び

した！　早速、実際に身体を叩いたり声を出したり、さらに身の回りにある物も使って音やリズムを出すワークを行います。（譜例2）

窪田　これから皆さんとちょっとリズム遊びのようなことをしたいと思います。［……］リズムというのは円運動だとか楕円運動とか言いますけれども、やっぱり重力と関わりがあって、何かがバウンドしていくような感じがあるわけです。これを感じながら、このリズムを身体でちょっと回してみようと。まずどういうことがしたいか先にやってしまいます。
（実演）パチン、ドン、ドン、パチン、Ah！　パチン、ドン、ドン、パチン、Ah！
……わかりますか？
野口　……ちょっと難しいかもしれないですね！
窪田　右手（フィンガースナップ）、右足（足踏み）、左足（足踏み）、左手

（フィンガースナップ）、それで声の「あ」（と言う）。

えっと、いまちょっとリズムつけてたんですけど。［……］

こんどは四分音符だけで順番に。（再度実演）

　体と声をフルに使う複雑な動きやリズムに皆タジタジになってしまいましたが、最終的には身の回りのものを使って図形楽譜を見ながら皆で一緒に演奏し、Zoom でのズレも意識しながら、それも取り込む形で一つの「作品」を作る体験をしました。

　偶然起きたハプニングではありましたが、授業冒頭でのクオピオの真っ暗な外の風景、そして窪田さんが建物の中へと滑り込んでいく様子は、まるで結末の全くわからない生放送を見ているようでした。その映像の先にいる実際の窪田さんと直接やりとりしながら合奏しフィードバックをもらえたことで「私たちのためだけ」という特別感が強調され、Zoom というコミュニケーションツールを使ったからこその、とても新鮮でエキサイティングな授業体験となりました。

3-5　実はオンライン実施で助かった？　開講側の事情

　この「移動せずに参加できる」という特徴は、実は開講側としても大きなメリットでした。というのも演劇担当の西尾さんが出産直後だったことや、音楽担当の野口さんが結婚を機に東京を離れ、遠方からの参加になっていたからです。オンライン授業はインターネットの環境が整ってさえいればよいので、出産、育児、介護、病気やケガなど事情がある場合や、参加者同士が離れて生活している場合は、はるかに参加が容易になります。そのため結果としては、オンライン授業によって講師陣もそれぞれが抱えていた個人の不安を解消しながら実施することができましたし、国外在住のゲストも呼ぶことができるという内容の充実にも直結しました。

4. オンラインでの創作授業をふりかえって

　授業を開講する側から当時を振り返ると、Zoom しか使えない状況下で、とにもかくにもその場でできる試みを次から次へと必死にこなしていました。ですがオンライン授業で効果的な工夫は、対面でも非常に効果があります。和田ながらさんのコメントにもあった通り、対面授業で非言語の情報量が多い状態では、かえって指示などがあいまいになってコミュニケーションがおろそかになったり、「これくらいできるよね」と要求するレベルが高くなりがちになります。情報が削ぎ落とされている場面だからこそ感覚も敏感になり、ゆっくりと丁寧に、確実に話すことを心がけました。この経験は今でも授業で確かに生きています。

　西尾さんも野口さんもコロナ禍がまだ終わらないうちは、オンラインツールを統合した新しい授業やワークショップのあり方を模索する気持ちが強くあったそうです（この本を企画する段階の 2020 年では、オンラインを用いた新しいワークショップを提案しようと考えていたほどでした）。しかし 2024 年現在、やはり対面でしかできないことは多いということで、部分的な試みはあるにせよ、こうした創作ワークショップは対面を基本に実施しているとのこと。今後、講師が遠方にいるなどの事情がない限り、こうした「全面オンライン」のワークショップ実施の機会はなかなかないかもしれません。

　ですがだからこそ、この試みは記録しておくべき貴重な経験だとも言えます。少し感傷的ではありますが、2020 年の授業について忘れたくない・伝えておきたいこととしては、そのように大変で制約があるなかでも、確かに楽しいことがたくさんあったということです。これらは皆で失敗しながらも遊びを多く取り入れ、与えられたなかでもチャレンジして色々やってみよう！という気持ちと行動がなせた技だったと思います。

　以下は Eri Liao さんゲスト回でのやりとりです。オンラインで頑張っている皆の、楽しくて、でもちょっぴり寂しい気持ちを端的に表している、そんな率直な気持ちが現れたやりとりです。けっきょく諸制約により他のツールを試

すことはありませんでしたが、こうした楽しさへの追求と必要から、コミュニケーションや合奏、上演のための通信技術や教育開発もますます進展していくのだろうと感じました。

学生A　今まで、楽譜に書いてあるものを歌ったり演奏したりっていう機会がほとんどで。今日、楽譜がない状態でその場で即興するという体験をして、鳴っている音だったり、他のハーモニーだったり、刻まれているリズムだったり、[……] 何かある程度の制約、「この音を出さないといけない」とか、「こういうリズムだから」とかがあって、それに合わせていくのが、強制されてる感じというよりは、自らその中に光を合わせていくようで。音楽ってすごい面白いんだなっていうのを、改めて感じることができてすごく楽しかったです。

学生B　即興音楽をちゃんとやったのは初めてで、さきほどAさんが言ったとおり、楽譜にないことをやりつつも調和を取るのはすごい面白かったんですけど。やっぱり、オンラインという制約が非常に大きいなというのを感じて、特にやはり遅延がすごいので、どうしてもリズムがぐちゃぐちゃになっちゃう。やっぱり普段リズム楽器やってるので、そっち方面で全然参加できなかったのが、ちょっと寂しくも思いました。あと僕まだ試したことはないんですけれども、今ヤマハから出てる NETDUETTO[2] というアプリをうまく使えれば、もう少し遅延とか減らしてできるのかなと。

野口　ありがとうございます。皆さん（アプリに）登録しても大丈夫なら、みんなでそちらに移ってもいいかもしれないですね。
ぜひ実地で合わせたい。みんなで即興してみたいですね。さらにさらに、楽しいですよね。

---

2) 音楽セッションを遠隔で行うためのソフトウェア。現在は後続の SYNCROOM に移行している。

コラム
生きることと芸術

高橋　舞（たかはし　まい）

ピアニスト、日本学術振興会特別研究員PD（京都大学）。桐朋学園大学音楽部ピアノ専攻卒業。ザルツブルク・モーツァルテウム大学大学院ピアノ演奏科修士課程修了。東京大学大学院人文社会系研究科文化資源学研究専攻修士課程を経て、同博士課程修了。博士（文学）。音楽学をベースにしながら、人文情報学の手法を用いた演奏研究を行っている。

　音楽大学出身で、当時東大の博士課程に在籍していた私は、2020年度に開講された「教養としての芸術学」に、ティーチング・アシスタントとして関わる機会を得ました。ここでは、演奏研究を行う音大出身者としての視点から、私が授業から得た気付きとこの授業の意義について考えてみたいと思います。

　これまでのことを振り返ってみれば、日々ピアノと向き合い、ピアノを演奏するための専門的な技術は学んできましたが、何らかの作品を創った経験はほとんどありません。音楽大学で毎日のように音楽に触れ、学びながらも、創作とはあまり接点の無い教育を受けてきたといえます。それに対して、東大で開講される「教養としての芸術学」では、演劇や音楽を専門的に学んできたというわけではない学生が、ただ作品を演じたり演奏するのではなく、自分たちで作品を創り、発表するというのです。私にとって、自ら創作するということは想像の付かないことであり、もっといえば五線紙を使わずに音を出す方法すら思い付かないことでした。一体どのように授業が展開してゆくのか、授業が始まる前から興味を持っていました。

　「教養としての芸術学」の授業はこれまでに2回実施され、3回目の開講ということでしたが、この年は新型コロナウイルス感染症により、授業はすべてオンライ

ンで行われることになりました。グループでの創作も発表も、オンラインで行うと
いいます。音大で実施されたオンラインでの実技レッスンの困難さについて聞き及
んでいた私は、それぞれが離れた場所から一つの作品を創作し、リアルタイムで発
表するということは、さらに難易度が高いように感じられました。

　創作と発表というゴールに向けて、授業では受講生に対して、どのような働きか
けが進められていったのでしょうか。印象的だったのは、演劇回、音楽回ともに、
初回からさまざまな「ワーク」が行われたことでした。創作するだけでなく、作品
を自分たちで発表するということは、自らが声を出しあるいは音を出し、パフォー
マンスをする必要があります。ワークでは、まずは周囲の音に意識を向けることか
ら始まり、言葉を身体で表してみること、自分の周りにあったものの感触をオノマ
トペにしてみることなど、さまざまな試みが行われました。音や言葉に対する感覚
を研ぎ澄まし、その感覚を自分の身体を用いて表現するという経験が、多彩なアプ
ローチから積み重ねられていきました。音大で私が受講していた授業が、実技を除
いて座学ばかりであったこととは対照的に、自らの身体を用いて体感してゆくとい
う手法が、非常に新鮮でした。ティーチング・アシスタントとして授業をサポート
してゆくなかで、こうした経験こそが創作に繋がっていくということが直観的に理
解でき、目から鱗が落ちる思いでした。

　また授業ではワークだけでなく、表現する、人に何かを伝えるとはどういうこと
なのかを考えるための文献も課題として出され、講師を交えたディスカッションを
通して、受講生は自らの考えを深めていきました。演劇回では、劇作家の著作のほ
か、詩や現代美術、舞踊作品なども素材に、芸術と社会の関わりについてさまざま
な視点から考えるための事例が紹介されました。芸術とは、生きることに直結し、
現代社会が抱える問題点を浮かび上がらせる力を持っていることが示されていきま
した。音楽回では、現代音楽の楽譜を参照し、その音源も用いながら、その作品独
自のシステムや理論について解説がありました。また現代音楽とテクノロジーやメ
ディアとの関わりについて、指摘がなされました。こうして表現や創作について多
角的に学ぶことを通して、受講生は社会における芸術の意義について考えを深めて
いくことができました。

　音楽大学で学ぶ音楽理論は、一般的にまずモーツァルトなどが活躍した古典派時
代に完成した和声学を、作曲科の講師陣から講義と実習を通して習得してゆくとこ
ろから始まります。音大によってもカリキュラムは異なるでしょうが、そのほかに
近現代の作曲家の音楽理論を学ぶ授業もありました。そうした授業では音源と楽譜
を用いて、現代音楽の作曲家でもある講師による、作品の専門的なアナリーゼを通

コラム　209

して理解を深めてゆきます。留学先の音大で行われていたピアノ科学生必修の現代音楽の授業では、現代音楽専門のピアニストである講師による演奏やアナリーゼを含む講義を聞き、最後に全員が一人一曲、現代音楽をクラス発表会で演奏するというものもありました。どちらも楽譜やアナリーゼを通して作品を理解するものであり、創作を通して向き合うという形ではありませんでした。

　このように音大の演奏科の学生にとっては、作品は理論と演奏を通して学ぶべきもので、創作となるとまったくの専門外であり、途端に馴染みのないものとなります。こうした演奏と作曲が完全に分業するという状況は、すでに 20 世紀初頭には始まっていたと考えられます。西洋芸術音楽の歴史を振り返れば、音楽作品は作曲家とその周囲において演奏されるものでしたが、19 世紀に演奏家という職業が成立すると、作曲家から離れた地域でも演奏されるようになり、それと並行して楽譜の記載内容も変化してゆきます（渡辺 2001）。19 世紀前半に過去のピアノ作品の楽譜が相次いで出版され（大崎 2002）積極的に演奏されるようになり、20 世紀になるとその流れは加速し、演奏家が過去の作品のみを演奏することも当たり前になります（ヘインズ 2022）。近現代作品のなかでも、今日演奏会において演奏される作品は、レパートリーとしてある程度固定化されており、現在進行形で生み出されるいわゆる現代音楽は、それを専門とする演奏家によって演奏されることが多く、専門でない演奏家が演奏する機会は少ないといえます。こうしたことも、演奏家が自ら創作してみるという体験から遠ざかっている要因の一つであるように思われます。

　「教養としての芸術学」の授業で初回から積み重ねられてきたワークは、徐々に個人で行うものから、グループで行うものへと移行していきました。個人が抱いたイメージを全員で共有し、そのなかで共通点を見出しながらグループ分けが行われ、それぞれのグループに分かれて課題に対するディスカッションが行われました。そうしたディスカッションを通して、少しずつグループ内で作品が練り上げられていきました[1]。創作の過程は、私が想像していたものとは全く異なりました。個々人が閉じこもって作品を創っていくのではなく、さまざまな可能性のなかからグループ内で少しずつ素材が選択されてゆき、ディスカッションを通してよりフレキシブルに、共有されたイメージが形になっていきました。それまでに抱いていた、専門的な知識を有さなければ創作は難しいのではないかという先入観が、鮮やかに裏切られていったのです。

---

1)　作品のなかには個人で創作した作品もあった。

210 補論 オンライン授業編

　オンラインでの発表会には、受講生一人一人が持つ感性がグループ内でのディスカッションを経て化学変化を起こし、それぞれまったく作風の異なる作品が並びました。この発表会に参加し私がまず思い起こしたことは、音楽は本来誰もが楽しみ創り参加することができるとする、クリストファー・スモールが提唱した「ミュージッキング」の概念でした（スモール 2011）。知識や技術がなければ、音楽を創ることはできないという私の思い込みも、この授業と発表会を通して無くなっていきました。

　そしてもう一つ、この発表会を通して浮かび上がってきたのは、パフォーマンスという行為が本質的に有する社会性です。パフォーマンス・スタディーズにおいて、演劇や音楽といったパフォーマンスを介して観客に伝える芸術は、上演・演奏までに繰り広げられるパフォーマー同士のやりとりや、パフォーマーの身体を通して観客に対し上演・演奏するということ自体が、社会的な行為と捉えられています（Cook 2014）。オンライン発表会には、演劇、音楽の専門家、研究者等が観客として集まりました。発表会後に行われた観客、受講生、講師を含めたディスカッションでは、観客それぞれの専門性に応じた感想が飛び交い、非常に活発な議論が繰り広げられました。オンラインでの発表という点に関してもさまざまな意見が出され、その様子は、オンラインであってもパフォーマンスがまさに社会的行為であることを強く印象付けました。

　ともすれば、芸術は鑑賞するだけのもので、自ら表現し、作品を創ることは、日常からかけ離れた行為のように感じられます。しかし実際に創作し、また発表することを通して、芸術は受け身で接していた時とは違う側面を見せてくれるのでしょう。そのことが、授業から影響を受け、現在進行形で芸術と向き合っている受講者たちのインタビューから浮き彫りになりました。芸術を自分のこととして捉え、また生きること自体にいかに芸術が直結しているのかを考える――「教養としての芸術学」は、そうした人生の指針となるような示唆を与えてくれる授業だったのです。

参考文献

Cook, Nicholas（2014）. *Beyond the Score: Music as Performance*. Oxford University Press.

大塚滋生（2002）『音楽史の形成とメディア』平凡社

スモール、クリストファー（2011）『ミュージッキング――音楽は〈行為〉である』野澤豊一・西島千尋訳、水声社

ブルース、ヘインズ（2022）『古楽の終焉――HIP〈歴史的知識にもとづく演奏〉とはなにか』大竹尚之訳、アルテスパブリッシング

渡辺裕（2001）『西洋音楽演奏史論序説――ベートーヴェンピアノ・ソナタの演奏史研究』春秋社

元受講生へのインタビュー　3
「パフォーマーにも、改革者にもなりたい」

杉田 南実（すぎた みなみ）

長野県の中高一貫校出身。東京大学文科三類入学、後期教養学部表象文化論コース卒業。中高時代はミュージカル俳優に憧れ、クラシックバレエやジャズダンス、声楽に勤しんだ。4度宝塚音楽学校の入学試験を受けるも、2次試験で不合格。東京大学在学中も演劇論や舞台芸術論を深く学びたいと考え、表象文化論コースに進学。課外活動では運動会応援部に所属し、4年次には第75代主将を務めた。2022年度東京大学総長賞課外活動部門大賞受賞。現在はITベンチャー企業に就職し、レガシー産業のDX化推進に注力している。

（2023年7月30日　Zoomにて実施）

コロナ禍によるオンライン受講、大学生活の中での位置付け

岡本　今は不動産系のベンチャー企業にお勤めということですが。

杉田　今の会社では一から事業を作ることに関われるので、まずはここで色々学んで、また大学院に戻るなり劇団に入るなりして、自分の道を見つけていきたいと思っています。ただ、最近またミュージカルなどを観る側になってみると、やっぱり自分もパフォーマーになりたいって思い始めたところです。

岡本　オンライン授業で何か印象に残っていることはありますか。

杉田　受講生がいろんな場所にいながら、一つのものを作るっていうことが、すごく楽しかったなと思っています。最初の方の授業で、身近なもので音楽を作ってみようというのがあって。周りにあったカリンバを使ったり、家だからこそ作れる音、大学ではできないことだったなあと印象に残ってます。

岡本　杉田さんは積極的に参加して明るい雰囲気をつくってくれて、こちらもとてもありがたかったです。あの2020年は、大学生活のなかでどういう時期でしたか。

杉田　それまでは、宝塚歌劇や劇団四季に行って、芸術を仕事にすることを考えていたんですけれど、コロナが来て、芸術関連の仕事が違う形になっていったり、できなくなったりする人たちを見て、ちょっと不安になって。悪く言えば、夢見てたものについてちょっと現実を見せられた時期でもあり、よく言えば、いろんな方向

性を考える時期だったなと思っています。

　もともと人と関わるのがすごく好きで、大学の友達も結構多かったんですけれど、2020年は一気に自分の家に籠るしかなくなり、結構ストレスがかかってました。でも、この授業は顔も出してしっかり人と対話することや関わることを大事にしてくださったので、すごく救われましたね。本当に。他の授業だと、先生が一方的に話してみんな画面オフで、つながりを感じられなかったんですけれど、この授業好きでした。

オンラインでのグループ制作

岡本　改めて当時の作品を見てみましょうか。

2020年度・演劇　『無常』（→〈創作編 1-4〉）
2020年度・音楽　『思い出』
チームのメンバーがそれぞれの思い出をテーマに、旋律や環境音、声を持ち寄ってアレンジし重ね合わせた音で構成されている。学校のチャイム、《G線上のアリア》、夏祭り、お寺の鐘、歌声……一緒に聞こえる心臓の鼓動とともに、思いがあふれていく作品。

西尾　あの演劇は、各自のセリフを自分で書いていたんですか？　それぞれのキャラが立っているのが面白かったですね。

杉田　たしか自分たちで書いて、みんなで擦り合わせてという感じでした。自由奔放な人が集まっていたので、直前まで全然まとまらなくって、授業以外の時間でも集まって色々話したりした気がします。音楽の方は、音楽を書いていく人、口笛や笛を吹く人、効果音をつける人、と役割分担をして作った記憶があります。なので、全然違う音が混ざりすぎて。大丈夫かなって思いながらつくりました。

野口　いろんな調があったけど、不思議と調和していましたね。

杉田　最後くっつける作業は独りよがりになりそうだったんですけど、「ちょっと俺も手伝うよ」みたいな人ができてて、3人で協力できました。

授業の影響と進学先の選択、ジェンダーについて

岡本　この授業の後、何かほかに創作してみましたか？

杉田　演劇に関わることが増えました。友達が脚本を書いた演劇に5、6回、映像作品にも役者として出たりしました。

岡本　現在はデザイン制作にも携わっているそうですが、演劇への出演、今の業

務、そして授業でのそれぞれの創作を比較して、同じところがあるとかやはり違うとか、何か思うところはありますか？

杉田　今までは、自分で踊るときや絵を描くときに「自分が楽しければいいや」と思うことが多かったんですけれど、授業中のフィードバックで他のチームが褒められていて、それが悔しかった覚えがあって。その時に、伝わりやすさとか、お客様がどう思うか・評価するかって、どう感じ取れたかが大事なのかな？と。そこから、人に伝わるもの、見てて心地よいものを作ろうっていう意識が芽生えたなと思っています。独りよがりにならないで、相手のことを考えて作品を作るっていうのは結構最近も意識してますし、この授業からの延長なのかと思っています。

岡本　事前アンケートで「表象文化論コースに進学しようと思ったのはこの授業の影響も大きい」ということでしたね。

杉田　この授業を受講して、どうせならがっつり芸術を学びたいなって思ったのが印象に残ってます。音楽とか芸術って趣味の領域なのかと思っていたんですけれど、実際に学んでみると、趣味では味わえないような奥深さというか、その道のプロにもなりたいなと強く思い、表象文化論に行きました。

岡本　授業中、ダンスの先生から「ダンサーは水商売だ」と言われたことや俳優へのセクハラなどの業界の話をしていましたが、さまざま学んだ後で改めて今はどのように思いますか？

杉田　表象文化論コースで3、4年生の時にジェンダー論が専門の清水晶子先生の授業を受け、卒業論文もマイケル・ジャクソンのセクシュアリティについて書きました。#MeToo 運動をはじめ、芸術やエンタメ界のハラスメントが世に出てきて、映画にもなっていて、換わり時だなとはすごく思うんですね。私が主将になったのも、特に女性だからっていう文脈ではなかったんですけれど、やはり大学側には私が女性で主将になったことをすごく褒めるような体制があって。本当に嬉しいんですけれど、見え方によっては、むしろ、ジェンダーを強調してしまっているようにも捉えられてしまうなと。芸術やエンタメ界って男性優位だなとも思いますし、そこに一俳優として入るのではなく、女性として改革者として新しい風を吹かせられたらいいなとはずっと思っていますね。社会全体が何も言わずとも、女性も男性も同じくらい、性に関して同じぐらいのリテラシーを持ってるようになればいいのになと。

今後に向けて──芸術との付き合い方

岡本　アカデミックな学問の足場やビジネスの足場が、これからどのように自分の活動の中で連関していったらいいかというイメージはありますか？

杉田 実際全然浮かんでいなくてご相談したいぐらいなんですけれど！ 仕事をしながら、それを活かしたことがしたいんですけれども、ずっと足場が見つかっていなくって、迷っています。

西尾 私個人は最近、日本だけで暮らすのではなくて、拠点を複数持ちたいと思っていて。杉田さんも、日本じゃないところにいきなりピョンと行ってみてもいいのでは？と思いました。苦しい状況が前提になったままの場所でどうサバイブするかを頑張るよりも、「これおかしくない？」が普通に言えて、やりたいことを肯定形で話せる場所の方がいいのかなと、思ったりします。

野口 舞台の制作側の仕事にも目を向けてみるのも良いかも？

杉田 確かに制作には最近興味も出てきています。パフォーマーになりたいというのは一番強くあるんですけれど、Netflix とか観ていると、これ作るの絶対楽しいだろうな！とはすごく思いますね。それを仕事にできたら、現実味もある気がしてきました。いい報告ができるように頑張りたいです。

創作編

思い切って作品を人前に「差し出して」みよう

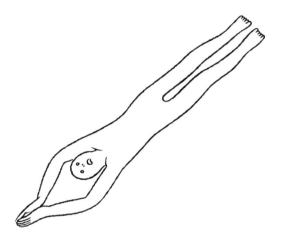

作品をつくったら誰かに見せてみよう！という趣旨で、授業では発表会を開きました。本番に向けて練習して発表するだけではありません。せっかくの機会ですので、自作品の解説を書いたり、発表のあとお客さんから感想を聞いたり、批評を執筆して受講者同士でふりかえってみたり……それはもう緊張しますが、これらは何ものにも代えがたい経験になりました。ここでは授業内での「発表会をつくる」プロセスをふりかえり、さらに受講生の解説や批評、そして発表会当日の写真から実際の作品をご紹介します。

1. 創作プロセス
——作品発表までにどのようなことがあったか

　ワークショップで素材作りの積み重ねをしたら、いよいよ今度は自分が創作して発表してみる番です。元々この授業では「やってみること」に重きを置いているため、発表会という「ゴール」に向かって直線的に発表作品を準備することはしていません。そのため年度ごとに多少の違いはあるものの、おおよそ以下のように進めています。

　開催概要
- 2017 年度と 2020 年度は演劇と音楽それぞれで作品を創作して発表。2018 年度は全体で 1 〜 2 作品を創作して最終発表
- 1 作品 10 分程度
- 基本的にチームで創作するが、個人でも可
- 学内を会場とした授業内実施での発表会
- 観客は関係者や学生が中心

　発表会開催までの授業の流れ
- 1 回分：通常授業の流れから、後半でチーム組み・相談
- 1 回分：創作とリハーサル
- 最終授業：準備・ゲネプロ、発表会

　上記のように、発表会を含めて 3、4 回分で創作しました。準備時間が少ないため必要に応じて授業時間外でも作業することになりますが、週 2 回実施の授業だったため、チーム組みから本番までどんなに長くても 1 〜 2 週間で作り上げなければならないという制約があります。具体的にどのようなことをしながら作品や発表会が出来上がっていったのでしょうか。

1. 創作プロセス　217

1-1　テーマを設定する──サイトスペシフィックな作品を作る
西尾 佳織

　演劇の授業では発表会の共通テーマを毎年設定していて、2017 年度が「サイトスペシフィックな作品をつくる」、2018 年度が「当事者／非当事者として語る」、2020 年度が「自分から遠い存在・他者」でした。

　演劇の授業では、一貫して「創作＝集団創作により上演をつくること」と考えていました。〈演劇編 3-1〉でも少し触れましたが、一般的に、作品をつくるというのは「What をつくること」だと考えられているように思います。しかし演劇においては、What の部分は主に劇作家の書く戯曲が担っていて、上演をつくるというのは「戯曲をどのように読んだか（How）を提示すること」に当たります（もちろん、この分け方に当てはまらない作品や、このスタンスを採用しない創作者も多く存在します）。つまり上演作品というのは、「他者への応答の仕方が、形として現れたもの」であると言えます。学生たちには、応答の仕方を集団で決めることに注力してもらいたい、そのために、応答すべき相手（What）はこちらである程度定めて手渡そうという意図で、テーマを設定していました。

　では、各年のテーマはどのように設定していたのか。ここでは 2017 年度の事例をご紹介します。

「サイトスペシフィック」というテーマの狙い

　サイトスペシフィックというのは、「その場所固有の」という意味です。このときは、「東大駒場キャンパス内で一ヶ所上演場所を選び、そこの場所性に応答する形でつくること」を共通の条件としました。

　例えばブラックボックス[1]の劇場空間は、アーティストの望むことを最大限自由に設定できるようになっていますが、裏を返せば、やりたいことに応じて

---

1) 壁が全面真っ黒に塗られた箱型の空間。照明の灯体や音響スピーカー、舞台効果に使用する吊りものなど、設置する必要があるが観客に意識させたくないものが舞台空間には多く存在するため、黒い色が都合がよい。ちなみに美術の場合は、設置空間として一般的にホワイトキューブ（真っ白な箱型の空間）が好まれる。

218　創作編

必要なものを自分で用意して持ち込まなければいけません。広すぎる自由は、
作品創作に初めて取り組むメンバーにとっては荷が重い。その点、キャンパス
内の場所はどこであれ、動かせない条件が色々と決まっています。それらは制
限とも言えますが、上手く活かせばこの上ない舞台装置や効果になりますし、
あらかじめ定められた外的な条件に応答していくことで、自ずと必然性のある
表現に到達しやすいだろうと考えました。

　また、学生たちの取り組みを見ていて気付いたことに、抽象的・観念的な議
論は得意だが、実際に身体を動かして現実的な条件と折衝しながら検討する作
業に慣れていない（その段階に移るのが遅れがち）ということがありました。
その点でも「リアルな場所で上演する」という設定であれば、創作における判
断の範囲や工数を限定したところから始めて、具体性のある状態で共同作業が
できるのではないかと考えました。

創作〜発表のスケジュール

- 10月10日　授業の最後にグループ分け、4〜5人×6チーム。サイトスペ
  シフィックな作品とはどういうものか、西尾の過去作品を事例として紹介。
  ピンとくる場所／場所に依存しないテーマ、の二軸でつくるようアドバイス。
  何をするか、グループごとに5分程度ディスカッション。次回までに、グル
  ープごとにキャンパス内を散歩して、ピンとくる場所を選んでおくよう指示
  （場所は複数箇所でも可）。

- 10月13日　講師による創作の例。観客は、階段の手すりに沿って立ち、階
  下を見下ろすよう指示される。講師が音源を持って観客の背後を通過し、ゆ
  っくり階下に降りていく。演じなくても、物語がなくても、気配と観客の姿
  勢と空間を組織するだけでも作品は生まれる。

  　グループごとに選んだ場所に散ってクリエイション。40分後に集合し、
  全グループ一度上演してもらう。講師からその場で短評。作品内容を踏まえ
  て、上演順を決定。次回までに作品タイトルを決めておくよう指示→発表会
  で配るパンフレットに掲載。

- 10月17日　外部のゲスト2名（プロの俳優と駒場の演劇サークルOB）を
  迎え、発表会。教室に戻り、30分程度ふりかえり。

受講生が捉えたスペシフィシティ

　劇場作品と違って、屋外での作品は様々にコントロールし切れない要素が上演に影響してくるものですが、どの作品もそれを拒まず、受け入れる余白を持っていました。例えばある建物の2階と3階、地上、屋上で言葉を交わし合う、コミュニケーションのちょっとしたほつれがユーモラスな『アパートメント』では、ラストの絶妙なタイミングでクロネコヤマトのトラックがたまたまその建物にやってきて、ちょうどいい"終わり"感を醸していました。踏み切りで上演された『キョリ』では、終幕のタイミングで踏み切りが閉まっているかどうか、歩行者がいるかなど、予測不可能な状況に合わせてラストシーンを7パターン用意していたそうです。上演の一回性における自由は、入念な事前準備によって成り立っています。

　最後に、受講生の劇評を紹介します。この劇評は、ゲストとしてご参加くださった俳優の華みきさんと一緒に私がつくった『昼間の景色』という作品についてのものですが、土方さんが捉えたサイトスペシフィシティ（サイトスペシフィックであること）と、また別種のスペシフィシティ（ここでは作品の観客層が特定の人々であったことと、作品が授業内という特定のシチュエーションで上演されたことの二種について言っているので、チャンススペシフィシティとでも言えるでしょうか？）が、よく表れています。

『昼間の景色』劇評————土方　咲

　観客は段差に座ったり横になったりして目線を地面の高さに揃えて待っている。視線の先には続いて行く地面、さらにその先にある食堂と生協の辺りを歩く人、奥には銀杏並木がまっすぐ伸びているのが見えている。雨の音などを聞きながらしばらくこの「昼間の景色」を眺めていると、後ろから誰かの語りが聞こえてくる。私は初めのうちは猫の視点かなとのんきなことを考えていたが、次第に語り手についての情報が明かされていくと、私たちが体験している視線はホームレスのものだと分かる。語られていく普段知ることのないホームレスの生活、遠くからでも分かる通行人からの視線、寒さなどは、日常的に自分が過ごす世界と関わることのない世界の確かな存在を実感させる。自分たちがホームレスをどのように見ているのかも意識させられた。

　範囲は駒場キャンパス内に限られたため、どの作品でも同じことが言えるかもしれないが、特にこの作品では観客の多くが東大生であったことが意味を持った。当

220 創作編

たり前の「昼の風景」をみる新しい見方を提供されたからだ。また語られる夜の駒
場も想像しやすいだろう。サイトスペシフィックな作品であったことは言うまでも
ないが、観客の多くがほぼ毎日駒場に通う東大生であったこと、つまり場所だけで
なく授業という作品が上演される状況にもスペシフィックだった。
　この作品は今回の成果発表会で上演された作品の中で、各観客が何を想像し、何を
考え、何を感じたか、が最も多様で広がりのあるものだったと思う。これは他の方
の劇評を読んでも感じたことだ。語りの内容に加え、語りが始まる前の沈黙や、抑
えた声量と調子の語りの途中に感じられる静かさ、また変化の少ない景色が観客に
自分で何かを考えたり想起したりする余白を与えているからかもしれない。

　なお、この作品について、同じ上演を観ながら全く異なる鑑賞体験をしてい
たことを伝えてくれた劇評がありました。作品をつくった者としては、観客に
対する導入や雨天時の声量の調整など反省すべき点への示唆でもあるのですが、
作品鑑賞の場では、きっとしばしばこういうことが起こっているのでしょう。

『昼間の景色』劇評―――――高倉 一真
　私は誤解をしていた。もっとも、作品の解釈に正しいも誤りもないのかもしれな
いが、他の人の劇評が目に入ったとき「あ、そういうことだったのか」と思ったの
は事実である。［……］とはいえ私は私の解釈に基づいてこの作品を鑑賞していたと
いう過去は動かしようがなく、もうあの作品に別の解釈をもって出会うことはでき
ないのである。とにかく正直に書こう。
　開演前、観客は階段の下から、上にある地面の高さに目線を合わせるよう指示さ
れた。そして入りきらない場合を考慮して、階段上方の右側で寝そべって見るとい
うオプションも提示された。私は寝そべる方を選択した。当然である。多くの人は
階段の下から座って観るが、上で寝そべって観ることができるのは多くても2人で
あり、その鑑賞体験の稀少性は明白だ。だから寝そべってみる。［……］その時私
は、私が「地面の気持ち」になっていることに気づいた。いつもと違う視世界。
［……］そうか、地面は普段こんな世界を見ているんだ。朗読が聞こえて来る。「夜
はわたしの時間です」。確かに、昼間は学生がたくさんいるもんね。この一節を聞い
た私は、この語りが地面のモノローグであることを確信した。［……］
　私と朗読の声は遠い。雨の音が聴覚を遮る。よく聞こえない。私は次第に、語り
を聞くことよりも地面の気持ちに入り込み、地面と一時的に同化することに集中し

始めた。芝生が見える。草が生えると、地面はどう感じるのだろうか。フサフサしていて気持ち良いのだろうか。普段通り過ぎていく私たちを地面はどう見ているのだろうか。微笑ましい気持ちだったりするのだろうか。[……]

　そういえば、と語りの声に意識を戻してみる。「ここでは、互いに出身地で呼び合っています」。え!?　地面って移動できるの!?　いつ??　どうやって???

　混乱のうちに作品は終わった。[……] もう少し語りの声が大きかったらまた違ったのかもしれないが、その声に支配されなかったおかげで、私の鑑賞は妙な方向に転がっていったのだった。

作品紹介　『かくれんぼ』（2017 年度・演劇）

　満員電車に見立てられた証明写真機のブースに乗り込む男性。駅に到着し、「おりまーす!」という乗客に何度も何度も弾き出される。靴を投げ出した男性は疲れ切った様子で、裸足のまま、写真機の隣りにある階段をのそのそと昇っていく。2 階の手すりから不安げに雨を見つめて、身を乗り出す。あたりを見回しながら「もういいかい……?」とつぶやくと、「もういいよ」とどこからともなく声が聞こえる。

解説————松井 柾樹

　この作品については、演じた側として書こうと思う。

　この作品の大まかな流れを書いたのは A さんで、それを B さんがアレンジし、さらに C さんや僕の意見を組み合わせて『かくれんぼ』となった。あの証明写真機、足が見えることで誰かの存在は認識できるのに識別はできない。でも、証明写真ってとってもパブリックなものじゃない?　なんか、面白い。こういった感じで、あの場所に決まった。

　満員電車に乗り遅れる会社員（僕はこの役を演じた）。しかし開いてしまった扉に申し訳なさそうに入っていく彼。周りの乗客は彼をにらむ。しかし次の駅では、扉からはなれた位置に立つ女性がなんとか降りようとする。周りの乗客はまたもや彼女をにらむ。次の駅でも同じことが繰り返される。

　この場所、満員電車には常に立場の逆転が起きている。にらまれる人がにらむ人に。にらむ人がにらまれる人に。どうしてもっと想像力を働かせられないのだろう僕は、と後悔したことが何度もある。常に自分は自分でもあり、相手

にもなり得る。どこにだって、どのタイミングにだって、どの立場にだって、自分がいた可能性はあったんだ。そんなものなんだ。

　一人、無人だったはずの証明写真機から降りる人間。彼は散らばっている靴や、駅のホームに大量に群がる群衆を見る。Aさんはあの階段を「天国への階段」として描きたかったらしい。ツェッペリンだなぁ。

　2階から観客を見る。あの上から見た景色。あそこに込めたかったのは、「ユートピア」「お花畑」という感覚。実は、この演出はすごく面白いと思った。なぜなら、観客にはその「お花畑」自体は見せないからだ。2階に上がる役者のみがその姿を見てる。観客には想像力で何とか気づいてほしい……。

　どういうことかというと、1階の傘をさす観客を2階の役者から見ると、傘の集まってる感じが「お花畑」に見えるのだ。雨の中揺れるお花畑。それを2階の役者は見ていた。

　この作品にテーマをつけるのならば、それは「想像力を求める」という一言に集約されると思う。自分以外の視点から、立場から、高さから、「世界を見ること」をあの作品の中で僕らは求め続けていたように思う。

批評————中山 文月

　突然だが、私は満員電車が好きでもないし、嫌いでもない。要するに、わざわざ好きこのんでその状況下に身を置きたくはないが、そうなってしまってもさほど不快に感じないということである。それはなぜか。私にとって、人はいないよりはいた方がいい存在だからだ。たとえ他人でもその存在自体に救われることがある。都会の満員電車に慣れてしまうと、地元の誰も乗っていないガランとした電車に乗るのに少々勇気を必要とする。「人と同じように」という信条が刷り込まれている（公共の場所では、という意味であって、個人的な制作活動にこれはあてはまらないが……）せいか、いざ一人になってしまうとどうしたら良いのかわからなくなってしまう。

　ところで、かくれんぼという遊びは、実は鬼が最も気楽な役割のようで、最も恐れるべき役割だと私は勝手に思っている。少なくとも私はあまり鬼になりたくない。まず「もういいかい」「もういいよ」とやって振り向くと、そこには誰もいないのである。その時点でもう、怖くてやっていられない。本当は、

隠れて欲しくない。

　これらはおそらく、私たちが普段人に囲まれているからこそ思うことだとかんじる。いきなりの孤独という状況に、私たちはなかなか慣れないのである。私はこの「かくれんぼ」という作品を見て、「ゆっくりと一人になること」について考えさせられた。同じエレベーター（電車？）に居合わせた4人の男女は、あの狭い空間ではそれぞれ個性を見せることはなかったが、いざその場を離れると、一人はイライラとしながらも誰かを待っている雰囲気で佇み、一組の男女は脈絡のない話を延々と続ける。もう彼らの中には、あの狭い空間に人が大勢いるという気まずさというものがどこにも残っていない。しかし一人の男はいつまでもいつまでもその雰囲気を引きずり続けている。

　彼は聞く。「もういいかい？」もう、一人になってもいいかい？

　皆は答える。「もういいよ」もう、隠れていいんだよ。

1-2　チームビルディング・引き算のワーク・文脈のリサーチ
野口 桃江

チームビルディング

　先に行われた演劇の創作では共通のテーマが設定されていましたが、音楽の創作では、学生が自分たちでテーマを考えるところから始めました。演劇の創作を経て、枠を一つ外し、より自由度の高い創作に進むことで、学生たちにとってステップアップとなったのではないでしょうか。

　テーマの選定は、各自が「興味をもっていること／取り組んでみたい問い」「自分が得意としていること」を紙に書いて発表することから始めました。発表後にはオープンな自由時間を設け、互いの共通点について話し合ったり、質問を投げかけながら、気の合いそうな人同士でチームを組んでいきます。創作の方向性を決める重要なチームビルディング。限られた時間のなかで、学生たちは非常に積極的に意見交換をしていました。

一人で創る？　みんなで創る？

　音楽編のチームビルディングでは、チームによる創作か個人での創作のどち

らを選んでも良いということにしました。これには私の「創作とは、そもそも
孤独な営みである」という考えが反映されています。チームによる創作は、一
人では思いつかないようなインスピレーションが得られる、ワークショップな
らではの素晴らしい体験です。ここでの協働体験が、社会に出てから役立つ場
面もあることでしょう。しかし、複数名で創ることによって、表現にともなう
責任と恐さ、そしてそれと表裏一体の、他者に創作物を受け取ってもらえたと
きの強烈な喜びはどうしても薄れてしまいます。またチーム内では、メンバー
によって作品へのコミットメントに偏りが生じやすいほか、実際の創作よりも
意見の調整に多くの時間を費してしまうことも少なくありません。世間を見渡
してみると、優れたクリエーションの多くは、元を辿れば誰か一人の頭のなか
で作られたもの、という現実もあります。

　一人で創ってみたいという選択をした学生は、2年間で4名現れました（な
かには個人とグループでの制作をかけもちする学生もいました）。受講前から、
すでに何らかの表現活動に取り組んでいたものの、作品を完成させて発表する
ことに課題を感じていた学生が多かったと記憶しています。初めて何かを作っ
てみるとき、はじめはワクワクしてスムーズに進められるものですが、それを
完成させ、発表するまでには、大きな壁がいくつか立ちはだかるもの……とい
うのは、過去に創作に挑戦した方の多くにとって、覚えのある経験ではないで
しょうか。学生たちには、この機会をうまく活用して、ぜひ自分の表現を真摯
に追求して、作品を創りきってみてほしいと願っていました。

　　いいかい、怖かったら怖いほど、逆にそこに飛び込むんだ。やってごらん。

岡本太郎『強く生きる言葉』

マイナスの美学

　チームが決まったら、それぞれのテーマを実現化するために具体的に動いて
いきます。楽器を手に即興を始めるチームもあれば、コンセプトを練るチーム、
楽譜や指示書から書き始めるチームもありました。学生たちの多くが、授業時
間外も活動していたようです。

Slack 上では、このような声かけをしました。

観念的なやりとりも大切ですが、いざ実行に移してみると意外な難しさに気付くこともあります。実際に手を動かしながら（メンバーで集まって音出し／素材集め／検証……etc）話し合いを進めると、きっとスムーズですよ。

全 6 回の授業のうち 4 回目では、必要な材料や楽器を持ち寄り、実際の創作に入りました。そして、さまざまな要素、分野の組み合わせによって、大まかな形ができてきたところで、一度、全体に向けて内容を披露し、フィードバックを得る「中間発表」を行いました。その際、各チームが根を詰めて制作に取り組む様子をみて、風通しを良くするために、最後にもう一つ「引き算」のワークを行うことにしました。

引き算のワーク「日常のなかから何かをとりのぞく」

創作はいったん置いておいて、全く違うことをしてみましょう。
今から 5 分間、皆に大喜利みたいなことをやってもらおうと思います。
「○○から○○を取り除いてみた」というのを考えてみてください。

授業で扱った《4 分 33 秒》という曲で、ジョン・ケージは「音楽」から「音」という要素を取り除いて、音楽とは何かを再提示しました。音が取り除かれてもなお、それは音楽だった。日常のなかから、何かをとりはらってみましょう。
○○を取り除いても、それは○○足り得るか。ギリギリのところを狙ってください。

5 分後、学生たちからは次のような回答がありました。

歌から声をとりのぞく	漫才からオチをとりのぞく
食卓から食べ物をとりのぞく	小田急電鉄から遅延をとりのぞく
時計から針をとりのぞく	岡本太郎から自信をとりのぞく
大学から授業をとりのぞく	日本から日本人をとりのぞく
車から車輪をとりのぞく	サザエからサザエさんをとりのぞく

226 創作編

続いて、当日見学にいらしていたアートマネージャーの鐘ケ江織代さんと、西尾さんの回答です。

鐘ケ江：「私から私をとりのぞく」。他者として振る舞うことで、人は新たな自信を得られるのではないでしょうか。何かに集中する、あるいは何かを表現する行為は、自分じゃないもう一人の自分を受け入れることから始まるのかもしれません。自己主張の「私、私！」という姿勢よりも、自分以外の何かや誰かが自分を動かしているかのような感覚のほうが、表現行為と通じるのではないでしょうか。私から私を取り除いたときに、新しい何かが生まれる可能性があると思います。

　もう一つは「自由から自由を取り除く」。「自由にやってください」と言われたとき、逆に不自由を感じることがあります。敢えて自由でない状況を選ぶことで、新しい創造性が刺激されるかもしれません。自由という概念に縛られず、意図的に制約を設けることで、自由をうまく取り除き、クリエイティブな成果を促すことができるのではないでしょうか。

野口：創作中の皆にとって、とても良いアドバイス！　自ら制限を設けるってことですね。

西尾：「生から時制をとりのぞく」。時制ってなんだろうと思っていて。過去は「あった」けど、今ここには「ない」ですよね。生の体験としては「いま、いま、いま……」って現在だけが続いているはずだけど、実際にはなかなかそうは生きられない。そして「未来」から逆算されたものとしての「今」を生きるようなことが人生を覆っていて（例えば投資の複利とか、航空券を早く取ると安くなるとか）、しんどい……。 世界には、時制を持たない民族もいるらしいです。時制がなくても世界は成立するし、それでも全然生きられるよね！……と、本気でそれを実装することは難しいけど、憧れます。

野口：ちょうど最近、脳科学者と僧侶の方の対談で聞いたのですが、人間が知覚する情報は、3D の状態で入ってきて、脳内で 4D に変換されているという話があるそうです。それなら時制って、私たちの内側で作られているのかもしれないですね。

美術館では、真っ白な壁に、何もない空間――「ホワイトキューブ」に作品が展示されることが一般的です。また、現代的な舞台作品では、演者がモノトーンや、素肌に近い色の服を着ることが多くあります。これらは作品のなかで最も伝えたいことを際立たせるために、本質から逸れるものを削ぎ落とす"しつらえ"の一環といえます。

　チームでの制作の初期段階では、それぞれのメンバーの興味や特技を足したり、かけあわせたりするなかで、作品中の要素がどんどん増えていきがちです。そこで、一度立ち止まって「引き算の工程」を挟むことを促すワークを行いました。

　ミケランジェロは「全ての石材には彫像が"潜在"していて、それを見出すのが彫刻家の役目だ」という言葉を残しています。大きな石の塊から彫像を彫り出すように、要素を一つずつ削ぎ落としてみる。皆が、絶対に必要だと思い込んでいた要素も、一度削ってみると、何か発見があるかもしれません。彫刻と異なり、取り除いた後で、やはり必要だと思ったら、それを再度取り入れることもできます。その時、それまで扱っていた要素は、始めよりも美しく磨かれた状態になっているはずです。創作現場では、創造と破壊を大胆に繰り返すアーティストの姿がよく見られます。彼らは、手を動かしながら、こうした概念操作を絶え間なく行っているのではないでしょうか。

文脈のリサーチ

　作品のコンセプトを立てる際に、その作品を位置付けようとする文脈（コンテクスト）のリサーチを行うことの大切さについても共有しました。現代芸術、とりわけ美術の世界では、自身のスタイルや作品をどの文脈に位置付けるかということに意識的であることが求められます。文脈の引用、応酬、否定、再定義などの操作が、国や時代を越えて行われることで、芸術は進化してきました。学術論文で先行研究のリサーチをするのと同じように、芸術分野でも本当に新しい作品を生み出すためには先人の作品を知ることが必要不可欠です。

　授業では、自作の置かれ得る文脈について考えることは、発表会後の解説文と批評を書く時にも役立つものとして、余裕があれば、制作中から少しずつリサーチを進めておくことを勧めました。

228　創作編

> あと少しの工夫で、作品はもっともっと面白くなると思います。この工程をはさむことで、作品が一気に洗練されるはずです。Enjoy！

> **作品紹介『れるられる』（2017年度・音楽）**
>
> 横たわった男を、椅子に座った男女が取り囲んでいる。明かりがつくのを合図に、彼らは手に持った楽器や道具で大音量を出す。中心の男も驚いて飛び起き、その場で足踏みで走る・止まる・また走る。やがて指揮者のようにその場を制御し始めるが、音の洪水とともに収拾がつかなくなってくる。もう誰も止められない。彼は助けを求めるように右手をあげながら倒れ込む。皆が立ち去り、照明が落ちる。

解説————中尾 幸志郎

　この作品は、役者一人を演奏者四人が囲むような形で演じられる。役者の前には譜面台が設置され、この作品における役者の指揮者的役割を暗示する。演奏は決して構成的でなく、雑音とも言えるような音使いを多用し、音と音との美しいつながりよりも一つ一つの音の高低や音色を重視する。そして、演奏者が発する様々な音に対し指揮者（役者）が反応し、また、指揮者が発する様々な身体の動きに対し演奏者が反応する。受動即応答、というようなことを両陣営（指揮者と演奏者）が続けるが、基本的に来客用ベルが鳴るということを合図にその反応・作用の連続性が途絶える。作品の内容は大きく分けて二つに分割できる。指揮者→演奏者という向きの作用が強調される部分と、演奏者→指揮者という向きの作用が強調される部分である。あるいは、価値的部分（朝目を覚まし駅に向かって走り出すなど物語性がある部分）と非価値的部分（肩を一定のリズムで動かしたり、全身が痺れているような動きをしたりする物語性がない部分）といった具合にも分けられるかもしれない。

　本作品の制作動機に、『Self Unfinished』というコンテンポラリーダンス作品で知られる Xavier Le Roy の『Le Sacre du Printemps（邦訳：春の祭典）』という作品がある。この作品は簡潔に言うと、ストラヴィンスキーの『春の祭典』を音響から流しつつ、それに合わせて指揮の真似をするという作品である。

　私にはこの作品から違和感と、さらには滑稽さまでもが感じられた。それは、指揮者という役割にとって本質的とも言える、指揮者→演奏者の作用が一切ないからだ。指揮者（Xavier Le Roy）が指揮を途中で放棄したり、いい加減な指揮をしたりしたとしても、音楽はそれに一切の影響を受けない。にもかかわらず、指揮者（Xavier Le Roy）は極めて正確な指揮を続ける。（実際の演奏の指揮をかなり研究したらしい。）その結果、まるで指揮者と音楽が相互作用的に成り立っているかのようにも見えてくる。
　ここから着想を得て、『れるられる』は指揮者と演奏者との相互作用というものが一体どのようなものであるのかという問いを探ろうとする作品として作られた。そして、本作品が価値的な部分と非価値的な部分という区分けもできるということは、その相互作用性を一般的な世界にまで拡張しようと試みたことを示している。

批評―――――長沼 航
　本作品のテーマは「音楽と身体の相互作用」だ。身体が奏でる音楽と音楽によって動かされる身体の緊張関係を呈示している。そして、それは「支配－被支配関係に対する異議申し立て」にもつながる。しかし、支配－被支配関係とは言ったが、この作品は「支配側の指揮者と被支配側の音楽という関係が転倒

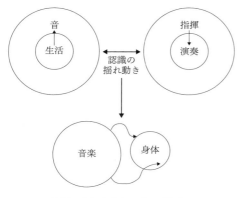

図1 『れるられる』の構成

される」といった単純な二項対立ではない。

図1はこの作品の諸要素間の関係性とその変容過程を示したものである。左上は、役者の動きを基盤に音が成立していることを表している。右上は、演奏の存在が指揮者の身振りに意味を与えていると同時に、指揮者が演奏に影響を及ぼしていることを表している。これら2つの事象は前提となるものが違うという点で異なるものである。前者では役者の身体が音の前提に、後者では音楽が指揮者の身体（の意味）の前提となっているのだ。しかし、これらの矛盾する事象は決して分化できるものではない。今ここで何が起こっているのかについての観客の認識が変わることによって、現前する指揮者＝役者と奏者の関係は変容していく。そして、この認識はいつでももう一方の認識へと再び転化していくエネルギーを持つ。かくして、不安定な認識の中で、何が何を統御しているのかは一意に定められるものではないという事実が照射される。だが、いつまでもこのアンビバレントな状況に留まることはない。作品とその中に在る主体はこの不安定性をどうにか脱却しようという推進力を持つ。奏者によって演奏される音楽は次第にその力を膨張させていき、やがて役者＝指揮者の身体から独立したものに変容し、身体を侵食していく。この音楽と身体の独立、そして音楽から身体への一方的侵食を図の下部は示している。矛盾する2つの事象から新たな状況が生まれ出るという一種の弁証法的構造は、もちろん自明視されている支配－被支配関係の疑義を露呈させるものであるが、それは単に支配と被支配の交換可能性を指摘するだけでなく、二者の間には関係があるという想定すら棄却されてしまうより強力なものであるのだ。

私は、この作品を観たときに川島素晴の《Percusswitch》という吹奏楽曲を思い出した[2]。詳しくは動画をご覧いただきたいのだが、簡単に説明すると、自律したシステムとしての音楽が存在し、それが暴走を始める。その暴走を収

め音楽を統御しようと指揮者が登場するも、指揮者も暴走してしまい、過熱した音楽によって自らが押しつぶされてしまう、という作品である。どちらの作品も、音楽における権力性を可視化することにより、現実世界における支配−被支配関係を問い直す力を持つ作品である。

　ただ、両者には違いも存在する。まず、演奏技術や設備の差だ。川島作品は前述の通り吹奏楽編成で演奏されることを前提としており、演奏者も一定程度の技術を有している。『れるられる』は授業内の発表のために作られた作品であり、演奏者の演奏技術もあまり高いとは言えず、それ以上に楽器の種類が限られ非常に限定された音色しか用いられていなかった。しかし、それゆえに日常性が強調され、作品を超えてこの世界自体に対して意識が向きやすく、本作品でテーマとされていた身体行為と音の関係や支配−被支配関係を観客に対して効果的に伝えることを可能にしていた。

　また、作品の終結部にも差異が見られる。川島作品は卒倒後にそのまま暗転して曲が終わる。それに対し、『れるられる』では卒倒した指揮者を放置して演奏者が退場するところまでを作品としている。「放置」という場面を取り入れたのは、新規性があって良い。しかし、『れるられる』の問題意識をより先鋭化させるのであれば、卒倒に至らずに彼を放置する方が効果的だったのではないかと思う。上述したように、元々は音楽と指揮者＝役者の関係は一方がもう一方の前提となるものだった。しかし、作品の最終局面において、音楽は指揮者＝役者からの独立を果たす。せっかく身体との関係性が断たれたのにも関わらず、指揮者が卒倒するまで音を奏で、影響を及ぼそうとすることに私はある種の優しさを感じた。むしろ、いくら身体を動かそうともそれに対応する音はもはや鳴らない、すなわち意味を発生させ世界に対して影響を与えることができないということの方が残酷ではないか。もちろん手法に関しては一つの提案でしかないが、何かもしくは誰かに無視され、放置され、無価値化され、世界内での意味を失い孤立する個人を描くという問題意識を観客により鋭く突き刺すためのあと一歩が欲しかった。

---

2) 「現代奏造 Tokyo」演奏《Percusswitch／川島素晴（2016 年 バンド維新作品）》
　　https://youtube/YMrO6Kzw1PE

232 創作編

1-3 「発表会」の枠をつくる　岡本 佳子

　作品をつくるのと同時に、作品に合った見せ方や観客への伝わり方も含めた「発表会そのもの」の枠を設定しましょう。これも広い意味で「つくる」ことの一環でもあります。

作品について言葉で伝える──タイトル、紹介文、解説

　観客に心の準備をしてもらうために、前もって作品について言葉で伝える方法もあります。作品タイトルはその最たるものでしょう。他の方法として発表者の名前表記を工夫したり、年度によってはちょっとしたプログラムノートを書くこともありました（2020 年音楽）。作品に自分たちの名前がクレジットされることで、発表に向けてのモチベーションが高まったように思います。実際の授業では発表会後に 800 字程度の解説を執筆しましたが、発表会の規模や公開の度合いによっては事前に書いても良いかもしれません。

各作品のタイトル例

2017 年演劇	『かくれんぼ』『まだ、先が』『アパートメント／かいらんばん』『3 名』『キョリ』
2017 年音楽	『れるられる』『ぐるぐる』『早朝の風景』『おんがく』
2018 年	『存在拾って』『oto』『あ、、』『のけものとして』『ひかれる！』
2020 年演劇	『見えない世界の発見』『数学は本当に遠かったのか』『無常』『江戸』
2020 年音楽	『思い出』『3 回生きたオレ』『famiconized rainswap』『filter』『チーズケーキ』

プログラムノート例

『famiconized rainswap』
ファミコンの音源で再現した雨の音。それを構成する 4 つの音色が鳴らす音が入れ替わっていき、そしてもとに戻る。

『チーズケーキ』
音楽を通してチーズケーキを表現した二部作です。どうぞお楽しみ下さい。

1. 創作プロセス　　233

『3回生きたオレ』
「オギャー！」周囲に響き渡る産声。外を見渡すと、新鮮なものばかり。人生ってこんな感じなのか。死後の世界。生前は想像したこともない。「オギャー！」周囲に響き渡る産声。環境が何となく前世と違うけれど、似ている箇所もある。春が来ると夏が来て、秋が来たら次は冬。面白いよね。死後の世界。あれ、こんな感じだっけ？　覚えてないな…。「オギャー！」毎回全然違う人生。色々あったけれど、どの思い出もオレにとっては宝物。

機器の動作チェック

　プロジェクタ、マイクやスピーカーなどの機器、録画や録音データを使う場合は、操作方法を念入りに練習しましょう。大丈夫だと思っていてもいざ本番になると案外できないもので、ギリギリまで創作していたために、本番でもたついてしまったチームも実際にありました。これはリハーサルを十分することで避けられます。スピーカーを Bluetooth でスマートフォンとつなぎ、演者の都合のよいタイミングでスマホでみずから音響操作していた作品もありました。

　オンライン上での発表では、各自でインターネット回線速度を調べてみて（接続テストのサービスから簡単に調べることができます）、良い環境を確保しましょう。Zoom ではオーディオや映像の設定を様々に変えることも可能です（背景画面、オリジナルサウンドの有効化、連続的な背景雑音の抑制／断続的な背景雑音の抑制など）。調べてみましょう。

観客への「見せ方」

　屋外上演や、観客参加型の作品では観客はどのように見て参加すればよいのか、そのためにどのような案内をすればいいでしょうか。観客に対して作品をどのように見せるのか、実際の作品ではこんな工夫や方法がありました。

　例えば〈創作編 1-1〉にも言及があった『キョリ』（2017 年演劇）は、東大生が駒場キャンパス近くの踏切で自殺したという架空の設定のもとつくられた作品です。キャンパスの少し端にあるデッキの空間と、キャンパスの門の一つ「梅林門」周辺が舞台になりますが、それぞれが少し離れた場所にあるため、作品の途中で観客ごと一緒に歩いて移動する必要があります。そこで役者 1

人が「案内役」になり、冒頭でどのような作品かを解説し、移動の際には観客を誘導しました。

当日は「結末がどうなるのか、私たちもわからない」という驚きのアナウンスからスタート。実際には作品終盤の絶妙なタイミングで、梅林門近くの踏切が降り、傘を落としながら上を向く「東大生」の姿、踏切の遮断機、実際に走る電車が重なり、「カン、カン、カン、…」という警報音が効果的に響いていました。

同じく『おんがく』（2017 年音楽）も観客参加型の作品です。楽器を持った4 人の「ポンコツ」たちのところへ「すごいかんとく」がやってきます。新しい劇作品の劇伴をつくるというのですが、でもポンコツたちはかんとくの言うことなんか聞いてもいません。「結局、何をするんでしたっけ？」、「劇伴を作るっていうとるやろ！」　漫才のような掛け合いのあと、さわやかな別れを表現するべく即興演奏が始まります。テーマは「またあえる日まで」。

カホンの軽快なリズムに合わせて単旋律を掛け合いながら、やがて演奏は、音楽ユニット「ゆず」の《またあえる日まで》（2002 年）のフレーズになだれ込んでいきます。ポンコツたちは歌いながら観客に参加をうながし、みんなで歌って踊って、最後はなぜか観客も「かんとく」に向かって「ばいばーい！」と宣言するところでおしまいです。楽しかった授業もこれでおしまい、という全体のフィナーレにもなりました（図2）。

図 2　『おんがく』（2017 年音楽）

作品の一回性

　さて、どんなにさまざまな工夫を凝らして準備をしていても、想定外のことは起こり得るもので、本番でうまくいかないこともあります。とくに即興を含む作品については、その場の雰囲気や演者の集中力によって大きく内容や完成度自体が変わってしまうことがあります。

　一つエピソードを紹介します。とある年度の発表会では、内容をなかなか決めることができず、つくるのにとても苦労している作品がありました。表現したいことや考えていることはたくさんあるのですが、形にすることがどうにもできないという状況です。けっきょく発表会前日ギリギリまで内容を考えており、これまで紹介したような準備を十分に行うことができませんでした。

　そして迎えた当日はというと、作品上演は大成功だったようです。「だったようです」というのは、実は講師陣はその上演を見ることができなかったためです。その作品は、小部屋に目張りをして真っ暗にして、一人の演者の持ち物を床に置いて自室を再現し、そのなかで感情を吐露しながら、即興を交えて歌うという内容でした。しかし事前の確認不足もあり、その小部屋に観客や受講生全員が入ることができなくなってしまったのです。

　そのためどうしたかというと、別日に集まって「もう一回」上演してもらうことにしました。しかし発表会当日の緊張感が続くわけがなく、「再現」とは遠いものになってしまいました。発表側としてもモチベーションが下がっているのは自覚しており、本番が非常に評価されていただけに、もっとできたのになあと落ち込んでしまう結果となってしまいました。授業という枠組みを考えれば、単位付与の条件となっている学内発表会で成功させたのですから本来であればこれでよしとするべきでしたし、またリハーサルを十分にできない状況をつくってしまったことは完全に運営側の失態でもあります。もちろん、学内発表会というある程度守られた場であるからこそ、そのような事態も許容できたと考えることもできるのですが。

　このエピソードをめぐっては、いくつか考え方があるかと思います。作品をパフォーミングアーツとして捉え、芸術的な完成度や質、同一性を保つというのもまた作品づくりのひとつであるとするのか、それともその時点での作者の心理的状態が現れることや偶然性に主眼を置いたパフォーマンスアートのよう

236 　創作編

にみなすのか。前者のように考えると、再演は「なんだか違う」という評価を受けてしまいますし、後者の場合は、再現にならなくても趣旨としてそれはそれで正しい、とみなせるでしょう。実際に講師や他の受講生からはどちらの側の声も上がりましたが、おそらく創作段階では講師も受講生もそのような区別は意識には上っていなかったかもしれません。このように即興を含むような作品であればなおのこと、前節にもあった野口さんのコンテクストの話や自作品の位置付けを考えて伝えるということが必要だったのかもしれず、プロフェッショナルでなければ（であっても、かもしれませんが）上演を成功させるのは難しいことなのだろうと痛感しました。「他ならぬこのパフォーマンス」を見ることができるのはやはりその場の一回きりであること、そして発表会という場づくりにあたってもそのことを肝に命じなければならないことを考えさせられた、ほろ苦い思い出となりました（なおこのエピソードは、次に紹介する西村太一さんの作品『あ、、』についてのものではありません）。

作品紹介『あ、、』（2018 年度）

「見る・見られる」を体感する参加型の作品。参加者は教室の中で 2 列になって互い違いで向き合って座る。作者兼観察者の合図とともに、参加者は斜め前の人を凝視する。でも凝視された人は別の斜め前の人を見ているから、視線が合うことはない。沈黙。退屈になってきてそわそわしたり、話しかけてみたり。変な空気が流れる。ずーっとそのまま視線が合うことはない。でも、共感しあう何かが確かにある。

解説————西村 太一

　私はこの作品を「見る」ということを考え直したいと思って作った。体験型の作品なので作者の意図よりも体験した人の印象の方が重視すべきだとは思うが、一応述べておくと、「見る」ということは同時に「見られる」ということも作り出す行為であることを示したかった。我々は日常生活の中で知らないうちに「絶対的な立場」へ慣れているように思う。どういうことかというと、テレビを見ている時テレビに写っている人に自分が見られているだなんてまさか思わない。本来、生活の中で当たり前に行われていたであろう、相手と自分と

1. 創作プロセス　　237

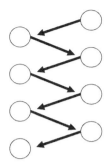

の相互作用は解体されているように思う。音楽の回でのブレインストーミングの際に思ったことで、様々な行為は解体されているようだ（楽譜のみで曲の評価をすることも、その流れの一部に思えた）。そこで、「見る」という「ありふれた」行為を用いて、「見る」自分や「見られる」自分、さらには「見る」「見られる」を同時に認識する自分を感得してもらいたいと思った。フィードバックというのとは少し違う気がするが、動き出した人がいたのは驚いた。私の説明を聞いている時に思いついたものらしく、随分と「見られる」ということを意識しているなと思った。私は作品を始める前の説明では、意図して「見られる」ことを言わなかったので、もともと「見られる」ことを意識している人なのかなと思い、自身の性質によって作品の解釈がかなり変わることを思った。自身の性質によって解釈が変わるということだと、普段パフォーマンスをしているため、「見られる」ことに慣れているために特段気にならない方もおり、一方で「見られる」ことに強い不快感を示す方もいた。作品が伝わるというのは、制作者が意図したことが鑑賞者や体験者に伝わることを必ずしも意味せず、作品に鑑賞者や体験者が没入できることだと思った。ちゃんと入り口を示して作品に入っていただくのが、伝えることだと思った。

批評――――南平 悠希子
　西村君がまず作品への参加者を募り、参加しない人は退室するように言った。その後、参加者は西村君の指示に従いつつ各自で他の参加者との間隔を取って座った。各参加者は指定された相手を上演中ずっと見続けるように指示された。

238 　創作編

作品が始まると西村君は退室し、途中で入室し、再び退室すると知らされた。上演中は参加者が思い思いに行動した。時間が経つにつれて動く人が増えた。またその動きは、足を組みなおしたりあくびをしたりといった自分一人で完結するものから、笑わせようとしたりじゃんけんしようとしたりといった他の参加者に働きかけるものになっていった。西村君が途中で入室すると参加者の動きが小さくなった。

　授業時などの話によると西村君は、複数人を互いに見る・見られるの状況に置いた時に、その人たちの無意識的な行動がどう表れるのかということと、その人たちが更に外から見られると行動がどう変化するのかということを実験しようとした。

　各参加者が見るように指定された人以外の人も視界に入るような配置だったのは、複数人でのコミュニケーションを取ろうとする行動を生んで面白かった。無意識的な行動としては自分一人で完結する動きが想定されていたと思うが、実際には他の参加者に働きかける動きも見られた。だがこの働きかけも、互いに関係しているという意識を共有している人々が手持無沙汰な一定の長さの時間を共に過ごす状況で自然と出たものだとすると、無意識的なものだといえる。また、フィードバックの時に、見返されたり怒られたりする心配なく他人をじろじろ見られる時間を贅沢に感じたという人がいたが、この感覚は渋谷のハロウィーンの騒動の参加者に似ていると思う。ハロウィーンの騒動では、道路を占拠したり大声を出したりしても、一部の逮捕者を除けば参加者に個別に直接反応が返ってくることはない。この作品の参加者もハロウィーンの騒動の参加者も、日常では想定されるような自分への不利益が生じない空間では、きっかけが与えられると日常はしないことをして快感を感じるという点で似ていた。

1-4　フィードバックや評価をもらう　岡本 佳子

　授業では発表前の準備として中間発表やリハーサル、本番前のゲネプロ（最終の通しリハーサル）を行い、講師や参加者同士でコメントをつけあうことで作品の完成度を高める作業をしました（紙のメモで書いたものを集約したりSlack などでまとめておくと、あとから見返すことができます）。そして実際

の発表会では時間が許す限り、観客からも感想や講評をいただきました。

「自分が」つくったものを人前に出すというのは、とても勇気のいることです。2018年の受講生の中には、発表会本番の直後からしばらく、震えて汗だくになっていた人がいたのがとても印象的でした。曰く、このような体験が初めてで、とにかく緊張していたとのこと。自身が思い入れを持って作ったものを差し出して他人から感想を得るというのは、人に愛を告白するのと同じくらいか、それ以上に緊張することなのかもしれません。そもそも差し出して受け取ってもらえるのか、喜んでもらえるのか、どのような感想が返ってくるのか……。普段大学で、「ブラックホール」のようなものに向かってレポートを提出している感覚とはまったく異なる状況です（実際は成績評価という形でフィードバックが返ってはくるのですが）。このように、自分がこれまで経験したことのないこと、ここでは自分を晒すような行為自体が、一つの自身の回路を切り開いた貴重な体験だったと言えるでしょう。

もちろん返ってくるのは賞賛や激励だけではなく、残念ながら非常に辛辣なコメントであることもあります。もうひとつほろ苦いエピソードがあります。2020年のオンライン授業での音楽の発表会のときのことです。プロのアーティストの方々からの非常に率直な感想として、大意として「小手先だけ学んで芸術がなんたるかをわかった気になっている」、「頑張っている自分たちを褒めて欲しい、コロナの中でもみんな楽しくてよかったねといったセンチメンタルな空間を醸成して満足しているのではないか」……といった指摘がありました。確かに「Zoomネイティブ」といった賛辞が出てきた演劇と比較すると、音楽においては音のディレイによる失敗を意識するあまり、ほとんどのチームが最終的に録画／録音を用いた作品になっていました。それらの課題に果敢にチャレンジしなかったのが残念、という印象を持たれてしまったようです。

観客に対して発表会の趣旨や背景や経緯（1週間前後で創作していることなど）の説明が足りなかった運営側の落ち度もありましたし、今から振り返ると、コロナ禍の真っ最中におけるZoomの発表会なのだから、皆が苦労しているなかで何か若い学生たちによる斬新な発想があるのではないか……と、観客やほかならぬ私たちの期待のハードルが上がってしまった側面もおそらくあったと考えています。

240　創作編

　しかし、この授業の主眼は、まずは試行してみることで芸術と自分との関わりを見つめ、さらにつくることで関係性を深めながら、自分の表現の可能性や生き方をどれだけ広げることができるかというところにあります。発表会を通じてフィードバックをもらっているので自己完結はしていないこと、また評価軸は合否判定であるということを考えると、先ほどの一回性の話とつながりますが、授業の目的が達せられたという観点では「このままで良い」というのが私たちとしての大前提の考えです。

　ただし、もちろんどうしても人間ですから、観客側や開講側から見ていると「それ以上」、つまりかなりの質の高さを思わず求めてしまうことがあり、そのあたりの匙加減は常に意識しておくべきことでした。合否判定であってもわかりやすいように評価方法をルーブリック[3]等で学外にも明確に示しておく必要があったかもしれませんし、もしさらに詳細な評価（優・良・可・不可）を行なわなければならない場合は、より一層の検討が求められるところでしょう。

　成績評価の話はさておき、前節の作品の一回性のエピソードとも合わせて、作品を思い切って晒け出してみた結果、失敗してしまったり、何かしらうまくいかないことや周囲から思いもよらない反応が返ってくることは十分あり得ます。そしてそれを受けて自分自身が深く傷ついてしまうことも確かにあるでしょう（ちなみにそういう場合、講師側もたいてい感情的に揺さぶられています）。ですが、他ならぬ自分にしかつくることのできない大切な作品です。周りがある程度フォローすることは可能ではありますが、究極的なところでは自分が守るしかない部分もあります。もういいや、と目を背けたりほっぽってしまうのではなく（いえ、自分を守るために少しの間はそうしてもよいとは思いますが）、後悔のないよう大事にしてほしいと思います。

　　作品紹介『無常』（2020 年度・演劇）

仲良くおしゃべりしている 4 人。楽しそうに自分たちの特技を披露しているけれども、どうやら彼らにはそれぞれ悩みがあり、何よりも人間に虐げられているらしい……。そう、この 4 人は人間ではなく、炎、鏡、電車、漆器であることがだんだ

---

3) 評価の観点と、観点の尺度を数段階に分けて文章で示した評価基準のツール。

んわかってくる。そんな楽しいおしゃべりの時間も、「キキー！」というブレーキ音とともに突如終わりを告げる。

解説（落書き）─────米倉 悠記

　今回、僕は物に委託して劇を演ずるという、とても貴重な体験をさせて頂いたわけですが、その過程で思い出したことは沢山ありました。と言うのも今回演じたのは、「自分から遠い存在」ではあるものの、僕の憧れの存在であり、実際に目にかかったことが何回かあるものだったからです。例えば常磐線を例にとってみると、実は常磐線が震災後初めて全線で運転を再開したのはたった4ヶ月前のことで、復旧作業が完全に終わってからまだそれほど時間が経っていません。そうした場所を走っている常磐線の車両の気持ちってどうなんだろう、と考えてみると複雑な心境です（※僕はある意味部外者なので、もしこの文章を読んで「図々しいなコイツ」みたいに気に障った方がいらっしゃったらごめんなさい。一応申し上げると、これは僕が以前常磐線で福島県を通っていた時の経験も思い起こして書いております。ただの空想ではございません）。こうした、通常滅多に考えないようなことを今回の演劇で考えさせて頂けたのは、本当に良い気分転換になりました。これは私が理系ということもあるかもしれませんが、普段物を観察する時にその個性や気持ちを考えることはまずありません。というのも、（これは例外もあると思いますが）一般に理系では観察する対象を無個性化する、つまり同じ物質なら（例えば、カリウムならカリウム、ヘリウムならヘリウム）皆同じ条件を与えれば同じ法則に従って動くだろう、と考えるのです。究極の例で言えば、ニュートンの運動方程式は、全ての物体に対して成り立つ法則として編み出された物です。全く同じ物質でもこの分子はこういう性格をもつけどあの分子はああいう性格があるねぇ、なんてことはまず考えないのです。

　こうした脱個性的な見方が悪いと申し上げるつもりは全くありません。むしろ、こうした見方のおかげで現代社会が成り立っていると言っても過言ではないでしょう。しかし、このように人間視点から理性的に考えるのではなく、感性的に、物の立場になってみるという今回の試みは、個人的にとても貴重な経験でしたし、とても面白かったです。一方で、西尾先生が指摘されていたよう

に、自分の演出に改善の余地があったことは否めません。ゲネプロみたくタイトルを最後に言った方が効果的だった、という指摘を頂戴したのですが、確かにその点についてはもっと考えるべきだったかもしれません。普段であれば、我々が何か映画などを見る時は、タイトルは先に見る方が多いでしょう。しかし、そのような暗黙の常識に自分が縛られていたのは反省の余地がありました。実はゲネプロの時にタイトルを最後に言ったのは、単純に最初に言う予定だったのを忘れてしまって、最後にアドリブで慌ててタイトルを付け加えただけだったのですが、そうした失敗から得られるものは本当になかったのか、もっと思考をめぐらしてみるべきだったと思います。

批評————中務 敬

　4人がそれぞれ「鏡」「漆器」「炎」「電車」の役を担当する。この作品の素晴らしい点は観客が積極的に観賞することができるという点ではないかと思う。冒頭、何気ない会話から物語が始まる。一見、普通の若者の日常会話のようであるが何か様子がおかしい。次第に観客は「もしや彼らは人間ではないのではないか」との可能性に思い当たる。そこから、目の前で行われている会話をただ受け入れるという受動的な鑑賞から、彼ら4人の正体へと想像を巡らせる積極的な鑑賞に移行する。注意してみると、彼らの会話のあちこちにヒントが巧みにめぐらされていることに気づく。観客を強制的に作品の中に引き込むのではなく、あくまで観客の「彼らの正体が何か知りたい」という能動的な動機によって積極的に作品に参加させる。その手法が見事だと感じた。

　この作品を鑑賞したとき、ある小説が思い浮かんだ。安部公房の『壁』である。この物語の主人公は名前を奪われ、彼の「名刺」に生活を乗っ取られて、徹底的に不条理な状況に追い詰められていくという話である。この話の中で、主人公の所有物である上衣やズボン、靴、眼鏡、ネクタイ、万年筆、時計などが意志を持ったように動き出し、人間のように言葉を交わして、主人公に対して革命を企てる場面がある。主人公の所有物として長い間隷属せざるをえなかった過去から脱却し、主体性を回復しようというのである。「死んだ有機物から生きている無機物へ！」とは彼らのスローガンである。ここに実存主義的なものを感じる。人間は実存が先行するが、物は本質が先行する。できるだけ機

能性や美しさを追い求めて生産された後は当初の目的に沿って使用されるだけである。『無常』も、本来人格を持たない、「無機物」的な存在に人格を与えて人間と同じように振る舞わせることで、実存の後に続く本質を追い求める人間の姿に重ね合わせ、「他者」というものを捉えようとした作品であると考えた。

作品紹介『チーズケーキ』（2020 年度・音楽）

二部構成の音楽作品。第 1 部はチーズケーキが作られていく様子を、「たまご」「グラニュー糖」といった原材料名を言う声や道具が出す音を加工して表現したもの。第 2 部は、実際にカフェで食べる雰囲気が BGM や会話の音声を使って表現される。耳で聞いているだけなのにお腹いっぱいになる作品。

制作の経緯―――折井 森音

■ 7/10（金） 他のチーム全てが抽象的なもの・概念を主題にしているので、非常に具体的なものを題材とするチームがあっても良いのではないかと思い、野中さんが提案した「チーズケーキ」をテーマとして選定。

■ 7/11（土） チーズケーキについて調べた事や気付いた事を Slack で共有。野中さんが制作までの大まかなスケジュールを作成。

■ 7/12（日） Zoom 会議で作品のコンセプトとおおよその構成を決定。野中さんが制作の具体的なスケジュールを作成。

■ 7/13（月） 7/14（火）制作。（録音→ GarageBand で編集→また必要な音が出てきたら録音…の繰り返し）

■ 7/14（火） 中間発表とフィードバック。

■ 7/15（水） 中間発表で出たフィードバックを踏まえ、修正の方向性を相談。修正。

■ 7/16（木） 野口先生からのフィードバックを踏まえ、更に修正。プログラムノートも作成。

■ 7/17（金） ゲネプロ・最終発表。

244 創作編

解説―――――野中 玲央

　ワークショップを自分で作った経験があり、その経験に基づいて作品を作りました。そのワークショップを作るときに参考にしたのが安斎勇樹先生他2人による『ワークショップデザイン論』です。安斎ほか（2013）によれば、ワークショップを作るときは、要望と制約条件を明らかにする、チームメンバー内の価値観を共有、参加者の想像、リサーチ、コンセプト生成、プログラム生成というプロセスを踏みます[4]。それに倣って、今回の作品の要望と制約条件を確認した上で、コンセプトを作りました。コンセプトを作るときも、安斎らによって述べられていた、ワークショップで何を学ぶかを考えてそこから何をするべきかを考えるという思考と、何をやりたいかを考えてそこから何が学ぶことができそうかを考えるという思考を繰り返すという方法を模倣しました。具体的には、作品によって何を表現したいかを考えてからそれを表現するための手段を考え、その手段が何を表現するのに適していそうかを考える、という思考を何回か繰り返しました。しかし時間の都合上リサーチや価値観の共有は行えず、そこは反省すべきです。

　コンセプトとしては、一つ目にチーズケーキの材料を単語にして、それを楽器にしてチーズケーキを作る工程を表現すること、二つ目に、チーズケーキを友人と食べに行くときに発されそうな音を楽器にして、チーズケーキを友人と食べに行くということを表現することが決まりました。僕は後者を担当しました。僕の作った方は、その音楽の構成が、僕がよく聞くPSYQUIさんの音楽の影響を受けている部分があると思います。例えば、8小節ごとに場面を変えているところなどです。また、僕の音楽は、初めは楽器を一つにして、次に楽器を少し追加し、その次は一旦盛り上げて、その次盛り下げる、という構成が最初にありますが、同様の構成がPSYQUIさんの "Start Up feat. Such" という曲や、"Funk Assembly" という曲にみられます。これによって何をやっているのかわかりやすくなったと感じています。

　しかし、表現内容がチーズケーキという料理や、それを食べる行為であり、何か普段気になっていることを表したわけではないため、芸術と言えるかと言

4）山内祐平・森玲奈・安斎勇樹（2013）『ワークショップデザイン論』慶應義塾大学出版会

われると芸術というよりかはデザインに近いのではないかと考えます。ワークショップでは自分の気になっていることを自分で反映できたのですが、二人になると遠慮してしまったのかもしれません。二人それぞれの「気になっていること」をどのようにして「チームの気になっていること」にするのかは非常に複雑な問いだと思います。

批評————上山 裕也

　このストーリーは題名を見たときから始まっている。「チーズケーキ」という文字を見たとき、どんな音楽を思い浮かべるだろうか？　クラシックぽいのか。それとも可愛らしいポップな音楽が始まるのか。そんなことを思っていると、突然はじまるのは電子音楽。そこで題名の文字列と音のギャップに度肝を抜かれる。普段なら決して交わらないような２つのイメージが頭の中で急にミックスされ、頭の中になんとも言えない謎の物体が出現する。

　そして驚いているのもつかの間、耳に入ってくる音に違和感を覚える。ただの音ではなく、その音自体に意味を感じることに気づく。何度も聞いていると、それは「ぐらにゅーとう」と繰り返しており、それが「グラニュー糖」であることに気づいた瞬間、頭の中の謎の物体がチーズケーキへと早変わりする。同時に、楽曲を構成している各音がそれぞれ役割を持って映像を映し出すようになり、チーズケーキを作っているシーンが鮮明に思い浮かぶようになった。所々で聞こえる、かき混ぜる音、金属音、そして素材の呼び声が題名の「チーズケーキ」に向けて一斉に歩き出したあの感覚は、忘れがたいものである。この作品は、あえて少ない情報量を出すことによって、聞き手側の思考を促し、音楽だけでは表しきれない映像をも聞き手の頭の中で上映することに成功したのだった。

　聞き手がこの楽曲が何をどう表しているかに気づいた後、舞台は別の場所へ移動する。前半では視点が机間近で低かったものが、人間の目線の高さまで上昇し、それまであまり表に出てこなかった人間の存在を感じるようになる。それにより作品に親しみや過去の記憶が干渉するようになり、さらに立体感の増したものとなった。

　背景の金属音、映像の色を規定するような電子音、人同士の会話音がそれぞ

246　創作編

れ主張しつつ調和することで、音楽を聞いているだけなのに、まるで映画を見ているような一つの奥深い視覚体験を得られるのが、この作品の最大の特徴だと考える。

2. 発表会を終えて

　発表会、お疲れさまでした！　いかがでしたでしょうか。実際の授業では発表会内容を踏まえての最終レポート提出がありましたが、皆で集まって会える機会という意味では、これでもう授業は終わりです。最後に授業評価のアンケートに回答してもらい、そして発表会が終わった後もなんとなく名残惜しいなと思った人たちは、最後に別日にキャンパス内でささやかに打ち上げをしました（オンラインでも実施しました！）。撮影した発表会の動画を視聴して自分の様子を振り返ったり、感想を話したり、ご飯を食べたり、受講生による幹事がいる年度にはクイズがあったり。もちろん、この授業の枠組み自体へのフィードバックや改善点ももらいました。嬉しいことに、受講生同士でその後も関係性が続いた人もいるようです。

　「はじめに」でも述べたように、ワークショップや授業を作ること自体に、私たちも手探りで取り組んでいました。そのようななかで芸術を専門に学んでいるわけではない学生たちに対して、1、2週間でつくって発表せよというのはただの無茶ぶりではないかと、ハラハラしながら毎回発表会を迎えていたのを覚えています。確かに実際に大きく負担をかけていたところもあったかもしれず、発表会の有無は受講生の様子を見ながら決めたり、何かあったときはフォローすることが必要でしょう。ですが、ふたを開けてみればのびのびと魅力的な作品が並び、観客として素直に楽しんだ本番当日ばかりでした。

　ここで掲載してきた解説は発表会後に書いてもらったものですが、それぞれの作品へのこだわりや深い思索に満ちていて、また批評には、創作者へのリスペクトを基本に持ちつつ、踏み込んだ分析や指摘、多様な作品理解や更なる可能性の検討が見られました。この解説・批評だけでなく、Slack や Facebook をとおした授業内外の議論においても、受講生たちはお互いに「意見が聞きた

い、もっと話したい」と熱を持って交流していたように思います。勝手な思い込みで、学部の1、2年生なんてもっと「失敗したくない」ものかと思っていましたが、みんなとても素直でオープンで思い切りがよく驚きました。自分と他人を信頼して、場に自分をひらく力があれば作品は生まれることを、講師である私たちの方が教わった貴重な時間でした。

　授業評価アンケート（無記名）の自由回答欄や、最終レポートに自発的に書いてくれた授業全体の感想から、いくつか声を拾ってみます。全体をとおして「楽しかった！」というポジティブな気持ちが伝わってきます。具体的な指摘としては、週2回実施という枠組みによって授業内容が濃密になり、良かったということでした。

- すっごく面白かったです！　先生に教えられるのではなく、自分で、自分たちでなにかをつくり出してそれを受け入れるって、すごくよい経験だったと思います。[……] でもそうですね、もう少し一人一人が自分の意見を個人として発表する場があった方がかたよりがなくてよいと思います。
- 何よりも即興演奏が楽しくてしょうがなかったです！
- 神授業でした！　週2回あるのに内容が溢れてちょっと消化不良感があったので、ちょっと絞るか週3回くらいにしてもらっても。でもこの消化不良感もまたよいのかも
- 週2コマなのが逆によかった（授業かぶっててとれないって言ってた人もいたようですが……）
- 先生もTAもゲストの方々も、対応が本当に丁寧で、感謝の気持ちでいっぱいです。最後まで温かく見守って下さってありがとうございました。

　さて、ここで実際の授業風景から離れて、数年後の「現在」に目を向けてみましょう。本章の最後に収録するのは、2017年、2018年に参加した元受講生3名による座談会です。彼らにとってはずいぶんと前の、それぞれたった一回受講したきりの授業ではありますが、今から振り返って何か感じることがある

か、それともないのか、語ってもらいました。もちろん彼らは4年間の大学生活で他の多くの授業を受講しさまざまな課外活動を経験しているので、この授業「だけ」による効果や影響を示すことは困難でしょう。ですがそれでも彼らのなかで「教養としての芸術学」の体験が印象深く残っているとのコメントや、価値観が多少なりとも変わったといった実感を、6年近く経ってからも得ることができました。

元受講生による座談会

「どういうふうに考えるのか」は、作ることを通じて得ることができる

中尾 幸志郎さん（2017 年度受講、2018 年度ティーチング・アシスタント）
増渕 健太さん（2017 年度受講）
南平 悠希子さん（2018 年度受講）

2023 年 7 月 17 日、東京大学駒場第 I キャンパスで実施。聞き手は西尾を中心とした講師 3 名。構成：河野桃子（ライター・編集）、写真撮影：三浦雨林

　「教養としての芸術学」を経て大学を卒業し、次に歩みを進めた受講生たちは、授業の経験をどう振り返っているのでしょうか。2017 年度・2018 年度それぞれに参加した 3 名による座談会をおこないました。

それぞれの現在地〜受講からこれまでの道筋

——久しぶりに皆さんに会えて本当に嬉しいです。今は何をしていますか？　大学で授業をとっていた時からどんな道筋を辿ったのか教えてください。

中尾　2017 年当時は 2 年生で、教養学部の現代思想コースという現代哲学を学ぶところに進み、卒論では演劇のことを書きました。ポーランドのイェジー・グロトフスキという演出家についてです。それから大学院に行こうかと思っていましたが、単位が足りてなくて留年してしまって。夏休みに相馬千秋さんが代表理事をつとめる芸術公社の「みちのくアート巡礼キャンプ」という企画に参加して、福島県の浜通りでいろんなアーティストや研究者の方の話を聞いたりと 1 週間ほど自由にリサーチし、最後に喜多方で発表しました。そこで出会った地元の酒造の会長さんと意気投合して「こっちでいろいろ勉強したら」と誘っていただいて、1 年ほど福島にいました。農業をしたり、リフォームした古民家でカフェや演劇や合宿をしていたんですが、お金を稼ぐことが大変だったので、東京に戻って友達の勤めるIT 企業に紹介してもらい、今はそこでエンジニアをしています。

増渕　僕は、当時は理科一類の 1 年生かな。高校生の頃から山中俊治先生という元日産のプロダクトデザイナーの方の作品が好きだったので、山中先生のご出身である、東大工学部の機械工学科に進みました。大学院は学際情報学府へ。マイルス・ペニントン教授のいる、先端科学技術とデザインのコラボレーションに新たな価値を創造するという生産技術研究所の研究室で 2 年間デザインの勉強をしてい

中尾 幸志郎（なかお こうしろう）

長崎県生まれ。東京大学教養学部教養学科超域文化科学分科現代思想コース卒業。演出家、散策者主宰。舞台芸術の制作を通して、生命体としての人間のポテンシャルを探究するとともに、個人と集団の関わり合いを具体的に捉えなおそうとしている。最近は、「食べる」ことと「触れる」ことが、人間社会をどのように形作ってきたか、またそれは社会の〈外〉とどのようにつながっているかということに関心がある。また IT エンジニアとして、日々システムの設計・開発や RPA の導入支援などに取り組んでいる。2023 年 9 月現在、自身のサイト（https://koshironakao.com）で日記を投稿中。

増渕 健太（ますぶち けんた）

東京都生まれ。東京大学教養学部理科一類・工学部機械工学科を経て、東京大学大学院学際情報学府修士課程修了。大学院では科学技術とデザインの融合による新たな価値創造について実践を通した研究を行い、現在は通信企業のデザイナー・デザインリサーチャーとして、「愛される社会インフラ」のデザインに取り組む。その一方で、数学・建築・美術などさまざまな分野のコラボレーターとともに、より思索的に人間と人工物のあり方を探索する作品制作にも精力的に取り組む。

南平 悠希子（みなみひら ゆきこ）

大阪府生まれ。受講当時は、東京大学教養学部文科一類の 1 年生。教養学部教養学科総合社会科学分科の国際関係論コースを卒業後、現在は大学院で法哲学を研究している。「なぜ自分が法律を守るんだろう」ということに疑問を持っている。功利主義的に、罪を犯すことによるリスクと、罪を犯すことにより得られるアメニティとの比較衡量からして法律を守るという説明もできるが、それは果たして法律を守ることを正当化しているのか考える日々。家で珈琲を淹れるのが好きで、演劇やオペラを観に行ったり、美術館に行くことも多い。

ました。この春からは大手の通信系の企業に就職して、最近立ち上がったばかりの
デザイン部署で UX デザイナーとデザインリサーチャーのようなことをしていま
す。仕事内容はビジネスエスノグラフィに近いですね。ビジネスエスノグラフィと
いうのは、有名な例でいえば、新しいベビーカーを作ろうという時に、スーパーで
子どもを連れたお母さんたちが片手でベビーカーを押している様子をヒントにして
片手で操縦できるコンパクトなベビーカーが開発されたり、また、アフリカの子ど
もたちの就学率を上げるために、遠くまで水を汲みに行く労働者である子ども達が
効率よく水を運ぶためのものを用意して学校に行く時間を作った、というものなど
があります。このふたつは壮大な例ですが、ある問題を解決するためにユーザーが
なぜ困っているかをリサーチしています。

南平　私が受講していた時は文科一類の 1 年生の秋でした。それから教養学部の
国際関係論コースに進んだ後、本郷にある法学政治学研究科で大学院に入学し、今
は法哲学を専攻する修士 1 年です。研究がしたかったというよりも、10 年くらい
前からずっとただ一つのことだけが知りたくて、それを知るためになるべく近いと
ころはここかなと思って今の所属にいます。大まかに言うと「なぜ自分が法律を守
るんだろう」ということに疑問があるんです。たとえば「カバンを掏られた」と警
察署に行っても、おそらく被害届は受理されるけど捜査はされないんですよね。で
も次の日、道端でばったり昨日掏った人と会って、仮にその人をブスッと刺したら
90% 以上の確率で検挙されるんですよね。同じ刑法に定められている罪なのに、
うち一方の罪は刑事訴訟手続きが進行されず、もう一方は裁判まで進行する。そう
いう状況でなぜ自分はその人のことを刺さないのかというと、ひとつは功利主義的
に、刺すことによるリスクと、刺すことにより得られるもの（アメニティ）との比
較衡量からして法律を守るという説明もできますけど、それは果たして法律を守る
ことを正当化しているのか、というのがずっと疑問です。

──すごく興味深いです。みなさん全然違う場所にいるんですね。

他の授業とは違う回路でコミュニケーションに向かう
〜 2017 年度と 2018 年度の実施内容の違い〜

──2017 年度に受講していた増渕くんと、2018 年度に受講していた南平さん、
それぞれどんなことをしていたのか振り返っていただきたいです。両方を知ってい
る中尾くんからもぜひコメントをお願いします。

増渕　2017 年度は演劇のパートと音楽のパートがしっかり分かれていて、それぞ
れグループになって作品を作りました。演劇のパートは、最初の授業で西尾さんの

作品の記録映像をみんなで鑑賞して、それからいろんな文章を読んだりディスカッションをしながら、最終的にサイトスペシフィックな作品を作るという課題がありましたね。音楽のパートも近い構成で、理論的な背景として歴史的な流れやいろんな考え方を学びながら、作曲や演奏も体験していきました。みんなで楽器を持ち寄っておのおのが長い音を出しながら重ねるワークは、特に印象に残っています。そうして最後に作品を作ってみんなで共有していくという授業でした。

南平　そうなんですね。2018年度が大きく違っていたことは、演劇と音楽は分かれていなくて、最後にひとつの作品を発表する構成でした。そこに至るまでに、演劇と音楽の授業が交代でありました。演劇の方は、最初は家族について考えてみるという授業で、受講者同士で疑似的に家族を作って即興で演じたりしました。ほかには詩を読んで話し合うとか、ホロコーストの収容所内を描いた映画を見て意見を交換するみたいな鑑賞もありました。音楽の方は、野口さんが持ってきてくださったいろんな楽器を使ってどんな音が出るか試してみるとか、自分たちの声を使って連続的に音を出すことで、反響音や倍音をつくりだす体験をしました。教室の外に出て目隠しをして、どういう音が聞こえるかを感じたり、この場所で作るとしたらどういう作品があるんだろうと場所の特徴を見るような時間もありましたね。

中尾　どちらの年も、演劇のパートではいろんな形でのコミュニケーションをやってみたんだと思います。印象的だったのは、鳥公園の作品を観てみんなで話したことや、二人一組になって一人は絵を見て言葉で説明して、もう一人は言葉だけを聞いて「こういう絵かな」と想像して描いたり、読んだ詩の作家になりきってみんな

からの質問に答えたり……フィクションを通して、普段喋っている時とは違う回路でコミュニケーションを取るということを、ワークショップの形式でやっていました。音楽のパートは、共感覚や、倍音や、音を出して共鳴することのような、言葉によるコミュニケーションのひとつ手前のことをやっていたなと。どちらも他の授業とは違っていて、ロジカルな頭の使い方や、決まったコミュニケーションとは違う回路で体を動かしたり話したりしていたと思います。

——2年とも自分たちで作品を作りましたが、作ることについてはどう感じていましたか？

中尾　最終的な作品発表については、見た人にどう思われるかを客観的に考える余裕もなく、ワーッと一生懸命アイデアを出し合って、どうなるかわからないけれど「えいやっ」と出したので、あんまり覚えてないんですよ。増渕くんはどうでした？

増渕　今思うと、当時はなぜか鬼のように作品を作っていましたね。他の授業でも、メディアアートの作品を作ったり、フィールドレコーディングして短期間で作品にしたり、個人でもいろいろ活動をしていました。そんななかで「教養としての芸術学」が新鮮だったことは、感覚や感情や素朴な発見をグループで共有しながら作ったこと。それを無邪気にやるのはすごく面白い経験でした。ある意味で、今仕事としてやっていることとは対極にあるんですけどね。

南平　私は「向いていないな」と思いながらずっとやっていた記憶があります。レポートのように「これはこうだからこうです」と説明する方が向いているんだなと改めて感じていました。もう少し作り方を教えてもらいたかったですね。

——授業では講師のやり方を紹介はしますが、それをそのままやるよりも、それぞれの人が自分の切実さに触れた方法で作品を作るトライをして欲しいと考えていました。結局、作り方ってその人が自分で作るしかないんですね。

南平　授業の中で、鳥公園さんの作品を観て、作者の立場に立って質問に答えるということをやりました。「これはどういう意味なんですか？」というやりとりが何回かあった後に、誰かが作者である西尾さんに「実際はどういう意味なんですか？」とお聞きしたら「いや、何の意味もありません」って答えられたんです。それで、意味のない部分や、説明する意味のない表現を選ぶことについて、作品の背景にある過程を知りたくて「作り方を知りたい」と思ったんですよね。

中尾　確かに授業自体は作り方を教えてくれるものではなく、みんなで文章を読んだり、「ああでもない」と議論をしたりしましたね。それで最終的にはどうやって作品を作ったのか、僕は南平さんと一緒に作りましたが、どうやっていたのか覚えていますか？　題材にした事件のリサーチを一緒にしたのは覚えているんですけ

254　創作編

ど、必死だったこともあってあまり覚えていなくて……。

南平　リサーチを始める前の週に、台本みたいなものを書いてくるという課題が出たんですよね。その時に私がその事件についてニュース調に読み上げたものを書いてみんなに配ったところ「最終発表を中尾さんとやってください」と割り振りがあって、一緒に作るにあたって私が説明文的な調子以外で文章を書くのが難しかったこともあり、「じゃあリサーチして出てきた言葉の中から拾ってきてそれを使おうか」というお話になったと思います。

中尾　ああ、そうでした。振り返るととにかく一生懸命でしたね。

見られることを踏まえて、見ることの気づき〜受講生同士の批評・解説〜

──演劇パートでも音楽パートでも、他の受講生の作品について批評や解説を書く課題がありました。プロの作品を鑑賞者として見るのとはまた違った経験だったと思うんですが、どうでしたか？

増渕　劇評を書いたんですよね。他人の作ったものに対して、どうやって作ったのかその視点への想像をふくらませながら作品について説明などを書く経験はあまりしたことがないので、すごく苦労しました。今読み返すと、一生懸命考えて書いたんだなってちょっと笑っちゃう（笑）。とくにこの授業は、点数がつかない気楽さがありますし、自分に対して頑張って問いかけた気がします。僕はもともとすごく共感性が低いタイプなので、大変でした。

中尾　批評とか劇評みたいなものに触れるきっかけにもなりましたね。書くことが課題として与えられていたので、あらかじめ「この班の発表について自分は書くんだ」と織り込んだ状態で作品を見る。そういった見方は、今までいろんな映画や音楽に触れる中でやってきていなかったことでした。「書く前提で見る」となって初めてそういうモードでの鑑賞を知ったし、一生懸命見ました。かつ、自分の発表も他の人に書かれるという緊張感もあり、自分の作品はどうだろうと考える振り返りにもなりました。他の授業とまったく違ったことは、同じ作品を見ても「自分はこう考えたけれど他の人はこうだった」とか、自分の作品について誰かが書いてくれたものを読んで「こういうふうにも見えるんだ」と気づいたりもして、いろんなものを束ねながら書いたり読んだりするような経験だったことです。レポートを書くのとも、プロの作品を見て批評を書くのとも違う。一緒に作った人たちの、いわば同志のような作品について書く時の気持ちのこもり方や、考えのめぐらせ方が、自分の作り方に影響することもありました。いろいろな要素が混ざっていた、独特な「書く経験」でしたね。

南平　自分が作品を作るよりはやりやすかったように思います。授業の前から、演劇を観に行っても作品を楽しむと同時に頭の中で「これはこう、あれはこう」とずっと話しているので、それをそのまま書くといいのかなと思いました。印象的だったのが、他の受講生の書いた脚本の中で「電車に轢かれかけた人が鹿の目をした」と書いてたんです。西尾さんが「鹿の目をした、ってどこから思いついたの？」と聞くと「いや、ふっと出てきた」って彼が答えてて。

作品とは、誰が誰を消費するものだろうか〜授業で印象的だったこと〜

——当時の授業にまつわることで印象に残っていることを教えてください。

中尾　一番記憶に残っているのは、ちょうどその頃、駒場祭（駒場キャンパスで秋に開催される学園祭）の「文三劇場[1]」に向けて脚本を書いたり演劇を見始めていた時期だったんです。「なにかを作りたい」「作り方を知りたい」という思いがあってこの授業を受講して、授業の後も西尾さんにいろいろ質問していましたね。今でも作品を作っていることを考えると、なにかを作りたい思いが強かった時期に、創作のことをいろんな人と話して考える時間があったことはすごく大きな経験でした。大学で受けた授業の中でも一番印象的だったかな。

増渕　僕も、ものづくりに限らず「作り方の作り方」のようなことに興味があって、その中で特によくわからなかったのが演劇でした。音楽についても、エンタメ性の高い音楽のバックグラウンドや、ずっと続けている和太鼓に関連する日本の伝統音楽の知識はあったりするんですけれど、西洋的な文脈はよくわかっていなかった。だからこの授業で、純粋な興味や感覚みたいなものをベースにした内的な向き合い方ができたことは、自分にとって面白い引き出しになっているなと最近になって振り返っています。

中尾　南平さんはどうですか？

南平　授業期間中に池袋で東京芸術祭をやっていて、野外劇『三文オペラ』のゲネプロに西尾さんと一緒に行かせていただいたことが印象的でしたね。その場所でやることの意味を初めて実感しました。内容は、西洋のどこかの町の貧民たちがドタバタ劇を繰り広げるんですが、上演時間が夕方から夜にかけてだったので、会場の向かいのビルが一面のネオンになっていく様子が借景としてハマっていました。もうひとつ、野外劇をやるにあたって、ステージと客席をポールと三角コーンで囲む

1）駒場祭では「文三劇場」という有志団体が運営面を統括することで、演劇をやりたい学生が誰でも気軽に作品を発表できる枠組みが用意されている。

駒場を皆で散策

んですけれど、1mほど離れたところでホームレスの人が10人ぐらい床に座って煙草を吹かしていたんです。その人たちは別にこっちでやっている演劇のことなんか全然見ていない。その時に、この作品は誰が誰のことを書いて、誰が消費してるんだろうってすごく思いましたね。

――作品とは誰が誰を消費するものかというようなことを、2018年度は授業の中で扱っていたかと思います。2017年度はどうでしたっけ？

中尾 2017年度は芸能と芸術の違いの話が近かったかな。太田省吾が言ってることと、いわゆる大衆的なエンターテインメントとして楽しまれて消費される文脈の作品とはどこかで折り合う地点があるんだろうか、いやそれはまったく別の話なんだ、というようなことをみんなで話した記憶があります。

――お笑いは芸術じゃないのか、といった話も出ていましたね。消費をすることについて、南平さんは最近も考えることがありますか？

南平 よく考えますね。たとえば、女性同士の親密な関係をテーマにした百合漫画の市場って結構偏っていて、シスヘテロ男性向けに描いた漫画はとても順調に売れて十何巻と続いていくんですけれど、そうでないものは2〜3巻で打ち切りになってしまう。そこに描かれている人ではない人を消費者に想定したものがどんどん売れていくっていったいなんだろう？と思います。そういうことを見ていると、日頃そこで利益を上げていて――つまり消費をしておいて、還元するものは何もないのかというようなことは嫌でも考えさせられますね。

――作ることが現実と切り離されているというスタンスなんだなと思ってしまいま

すよね。

作ることで自分の在り方を発見する
～「教養としての芸術学」、その授業としての意義～

――東大に限らず、作ることを専門にしない教育の現場で、こういった授業があることにどういう意味があると思いますか？

中尾　自分は授業で作品を作ったことが今の創作に繋がっているなと思うんですが、南平さんは「作ることが得意じゃないとわかった」とおっしゃっていて、今とどう繋がっているのかが気になりました。そもそもこの授業は作る授業だったわけですが、受けようとしたきっかけはなんだったんですか？

南平　確かにそうですね。すごく遡るんですが、中学生の時に「高校生になったら劇団に入りたい」って親に言ったことがあったんです。でも「食っていかれへんからやめとけ」と言われて、以降、自分が作る機会はありませんでした。でも授業なら余計なお金がかからないし、単位が出るし、食べていけなくても作ってみるということに言い訳の立つ時間の使い方だなって（笑）。そんなに遠慮する必要はどこにもないと思うんですけど。

中尾　なるほど。やってみて、どういうところで「ちょっと違ったな」と感じたんですか？

南平　ふたつあります。ひとつは、脚本を書く時に自分には向いてない言葉遣いが求められることですね。つらつら説明する文章は書けるんですが、そればかりで毎作品が成立するわけではない。もうひとつは、授業期間中に名古屋で西尾さんがなにかの作品[2]に出演されていたのを観に行ったんですが、その作品を作った方の話を聞いて「私はこういう考え方はできないな」ってすごく隔たりを感じたんです。実際にものを作っている人の近くでお話を聞いてみて「違うな」って思いましたね。

中尾　そうなんですね。授業を受けたことは、今となにか繋がっていますか？

南平　そうですね……良い作品を見た時に、「すごく苦労してはんねんな」とこれまで以上に思うようになりました。

中尾　（笑）

南平　それまでは全国をまわるような公演だったらクオリティが高くて面白くて当然みたいに思っていましたけれど、どこかで誰かがゼロから作っているんやなと想

2）第17回 AAF 戯曲賞受賞記念公演『シティⅢ』（作：カゲヤマ気象台、演出：捩子ぴじん、主催：愛知県芸術劇場）

像するようになりました。

中尾 なるほど。ちょっと違うかもしれないんですけど、授業内の発表で自分も出演して、人前で喋ることって恥ずかしいな、あまり得意じゃないなと思っていたんです。作る段階で考えたり人と喋ることは好きだけど、自分が演じたりパフォーマンスをしているところを見られて批評を書いてもらうことはむずがゆい。音楽のパートでは、音楽を作ることやコード進行については全然知らないけど、ただ音を鳴らすことは好きだな、とか。得意なことをやってみたら違和感を感じたり、ちょっとやってみたことが意外と好きだったりしたことが印象に残っています。でも今、仕事でプレゼンをしたり最近演劇を作って出演もしたんですけど、恥ずかしくないんですよ。それは、今までやった「こういうことをやると恥をかく」という学習の積み上げで、これならできるかもしれないと考えていたところはあります。やってみて苦手なことがわかったという経験は、座学ではあまりないかな。良い意味でネガティブな経験ができました（笑）。

増渕 できなさ、みたいなものは僕は好きです。僕も作ることは向いてないなと思うことが多くて。大学院の頃は「なんでこんなことをやっているんだろうな」と思いながら過ごしていました。作ることって、自分が何を考えているのか、自分がそれに対して心の奥底でどう捉えていたのかを探し出す営みかなと思う。ものを作ってみることで、場所や世界の見え方が変わったりする。フィールドレコーディングをすれば日常の感じ方が変わることがあるし、なにかの鑑賞体験をすることで「世の中にはこんなものがあるんだ」と体感としても知識としても世界が変わる。さらに実際に自分で作ってみると「ああこれこれ」って腑に落ちたりして、「自分ってこう思うんだな」と気づいたりもする。ものを作ることで、自分の中の自分の在り方を発見するのが面白いですね。

中尾 授業でなにかを作る時にキツさはありました？

増渕 当時はみんなでガーッと突っ走っていたら「なにかできたぞ！」という感じで、なんだかワケのわからないものを作って、ワケのわからないうちに終わったなという感覚でした。改めて思い返すと、いろいろ考えていたんだなとは思いましたね。

中尾 当時はなんだかいろいろ考えていたけれど、思い悩む時間はなかった印象ですね。自分で一から台本を書いてみんなでやるのとは違っていて、各々が持ち寄った素材を組み合わせて形にしていくので、こうやってものができることもあるんだなと知りました。悩むことがなかったので、健康的でしたね。

──たしかに。作るって「どう思われるだろう」とちょっと構えることがあるものだけど、それよりとにかくやってみようみたいな空気がありましたね。

「誰かによって作られたものは、その仕組みを知ることができる」
〜大学教育における、教養としての芸術学〜

──総合大学などの場合は、「作る」ことをしている先生がそんなにいないことも
あって、「教養としての芸術学」のような「作る」授業は多くありません。こうい
う授業があることについてのご意見を伺いたいです。

中尾　あっていい、というかむしろ、なんでないんだ、って思う。大学は研究して
成果を出さなきゃいけないでしょうし、社会に出るために学ぶという文脈の授業な
ら受け入れられやすいんでしょうけれど、僕自身にとって作ることは、研究をする
にも論文を書くにもすごく役に立ちました。自分の中に「作る」ということがある
と、本を読むとか作品のことを考えるスタンスが変わってくるし、仕事をし始めた
今の自分にしてみても、素材を組み立てて抽象的なものを作った経験が活きている
気がするんですよ。自分で作ることって、誰しも最初はぎこちないと思うけれど、
早めに経験した方がいいんじゃないかな。そういう経験を教育の場で受けられるこ
とはとても貴重だから、とてもいいな、あってほしいなと思っています。

増渕　大学で一番面白かったことが、ある専門分野についてたくさん考えている
方々の、形になる以前の考えを知れること。考え方を考える、ということを大学で
学びました。学生視点からすると、特に「どういうふうに考えるのか」「どういう
ふうに組み立てていくのか」は、作ることを通じて得るものが大きい。だからこの
授業はとても面白かったし、影響を受けています。僕の弟が単科大学に近いところ
で学んでいて、話を聞いていると、どうしても考え方の幅が広がるきっかけが、用
意されている教科の中ではあまりない。大学の中で、自分の専門領域だけでなく、
意識的に頭の使い方を変える場があることにはすごく意味があると思いますね。

南平　そうですね。私もあった方がいいとは思いますが、今回のようなワークショ
ップ形式のものとはまた別に、発表させることに向けて作り方をもうちょっと解い
て見せるような授業もあってもいいのかなと思います。これは演劇や音楽に限った
ことではなくて、最近、論文の書き方の授業を取ってみたところ、その先生も「レ
ポートを提出しなさい、とか、資料は学校のシステムでこういうふうに検索するん
ですよ、といったことは習うけれど、書き方を教えている授業がない」と仰ってい
て、確かにそうだなと。

中尾　今後の展望としては、この授業はどうなっていくんでしょう？

──続けていきたいですね。ただ、授業として実施するには理由付けが必要です。
なぜやるんだろうと考えると、「自分で作った」という経験自体がまず貴重です
し、それがその人の想像力を広げるでしょう。この授業を経て複数の人でなにかを

作り上げていく時に、相手のことを想像できる素養がかなり活きていくのではないかなと思っています。それについてはもっと言語化していきたいですね。

中尾　それはすごくありますね。作ることを経験するのとしないのでは、作られたものに対する感受性がかなり違ってくる。エンジニアになってより思うようになったんですが、自分がものを作っていると、すべては人が作ったものでしかなくて、リバースエンジニアリングできるなと思えます。学生の時には機械が本当にダメだったんですが、今では、紐解いていったらわかると当たり前に思える。生活している中には、よくわからないものがたくさんあって、全てをわかることはできないけれど、その仕組みを知ろうと思えば知ることができるんだという姿勢が大事なんじゃないかなと。ワクチンもそうだし、日常のなかでとられているデータがどう使われているかといったことについても、議論がされたり、よくわからないから漠然と怖がられて雑に扱われることがありますよね。でも、自分がものを作っていると、リバースエンジニアリングできるなと思える。自分が求めればその仕組みを知ることができるというそういう根本の姿勢を身に付けるという意味で、まさに「教養としての芸術学」だなと。卒業後に作り続けているかそうでないかに関わらず、持っておくべき姿勢を身につけることはとても意味があるんじゃないかなと、僕は思います。

──そうですね。教養課程でやることに意味があるのかもしれないです。

「作る」ことに興味のある学生たちが緩やかに繋がっていた
〜これからどう生きるか〜

──今、皆さんはそれぞれの場所で働いたり学んだりされています。これからこんなふうに生きていきたいといったイメージをお聞きできたら嬉しいです。

増渕　どうなんでしょうね……。僕は「何も考えてない」とか「楽しいことが好き」とか言いながら、行動のモチベーションは憎しみベースなんですよ。

全員　（笑）

増渕　あまりかっこよくないものとか、使いづらくて人の不幸を生んでいるものがすごく嫌いなんです。だからデザインに興味を持ったんですね。自分の気をまわしすぎたり、どんどんネガティブな方に頭がいくような性格が、こんなに便利な方向に使えるんだなって思っています。引き続き研究や仕事はやっていきたい。一方で、個人の制作としても人間のエモーショナルなものを動かすことを、デザインを通じてやっていけたらいいですね。ただ、30年後を想像すると、なにをやっているんだろうなぁ、わからないですね。

中尾 僕は大学生の時は「演劇やっていくぞ」という感じでしたが、結局は働き始めて、それが楽しいんですよ。ITエンジニアも頑張れば成果やスキルがついてくるから、楽しいと思える範囲で続けられたらいいな。演劇は、自分でやろうと思わないとできないので力を入れて、いろんな人に知ってほしいし、面白いと思ってもらいたいです。2018年から始めた散策者という団体を、まさに2017年にこの授業で一緒になった長沼航と一緒にやっています。コロナ禍になってからは、しっかり作品を作ることはしばらくやってなかったんですが、2023年6月末に荒川区の西尾久で作品を上演した時に、まさにこの授業の発表に近いことをやりました。というのは、一般的な演劇だと最初にテキストがあってそこから作っていくと思うんですが、僕たちは、なにもまとまったものがない中で6人のメンバーだけが決まっている状態でした。そこで、劇作家の岸井大輔さんが教えている作品の作り方を参考に、メンバーそれぞれが撮った1日100枚の写真をもとに、キーワードを抽出したり、2～3人のグループで感想を言い合ったりして寄せ集めた素材でシーンを作るという方法で50分くらいの作品にしました。そうすることで、誰かがテキストを書く無理をしなくてもひとつの作品ができる。この作り方でまた次を作っていきたいですね。

——散策者には、2018年度の受講生も関わられていますよね。

中尾 そうです。出演もしてくれて、喜多方にも来てくれました。今後も別の団体で一緒に作る予定です。世界が狭いですね（笑）。

増渕 緩やかなコミュニティ感は当時からありましたよね。作ることに興味がある人が好きそうな授業で「また見たな、この人」と顔見知りになっていく。

中尾 ありましたね。「なんか作りたいぞ」みたいな目をした人が集まってくる。

——卒業後も自分たちの作り方や、発見を大事にされているのでしたら嬉しいです。本日は本当にありがとうございました。

ふりかえり編

開講側にとって、この授業の意味とは？

これまで、様々なワークや創作、発表会までの授業全体を見渡すとともに、インタビューや座談会を通してそれぞれの受講生の当時と「現在」との関わりを見てきました。最後にまとめとして、著者それぞれの立場からふりかえり、自分にとっての本授業の意味や意義、そして授業と自身との関わり方を考えてみます。この授業も3名の複数体制で企画していましたので、もちろん共通・共有している目的や目標はありながらも、一枚岩ではない部分や、それぞれが大事にしている独自の思いもあります。専門ではない総合大学で創作を目的とした授業をつくり、実施するということについて、改めて考えてみる機会としました。

1. 「先生」になったいちアーティストの内面
——西尾 佳織

教える立場になったときに、聞こえてきた声

　初めてこの授業を担当した 2017 年、私は 31 歳で、自分の作品を発表し始めて 10 年目でした。大学で教える仕事をもらって、少し社会に認められたように感じて嬉しかったのを覚えています。学生とのやりとりは楽しく、やりがいがあって、しかし夢中になりかけるたびに自分の内から声が聞こえました。「お前の本業はこれじゃない。他人の創作を自分の満足にすげかえるなよ」

　どういうことか。この授業で私は、芸術の現場の人間として、教育についてはある意味門外漢の立場でそこにいることが重要だと考えていました。受講生が新しいことを吸収して、面白い作品を生み出してくれたらもちろん嬉しい（とっても嬉しい！）のですが、しかしそれは「その学生たちの仕事」であって、私の仕事ではない。私の仕事は「自分の作品をつくること」。自分の作品をつくることを第一にしている人間が講師を務める授業だからこそ、手渡せるものがあるはずだ、と考えていました。

　なぜこんなことをわざわざ書くかというと、非商業的な創作活動を行っているアーティストの多くがキャリアの中期以降に教える仕事に就く傾向にあり、そしてそれらの仕事は生計を立てる助けになる一方で、だからこそ創作活動とのバランスを維持することが難しく、重心がじわじわと教育現場に移っていく場合が多い、と先人たちを見て感じていたからです。スタートがアーティスト活動であっても、欲求・適性が教育へ伸びていくこともあるでしょうし、当然ながらアーティストが教育者よりも優れているなどと言いたいわけではありません。ただ、教育については非専門家であるアーティストによる芸術教育と、芸術教育の専門家による教育では、担える価値や領域が異なるだろうと思うのです。そして、私自身は前者としてこの授業を担っているけれど、「教えることのやりがい」や「意義を感じられること」につい夢中になりかける瞬間が多くあったので、自戒も込めて、自分の立ち位置をクールな心で見つめ直そうと努めることがよくありました。

「社会的価値」が欲しくなる気持ちを見つめながら、違う言葉を探す

　ところで、先ほど「大学で教える仕事をもらって、少し社会に認められたように感じて嬉しかった」と書きました。でもこれって、どういうことなんでしょう。大学の先生として仕事をすることは、アーティストにとってどういう意味があることなのか。「社会に認められて嬉しい」とはどういうことなのか。「先生」になった私の内で、太田省吾の言葉が響きました。

> 現実的態度とは、やらなくてはならないからやるというものであるとすれば、幻想的態度とは、やらなくてもよいことをそれでもやるという態度である。このばあい支えは自己の幻想だけである。支えが己の幻想だけであるということは、幻想に張りを失ったときにはもたなくなるということである。もたなくなったときには、そこから退くか、なにか（頼りになると思われる）ほかの支えを立てて補強しなければならない。芸術がある種の社会的価値、たとえば政治運動と癒着しようとするのは、ここと深い関係にある現象である。
>
> 太田省吾『プロセス　太田省吾演劇論集』「劇の症状」pp. 21-22

　この「ある種の社会的価値」を「他人によって、現実によってたしかめられる価値」と言い換えてもいい、と太田さんは言います。誰に求められなくとも、ただ自分がやらずにおれなくてやっている芸術は不安なので、つい誰かに頼りたくなったり、社会的価値に依存したくなったりする。でも私の芸術活動はそもそも「社会」の方を向いて始まったわけではなく、「社会の中にあってどうにもそぐわなさを感じる自分の内」をのぞき込むことから始まっていて、違和感や不和をないことにしない目でもう一度社会を見たときに、違ったものが見えてくるのではないか、と思っているのです。そういう屈折のある成り立ちである以上、まっすぐな「社会的価値」と手をつなぎそうになっていると気付いたときには、自分の活動の本質を見つめ直すようにしています。

　授業の中で、芸術と社会との関わりを扱うことに、私は比較的力を入れてきました。それは、現実において直接的に分かりやすく役に立つという意味での「社会的価値」ではない芸術の価値を考えるために、癒着ではなく独立の方向性で社会と芸術の関わりを彫り出すために、言葉を尽くす必要があったのだと思います。

その言葉を見つけることに、私自身の切実さがありました。アーティストとしてまだまだキャリア的にも不安なときに、大学で一つの場所をいただいて、そのことを簡単に「ステップアップ」とよろこびそうになる若い私がいました。でもそうではない。名前や形ではなく、その場所で出会った人との関係の実質として芸術を実践しなければ意味がない。制度の中に場所をもらいながらも、個としてインディペンデントであり続けること。そのバランスを真剣に実行しようとした３年間でした。

あの３年は、その後の私の活動に確実に影響しています。現在私は、県立高校の舞台芸術科などで恒常的に芸術教育に携わるようになっていますが、今は当時ほどキリキリせず、若干の余裕を持って（!?）授業に臨めるようになっています。ですが今も変わらず、「お前の場所はここじゃない」という声を聞きながら、芸術と社会の関係にもやもやしながら、先生をやっています。

2. 創作への還元／ミームの伝播
　　　──野口 桃江

本書で紹介したワークの多くは、創作の過程で得られた発想を応用する形で成立しています。初めて授業をしてから７年経った今では、ワークショップを通して得られた気付きを創作に還元する機会も増えてきました。

2023 年に小石川植物園で発表した《Harmonia Natura 自然と調和するためのオルガン》という作品は、大きな銀杏の樹の下に、古い足踏みオルガンと“言葉の楽譜”を置いた体験型の作品です[1]。楽譜をひらくと、そこに並ぶのは音符ではなく、「周りでは　今　どんな音が鳴っている？」「足の裏に伝わる振動」といった言葉たち。これまでワークショップで生身の身体を通して行ってきたことを、再び紙に記述した形です。来園者はページをめくりながら、呼吸をするようにオルガンに空気を送り、音を奏でます。

この作品を作るきっかけになったのは、軽井沢にある診療所「ほっちのロッヂ」での滞在制作中、森のなかに「だれでもオルガン」を設置した時の経験で

---

1)「Sounding garden Koishikawa」東京大学産業技術研究所 MEMU EARTH LAB によるプロジェクト。https://soundinggarden.org/

す。「楽器にさわってみませんか？」と、町の人たちに声をかけたところ、ほとんどの人に「無理、無理！」「ピアノは子どもの頃にやってたけど……」と、やんわりと拒まれてしまいました。鍵盤に触れることに対して、それほど多くの人が不安や恥ずかしさを感じると知って、私は少なからずショックを受けました。これでは本当の意味で「（公共の場に置かれた）だれでも自由に弾ける楽器」とは言えないと感じたのです。それ以来、楽器を公共の場に設置するときは、即興演奏を誘発する何らかの"しかけ"を施すことにしました。

　本編にも書いたように、即興演奏の考えでは、音の間違いというものは存在しません。そして、鳴らす音は一音でも充分なのです。時間と空間、自分自身と響き合う音をみつけること。響きのなかに深く入っていくこと。そこには、即興音楽家だけの体験に留めておくには、もったいない何かがあるように思います。

　人々が音楽や楽器演奏に対して抱く苦手意識を減らしていくためには、義務教育における音楽の教育方針の抜本的な見直しが必要です。今の自分にもできることを探して、私は作品をとおして即興演奏を一般の人々に向けてひらいてみることにしました。この先も、創作を軸に、さまざまなアプローチを探求していきたいと考えています。

音楽の垂直伝播と水平伝播

　伝承、習慣、技術などの「文化的遺伝子（ミーム）」がヒトの脳から脳へ伝達され、模倣、増殖、淘汰を経て進化することで文化が形成されるという考え方があります。これを提唱したリチャード・ドーキンス[2]は、著書『利己的な遺伝子』のなかで「《蛍の光[3]》の旋律というミーム」を例に挙げています。楽譜に印刷され、人々の記憶に刻まれて、何百年も存続してきたこの旋律のミームは、スコットランドの民族間で親から子へ、そして海を越えて日本へ伝来し、今では卒業式の定番曲として、縦横無尽に伝わってきました。このようなミームの伝わり方を、実際の遺伝子のふるまい——親から子への垂直伝播と、

---

　2) リチャード・ドーキンス（2006）『利己的な遺伝子〈増補新装版〉』日高敏隆・岸由二・羽田節子・垂水雄二訳、紀伊國屋書店
　3)『蛍の光』の原曲は、スコットランド民謡《Auld Lang Syne》

268　ふりかえり編

個体間や他生物間の水平伝播——と対応させる研究[4]があります。

　この垂直伝播と水平伝播という観点から、本書で扱ってきた「音楽」のミームについて改めて考えてみると、まず垂直伝播の主な例には、音楽教育が挙げられます。学校教育では音楽の基礎知識が、専門教育機関や伝統芸能における師弟関係のなかでは、より中核的な技術と知恵が垂直に伝えられます。その一方、水平伝播は同時代に生きる人々との相互作用を通して実現されます。これには、共に音楽を楽しむこと、芸術や学問の分野を越えた融合、さらにはアートによる地域振興、国際交流などの社会的取り組みが含まれます。

　私がこれまで情熱を注いできた現代音楽や実験音楽は、その難解さやとっつきにくさから、限られた層の間で、主に垂直に細々と伝播されてきました。この分野の価値や魅力をより多くの人々へ伝えるために、水平伝播を増やしていくことは急務と考えています。

　〈音楽編〉で紹介したワークは、一見、芸術を手軽にパッケージングした核心的なアプローチのようにも見えるかもしれません。しかし、音楽や創作の本質をできるだけオープンな形で提示することが、この授業および本書での私の役割だったと考えています。読者のうちの誰かが、ここに書き留められたミームを受け取ってくれたら幸いに思います。

世界をねるねるねるね

　実はこの本を書くまで、私は自分が西洋音楽の伝統をここまで重視しているとは思っていませんでした。これまで型破りなことばかりしてきたため、どちらかというと反伝統側の人間だと思っていたのです。

　長い年月をかけて築かれた文化、芸術、学問のミームの集合体は、人類の宝のようなものではないでしょうか。私はこれまでに、先人たちが築き上げた芸術や学問から多くの恩恵を受けてきました。もうここにはいない誰かから受け取ってしまったものを、さて次にどこへ送るか。

　〈音楽編1-4〉そして〈演劇編5-2〉の対談記事のなかで、私は新しく何かを創るとき、プラトンの「Khôra」のような大きなプールをイメージして、鋳

---

4) Sterelny, K.（2006）"Memes Revisited", *British Journal for the Philosophy of Science* 57, pp. 145-165

型に創造性を流し込んだり、「ねるねるねるね」のように混ぜ合わせて現実化していると表現しました。自身の内側に広がる世界から、それに照応する外側の世界へ。創作をするとき、ワークショップを行うとき、他者や社会と協働するとき、私の行動原理はいつも同じです。「ねるねるねるね」のような有機的なシステムのなかに生きる小さな個体として、世界がより面白く、美しくなる方へ動くのみです。

3. コーディネート・教育・研究の関わり方
——岡本 佳子

なぜ芸術創造の実践授業をしたのか？

最後にコーディネーターの立場から、これまで実際に訊かれた質問や読者から出てきそうな問いに答える形で、裏話も交えながらこの授業とこの本への思いを述べます。

まずは「教養としての芸術学」を開講した経緯をお話しします。2016年当時、学外の人や組織と連携して「何か面白い授業をする」というのが私のざっくりとしたミッションでしたので、まずは自分の専門（舞台芸術学）に近いところから始めようと思ったのがきっかけです。そこで即座に思いついたのが「創作」を取り入れるというアイデアでした。きっと楽しいし、何かしら良いことがあるという確信を持って始めたのを覚えています。

そもそも芸術を座学と実践から学ぶ意味はどこにあるのでしょうか。これについては二つの方向性がよく引き合いに出されます。一つの方向性は、芸術の道具的価値の利用で、芸術を振興して学ぶことによって他の分野での効果や能力を得られるためという理由です。ピンとこない場合は、例えば「ピアノを弾けると算数や数学の成績が上がる」といった言説を（真偽のほどはさておき）思い起こしていただければと思います。つまり、達成するべき目的や目標が他にあって、芸術実践やその学びはそれらの遂行のために道具的に用いられるという意味ですので、芸術の「道具的価値」です。経済的効果や共生社会の実現なども広い意味ではこれに入るでしょう。

もう一つの方向性は、他分野への影響や効果ではなく、他ならぬ「そのも

の」が有する内在的価値に関するものです。たとえば音楽であれば音楽、演劇であれば演劇の作品やそれを取り巻く環境が持つ良さや美しさ、楽しさ、そしてもちろんある種の醜さや暴力性も含めた影響力といった、芸術が擁する性質を感じたり、その理解を深め発信することができるからです。長沼さんのインタビューにあった「他に代え難い機会」「芸術における『わかる』を増や」すというコメントがこれに近いでしょう。芸術そのものへの理解というのは、作品解説や批評といった公の活動に限らず、例えば、コンサートや演劇の鑑賞後に友人とお茶をしながら話す「さっき見た芝居のここが面白かった」や「誰の演奏のどこがよかったか」といった感想も含まれるでしょうし、西尾さんが〈演劇編〉冒頭で述べたような「私が受けたこのショックは一体何で、どのように説明すればよいのか」といった衝撃によって突き動かされる探究心にもつながっていくものです。

　この二つを提示すると、芸術を道具に使うなんて！と道具的価値があたかも「悪」のように受け取られることも多いのですが、どちらがよいというものでもなく、二つは密接に結びついていて、そもそもはっきりと区別できるわけではありません。というのも芸術がそれ自体で完結して美的価値をもつという考え方自体はそこまで古いものではなく、18世紀半ばまで「arts」という言葉が軍事技術や航海術と同様に「技術」を指していたことや、数多くの機会音楽（婚礼や祝祭など何らかの機会に合わせて創作された音楽）の例にも見られるように、芸術が他の分野や概念と密接に結び付けられてきた長い歴史があるためです。そして現代においても芸術文化振興が経済復興や地域振興、福祉と結びついたり、ソーシャリー・エンゲージド・アートのように社会変革を促すという明確な目的を持った芸術活動も多くありますし、芸術活動に公共性や社会性がより強く求められる国や地域もあります。二つの価値による指標はスペクトラムであって、ある作品や活動がどちらに属するか単純には分けられないのです（図1）。

　それを踏まえると「教養としての芸術学」は教養科目として学ぶ授業ですので、内容としては芸術自体の良さなどの内在的価値も学んでいる一方で、教養の源流ともなるリベラル・アーツの定義を踏まえれば、「自由になるための手段」という意味で広く道具的価値も有しています。そうでなくても自身を表現

図1 芸術の利点を理解するための枠組み[1]

する回路を見つけたり、チームワークによる協働する力や、他者への想像力といった共生力の涵養についてもやはり目的や効果の一つとして掲げていますので、やはり芸術が他分野や他の能力との関わりの中で見出されていく方向を強く持っていると言えるでしょう。

　ただ、元受講生のインタビューや座談会からは、そうした価値付けのラベリングよりももっと根本的な部分の作用について話しているような感想も見受けられました。例えば座談会で中尾さんが言った「作ることを経験するのとしないのでは、作られたものに対する感受性がかなり違ってくる」ということや、増渕さんの「考え方はつくることを通して知ることができる」、前野さんの言う「心を揺さぶられる行為」や美しさという点においては「物理学は芸術のようなもの」というコメント。中尾さんと増渕さんのコメントは広い意味で道具的な要素もあるかもしれませんが、そもそもその刷新された感受性や考え方で感じる世界には当然芸術も含まれているので、「芸術とその他」という区別自体を無効化した語りだったように感じられます。前野さんは自身と芸術との関わり方を模索することを通じて、芸術自体を、美しさを感じられる居場所（そ

---

1) McCarthy, Kevin F., et al. (2004) *Gift of the Muse: Reframing the Debate about the Benefits of the Arts*, http://www.rand.org/pubs/monographs/MG218.html, p. 4 を元に著者作成

して物理学もその一つ）として再定義していました。

　どの回答も、芸術とそれ以外といった区分けをしていないことが印象的で、これは授業の意義を語る上で重要なことのように思われました。自分の生活の延長として捉えているという点で、長沼さんの「神秘化しない」というスタンスにもつながりそうです。座学や鑑賞、創造を通じて芸術を学んでいくことは、芸術のありようをそのまま見ることを通じて、さまざまな人と「世界を見る眼を共有」することです（この言葉は増渕さんの事前アンケートでのコメントです）。それは幅広い人々とこれから協働するための素養となり、目の前にある対象をほっぽり出さないひとつの「姿勢」としてその人の生き方に直結するだろうと考えています。

　では、作るのであればなんでもよいのか。創作するのは芸術である必要があり、さらに今回のように演劇と音楽でなければいけないのでしょうか。少々答えづらいのですが、芸術において様々な素材を統合しあらゆる形態でのアウトプットが可能である、その器の大きさや寛容さを持つ性質は、例えば高度な技術と専門的知識を有する機械の設計とはやはり異なるものでしょう。また少なくとも本授業について言うならば、参加者が文理選択などで多少は異なる背景を持った状態で、共通言語として音や身振り（常日頃行っているにもかかわらず、取り立てて意識することが少ないこと）を積み上げていくことに楽しさと同時に困難を感じることができるのはパフォーミングアーツの固有の価値であり、それを経験することが、とりわけそれまで座学を中心に活動していた彼らに大きく響いていたと思います。クック（2022）が言うように、目に見える形での造形芸術とは異なり、音楽というのは、人間によって労苦を重ねて作られた人工物でありながらもあたかも自然物のように感受できるという二つの側面を抱えています[2]。私自身はどのような芸術分野であってもこのことは成立しうるし程度の問題であると考えていますが、それでもやはり身振りや言語からなる演劇についても音楽と同様のことが強く言えるのではと感じています。つまり、演劇と音楽を両方やる必要があると設定したのも、自分にとって自然に近いものでありながらも、実は遠い「異質な」動作や活動であるという両面

2）ニコラス・クック（2022）『音楽とは：ニコラス・クックが語る5つの視点』福中冬子訳（音楽之友社）

性をなるべく多く体験してほしいという思いがあったからです。

芸術は教えられるの？　教える必要はあるの？

　自由になり生き方を形作る教養的内容であっても、芸術史や理論などの歴史的・思想的内容であっても、実践するための技術的内容であっても、大学という場の授業で扱われる以上は、大前提としてこのワークショップは「教育」です。これは講義などに限ったことではなく、受講生らによる自らの学びを主体としたアクティブ・ラーニングの授業設計の場合であっても同様です。

　ですが、この授業について話すと、教育という文脈で創作や芸術を取り扱うことについて懐疑的な声が聞かれることがあります。「感性が大きく関係する文化や芸術は『教える』ようなものなのか？」、さらには究極的には「文化や芸術は『評価する』ことができるのか？」という問いにもつながっていくものです。

　確かに周りを見渡すと、一般向けの音楽や演劇のワークショップは「教育」という文脈を避ける傾向があるような印象があります。その理由はいくつかあるようですが、ひとつは一方向型や詰め込み型の「教育」イメージがいまだに芸術文化全般において、要らぬ影を落としているように思われること。もうひとつとして、社会教育法によって法的に位置づけられた図書館や博物館、公民館とは異なり、劇場や音楽堂は法律や行政でながらく規定されてきませんでした。そのため恵志（2012）が指摘している通り、教育の文脈で議論する法的根拠がないためそれぞれの活動の意義づけが曖昧であり、舞台芸術界でビジョンが明確に共有がされていないからではないでしょうか（現行の「劇場、音楽堂等の活性化に関する法律」（2012年）や文化芸術基本法（2017年）は文化振興を制度的に整備する法律ですが、劇場や音楽堂を社会教育機関とはしていません）。昨今、文化施設におけるワークショップや担当部門の名称にも「教育」ではなく「人材育成」「人材創出」という言葉が多く使われています。文化や芸術は「教える」ことと相容れないという、一種の不信感の現れのようにも思われるのです。

　ですが知識伝達や規律を重んずる〈教師〉対〈生徒〉という二項対立が崩れて久しく、梅棹忠夫が述べたような、教育は「チャージ」であり文化のように

274　ふりかえり編

「ディスチャージ」的な性格を持たないという考え自体、すでに現代において
はそぐわないでしょう。実際に創造性を「教える」意義についての議論も以前
からあります。例えばイギリスでは 1999 年のナショナル・カリキュラム改訂
の時点で創造性を教えることの重要性を説いており、「すべて未来のために：
創造性、文化、教育」という報告書の中で、創造性とは独創的で価値ある結果
を生み出すべき行為であること、目的の達成と評価も定められるものと規定し
ています。さらに、条件が揃えば全ての人が創造行為を行うことができ、それ
には方法や技術、クリティカル・シンキングや試行錯誤が必要で、創造はそれ
らのプロセスとして教えることができるものだとし、ただ泣いたり喜んだりす
るのとは異なる、自由と同様に技術、知識、理解を必要とする自己表現のあり
方として定めています。そして創造性は問題解決ばかりか「問題発見」によっ
て新しい地平も開くことができ、いわゆる「読み書きや計算」だけではカバー
できない人間文化の発展に寄与するとしました[3]。

　反省も込めて述べると、本授業は評価が合否という点で実施中にこうした議
論を深く掘り下げず済んでしまっていました。しかし実際には〈創作編〉でも
述べたように、成果物や参加度に対する授業としての評価の方法や、周囲から
の期待から生まれた具体的なトラブルをはじめとする「うまくいかなかったこ
と」が課題として浮かび上がっています。恵志は、日本においてはワークショ
ップというポジティブな語感を持った言葉が乱立し、芸術創造の重要性と教育
的効果が曖昧にされているということを指摘しています[4]。この授業はたとえ
合否判定であっても芸術創造と教育という両方を備えた性質があったことを再
度認識する必要があるでしょう。そしてこれまで述べてきたことから、私は今
では芸術は教えることができるもので、教える必要があるというスタンスであ
り、本授業であれ他の枠組みであれ「評価」をすることも可能であると現在は
考えています。

---

3) National Advisory Committee on Creative and Cultural Education (1999) All Our Fu-
　tures: Creativity, Culture and Education. https://sirkenrobinson.com/pdf/allourfutures.pdf
4) 恵志美奈子（2012）「『教育普及事業』をめぐる用語の混乱」伊藤裕夫・藤井慎太郎編『芸
　術と環境：劇場制度・国際交流・文化政策』論創社, pp. 34-45

「連携授業」におけるコーディネーターの役回り

　「はじめに」で述べたとおり、この授業は社会連携部門主催による開講で、「何か面白いことをやってください」というざっくりとしたミッションのもとで自分ができることを模索しながら立ち上げた授業でした。通常想定されるような地域や企業団体との連携ではなく、個人の学外者との連携ですので、社会連携部門の構成員という立場からいくと少し異質ではあったのは確かです。個人であれば、ゲスト講師ではなく直接の実施責任者として招聘し授業をしてもらう方法もなくもないので、なぜアーティストとは別に代表教員として岡本がいたのか、そもそもなぜ社会連携部門で実施するのか？という疑問があるかもしれません。

　この授業の場で私は一体何をしていたのでしょうか。私は、コーディネーターや大学側の代表者で、授業内では教えるというよりは必要に応じた助言者・参画者としての立ち位置でした。具体的には、何を目的にどのようなことをするかという授業のデザインをし、方針（「何か楽しいことをする」、「座学と実践を組み合わせる」「演劇と音楽を両方をやる」「何らかの形で発表をする、しかし目的はそこではない」等）やおおまかな構成を決めて、連携先を探して依頼をして、それに伴う書類仕事をして、講師の二人と打ち合わせをして、内容を調整して、実施準備して、履修者を集め、TA と一緒に重い用具を台車で運んですべての授業に立ち合って、何かあればまた打ち合わせをして方向を微修正して、履修生らの成果をもとに成績を出すという仕事が中心です。

　自分自身にも曲がりなりにも専門があるわけですから、実のところ前面に出ない裏方的な立場に自問自答する日がなかったわけではありません。ですが、この授業設計という役割について今考えると、少なくとも現時点では外部との連携授業にはコーディネーターという役割は「肝」、なくてはならない不可欠な立場だと感じています。そして私がそういう立場で授業に参画することができ、この３名での「協働」が可能となったのは、やはり社会連携という文脈があったからできたことです。

　理想的にはコーディネーターとは、対象である生徒や学生、学校や大学の組織内部も連携先のことも理解し、双方と信頼関係を築き、個人間・組織間など両者の意思を汲み取り調整し、トラブルが起きた時に対処し、いざという時に

責任を取り、授業を円滑に実施する人です。私は大学組織の人間でしたが、中間的に第三者が入ってコーディネートする（日本では「滋賀モデル」として知られる滋賀次世代文化センターなどの中間支援組織。この場合、組織側の責任者はさらに別にいます）ということもありうるでしょう。現に、各国でもフィンランドでの公的な芸術・文化センター Annantalo（アンナンタロ）といった中間支援組織や、イギリスでアーツカウンシルが導入した Cultural Education Challenge の試み、フランスのように学校に専門のアソシアシオンがいるような取り組みも多くあります5)。

　社会連携部門の構成員である同僚や先輩の先生方はうまくコミュニケーションを取って多くのプロジェクトや授業を行っていましたが、私自身はというと、うまくいかなかったことや失敗もゼロではなく（余談ですが、研究でも産官学連携の機会が多い自然科学系の研究者のほうがこうしたことが得意で、人文科学系の研究者は見習うべきところも多いと思います）、それ自体が特殊な技能ではと感じるほど難しい能力が必要だろうと感じています。連携先が大学や教育という場から「離れた」存在であればあるほど円滑にコミュニケーションを取るための存在が必要であり、それは学外連携先が個人でも組織でも変わりません。

　もちろんつながる両者が互いを十分理解し対話できるようになれば、自ずとコーディネーターの役割はいらなくなる可能性もあります。実際私も、最初こそ打ち合わせは多めで「こうしたらどうか」と提案したり、「これは無理」と言うなど授業に対する「介入」もしましたが、回数を重ねるにつれてだんだん私の調整役としての役割は少なくなっていきました。そのような事情もあって野口さんの「引き算のワーク」〈創作編 1-2〉で私は、「授業から先生を引く」という回答を出したことを覚えています。もちろん上記のような物理的な話だけではなく、アーティストも含めた教師の手を離れてどんどん吸収し勝手に教え合い学んでいく受講生らを見て嬉しくなり、そのように答えたのですが。

――――――――――
5) 古田あさひ（2024）「行政がアート NPO の性質に照らして今後の公共施設の課題を考察する」神戸大学大学院修了研究レポート

　「令和元年度文化芸術による子供育成総合事業に関する調査研究報告書」（2020）三菱 UFJ リサーチ & コンサルティング株式会社　https://www.bunka.go.jp/seisaku/geijutsubunka/shinshin/kodomo/ikuseijigyo_kensho/pdf/92660401_01.pdf

東京大学だからできること？

　上記と関連して、こうした授業実践を紹介すると出てくるのは「こうした授業ができてこんな結果が出てくるのも東大だからで、他に応用できないよね」という指摘です。実は至極もっともな意見でして、なぜかというと、それは良くも悪くも東京大学の前期教養課程で、文系理系両方の学生を対象に、選択必修で行うという大前提のもとで組まれた、良くも悪くも「オーダーメイド」の授業だからです。ですから他ではこのような結果は出てきません。他の場所で異なる人を相手にやるとなった場合は、それに沿って設計がなされて、違った結果が出てくるはずです。

　そういう意味では、方針やそれぞれのワークといった「要素」や一部は他の場面でも用いることができますが、「授業」全体としてすぐそのままコピーができるものではないと思います。例えば、この授業は選択必修の科目でしたが、選択肢として1年に何十種類にもおよぶ開講科目がありました。これがもしも必修科目となったらまるっきりモチベーションのない受講生も出てくる可能性が高いわけですから、それに対応した内容が求められるでしょう。逆に芸術大学のような専門性の高いところで実施するのであれば、すでに熟達している技術や経験を生かした形で実施する方法があるので、中身が全然異なってくるはずです。

　実は私は、開講中にはこの「オーダーメイド性」に全く気づいていませんでした。駒場にかなり長く（10年近く）いた卒業生でもある自分が、無意識にしっくりくるものを——例えばゲスト講師の声かけであれば、教養教育に理解があり、座学でのディスカッションに対応できるような人（それには修士以上の学位取得者ということもひとつの目安だったのですが）を無意識に探していたように——肌感覚で選んでいたからだと考えています。

　というのも現職に移ってからの3年間で私はいくつか新しい試みをやってみて、1つは成功しましたが、そのほかは明確に頓挫してしまうなど、（確かによい効果や成果もありましたので始まりやプロセス自体を否定するつもりは全くありませんが）側から見れば「失敗」に終わったためです。うまくいかなかったものについては、実施者へのヒアリングや、誰が対象で何を目的にするのが適切で双方が何を望んでいるのかという検討や話し合いを怠った結果であ

り、責任を感じるものでした。

　それを踏まえた上で振り返ると、それぞれのコーディネーター個人にも得意・苦手分野がありますし、この組織（ここでは東大）ゆえにできないことや苦手なことも確かにあります。前述の「東大だからできることだよね」という指摘には予算規模や人員、受講生の能力、ブランドゆえの連携先の多様さなどが含意されていることが多いのですが、例えば地域連携という文脈では、全国から人や文化が集積する首都東京の東京大学で（ここで通常想定されるのは、下町情緒あふれるローカルなコミュニティとしての「東京」ではないと思います）、どこの地域を相手にどうやって連携するのか（東京都？　それとも駒場キャンパスのある目黒区？　近接した渋谷区？）、問題設定からして難しい部分があるでしょう。同じ国内においても、私の授業設計の経験や見聞きに基づく印象になってしまいますが、助成金の種類、マネジメント従事者やコーディネーターの豊富さなど、教育機関での芸術分野における学外連携は関西のほうが長けているように感じています。

　社会連携授業は、学外からのリソースをただそのまま、ありがたくもしくは図々しく活用するということだけで完結するものではありませんし、それは全く好ましい状況ではありません。獲れたての最高級マグロを目の前にそのままドカンと置いても、1、2歳の子どもであったら多少は面白がるかもしれませんが「さあ食べろ」と言われても困惑するばかりでしょう。対象に合わせた「加工」や「調理」を経て、多少なりともその意味が伝わって初めて成り立つものだと私は考えています。そして最終的には連携者に対しても何らかの還元があることが理想であり、この流れをうまく形成するにはやはり連携先が個人でも組織でも、現時点では仲介者が必要です。なぜなら多くのプロジェクト同様、授業においても関係者によって目指す目的や利害がまったく異なるからです。組織であればもちろん人材育成やマーケティング的な意図もあることでしょう。すれ違いやディスコミュニケーションが起こってうまくいかないと、最悪の場合、双方がお互いを搾取する／される関係性になってしまう暴力性もはらんでいます。

　この授業は「うまくいった」例であり、うまくいっていたために私自身、この学外連携という文脈や意義に関して深く考えることを少々打ち遣っていたと

3. コーディネート・教育・研究の関わり方　279

ころがありました。もしあのまま東大内部にいたら、あまり授業の意義など考えずに漠然と続けていたかもしれません。本という形で公にして世に問うという作業によって、幅広い読者を想定した形で組み直したり、授業の位置付けを考えることにつながりました[6]。

この本は何のためのもの？

　最後にこの本についても再度まとめておきます。本書はなによりもまず授業で何をしていて、何が起こっていたかという記録です。そして同時に授業自体をつくっていた著者3人の試行錯誤の記録です。この授業が芸術創作や表現の「初心者」「芸術を専門としない人」が対象であったことから、その内容を本という形でお見せすることで、読んだ人が実際に興味を持ち、創作をやってみたり関わってみる機会が増えることを期待しています。そしてさらに授業やワークショップをつくるというファシリテートの観点からも、教育の場も含めてこのような実践自体の試みが増えることを願っています。

　その一方で本章の〈ふりかえり編〉、そして元受講生の座談会やインタビューを入れたのは、授業内実践の記述だけで終わることなく、自分たちなりに授業内容を咀嚼して意義を発信する試みのためでもあります。

　どういうことかというと、昨今の現状では芸術実践の効果を示したり説明したりする際、前述の「道具的価値」を示す方がわかりやすいということで、そちらが強調される傾向がどうしてもあります。しかし「芸術実践を学べばアカデミックスキルなど他の能力が向上する」といった話がきちんと検証されているかというと、実はそれほどでもないのです。少し古い調査ですが、OECDがこうした能力の「転移」の効果に関する研究結果を対象に調べたところ、演劇実践によるコミュニケーションスキル向上など、一部については「示唆的なエビデンスがある」ものの、それらを除くと因果関係を十分に示す研究は実のところほとんど存在していないとのことでした。そのためOECDも結果を受けて、このような転移による芸術の道具的価値を強調するよりは、きちんと内在的価値を測るための他の記述方法や理論、質的評価がよりいっそう求められ

---

　6) 本節の記述は、神戸大学での講義実施や指導学生であった古田あさひさん、中山朝陽さん、教員の佐々木一恵さんから示唆を得ました。

280　ふりかえり編

座談時に発表会録画を鑑賞

るとも指摘しています[7]。

　確かに読み書きの能力を向上させたいならば、まずは読み書きを直接学ぶほうが優先されるわけで、それを芸術を学ぶ理由にするというのはどだい無理のある話です。また、前述したような経済、産業、福祉といった分野との連携も大いに促進されるべきだと私は思っていますが、それにしてもその前提となる芸術文化そのものについての議論は確かに（少なくとも日本においては）まだまだ少ないのではと感じています。

　私自身、ワークショップの記録の記述や、インタビューといった手法はチャレンジでありましたが、舞台芸術研究という私の専門から言っても、この本は教育効果検証の研究成果の公開を目的とする研究書ではありません（ひょっとしたら、今後の発展の可能性はあるかもしれないという期待はあります）。ですが実践者や実際の受講者からの声を聞くことによって、芸術を学ぶことの質的な意味を改めて認識し、今後の教育開発や芸術実践に関する議論の場を開き、活発にするきっかけとしてこの本が役立つのでは……という意図も込めました。本書によって、こうした芸術の意義についてディスカッションしてみたい！と思う人が少しでも出てくることを願っています。

7）OECD 教育研究革新センター（2016）『アートの教育学——革新型社会を拓く学びの技』明石書店

おわりに

「また会える日まで…」

最後のご挨拶

　ここまで授業内容をとおして、演劇と音楽をフィールドにさまざまなワークを紹介し、さらに体験者の声を聞くことで、みなさんを創作の世界へとご案内しました。いかがでしたでしょうか。みなさんにとって、芸術や創作が身近になりましたか？　それともますます「わからない」不思議な存在になったでしょうか？

　この本を閉じた後のことを少し考えてみましょう。何か変化が起きているのでしょうか。自分もさっそくつくって表現をしてみよう！場を開いてワークショップをしてみたい！誰かと話したい！と思ってすぐに行動に移す人もいるかもしれませんし（この授業に大いに感化されたコーディネーター教員自身のように）、そこまで至らなくても、身の回りにある身近な現象──自然の音、誰かの声や仕草、振る舞い、制度──にたいする感度を高めて、これまでとは違った視点から世界を眺めることができる人もいるかもしれません。ぜひ自分とは異なる部分に注目して、そこで何が起きているのか、何が違うのかを立ち止まって考え、感じてみてください。そしてできればそれをぜひなんらかの形に落とし込んで、他の人と共有してみてください。どのようなものであっても、それは新しい回路を通って出てきた、新しい自分の表現です。

　「ちょっとまだ遠いなあ、むしろますます自分とは縁のないものになってしまった……」と思った人、良くも悪くも何も感じなかった人もいるかもしれません。なぜそう思うのか、著者としてはぜひそこも聞かせていただきたいところではありますが、そのようなときは無理せず一回全部忘れてみて大丈夫です。これからふとしたきっかけで、きっとまた「なんなのだこれは」と困惑したり、何か気になる、もう少し知りたいと思うものが出てくると思います。そうしたときに、この本にあったさまざまなワークや考え方、物の見方を試してみてください。そのときにはっきりと思い出すことはなくても、自分の中に埋もれていたこの本が顔を出すこともあるでしょう。今後、さまざまな表現のかたちに出会えることを私たちも楽しみにしています。

　それではみなさん、また会える日まで…！

謝辞

〈演劇編〉で紹介したワークは、私がこれまでに出会った様々なアーティストの方々の取り組みに影響を受けて生まれています。特に、2007 年に参加した POTALIVE ワークショップ講師で劇作家の岸井大輔さん、2010 ～ 2011 年に参加した ST スポット主催のワークショップ講師でダンサー、振付家の手塚夏子さん、2013 年に鳥公園の『カンロ』という作品でご一緒させていただいたセノグラファーの杉山至さんからは、具体的なワーク案や受講生との関係の築き方、「教える」ことについての姿勢など、大きな示唆をいただきました。また、演劇をつくること全体に関して今の私があるのは、鳥公園や他の現場でともに作品に向き合ってくださった俳優、スタッフのみなさん、そして作品を観て応答してくださった観客や批評家のみなさんのおかげです。ここに御礼申し上げます。

［西尾 佳織］

ワークショップを通して、これほど多彩で豊かな表現や議論が生まれたのは、ひとえに当時の学生の皆さんの創造性によるものです。ワークを作るにあたって影響を受けた方々については、〈音楽編 1-2 音楽ワークショップとの出会い〉に書きました。いくつかの講座は現在も開講されていますので、興味のある方はぜひアクセスしてみてください。最後に、エピソードの掲載を快く許可してくださった先人の皆さま、授業内で演奏を披露してくださった加藤露弥さん（ピアニスト）、講評をしてくださった河合政之さん（ヴィデオ・アーティスト）、執筆に際してご助言をいただきました須藤岳史さん（ヴィオラ・ダ・ガンバ奏者／文筆家）、堀江宗正さん（宗教学者）、髙橋裕行さん（メディアアート研究者）、そして西尾佳織さん、岡本佳子さんに心から感謝を申し上げます。

［野口 桃江］

この授業の設計や実施運営にあたり、多くの人に大変お世話になりました。開講当時の教養教育高度化機構社会連携部門構成員の渡邊雄一郎先生（東京大学名誉教授）、標葉靖子先生（実践女子大学准教授）、髙橋史子先生（東京大学准教授）、実施運営を支えてくださった事務補佐員の眞木博子さん、TA だっ

たみなさま（岩本海さん、岡野宏さん、中尾幸志郎さん、中山文月さん、駒井裕介さん、髙橋舞さん、小見杏奈さん）に様々なご助言とご協力をいただきました。長木誠司先生（東京大学名誉教授）には、資料に関する助言と提供をいただきました。

　この本を最初に構想したのは 2020 年夏、パンデミックのさなかでした。その後、中断や執筆の遅れもあったなかでようやく刊行にこぎつけることができたのは、何か形を残さなければという著者三人の強い思いもさることながら、ご縁をいただきご担当いただいた東京大学出版会の後藤健介さん、元 TA で膨大な資料を丁寧に整理し補佐してくれた髙橋さん、校正をいただいた岡野さんのご尽力のおかげです。現社会連携部門の山上揚平先生（東京大学特任講師）にも座談会開催等で快くご協力をいただき、大変お世話になりました。

　元受講生のみなさまには、授業終了時から長くて 7 年も経過していたにもかかわらず、インタビューや座談会への参加や、提出課題の掲載について快諾をいただき本当に感謝しています。

　佐々木一恵さん（神戸大学助教）、高橋裕行さん、中村一規さん（演出・演技講師）には草稿全体を読んでいただき、完成にいたるまでの重要な教示や激励をいただきました。そして現職である神戸大学での受講生や指導学生とのディスカッション、とくに修論執筆の議論でみた彼らのテーマや熱意から、本書刊行のモチベーションだけでなく本授業の位置付けについても大きな示唆をいただきました。ありがとうございました。

　そして最後に、当時の教養教育高度化機構社会連携部門長であった真船文隆先生（東京大学教授）には授業実施の挑戦の機会をいただいただけでなく、専任教員として開講の責任教員を引き受けていただきました。教員も一緒になって学外連携の授業を面白く楽しもうという気持ちは、真船先生から受け継いだものだと思っています。この場をお借りして厚く御礼申し上げます。

［岡本 佳子］

主要参考文献

ここでは、本書で直接言及している参考文献を掲載しています。授業で扱った配布資料や課題等に関する詳細な参考文献や作品については、次のウェブサイトに掲載しています（https://www.utp.or.jp/book/b10094541.html　2024年12月現在。なお掲載したウェブサイトの最終確認日はすべて2024年12月6日です）。

〈演劇編〉

SWASH編（2018）『セックスワーク・スタディーズ──当事者視点で捉える性と労働』日本評論社

荒川洋治（2012）『詩とことば』岩波現代文庫

オーウェル、ジョージ（2015）『動物農場』角川文庫

太田省吾（2006）『プロセス　太田省吾演劇論集』而立書房

川内倫子（2001）『うたたね』リトル・モア

鈴木志郎康（2011）『結局、極私的ラディカリズムなんだ─鈴木志郎康表現論エッセイ集』書肆山田

宮沢章夫（2014）『時間のかかる読書』河出文庫

山本浩貴（2019）『現代美術史──欧米、日本、トランスナショナル』中央公論新社

〈音楽編〉

Bach, J. S.（1885）*Das Musikalische Opfer*, BWV1079, Bach-Gesellschaft Ausgabe, Band 31.2. Leipzig: Breitkopf und Härtel.

Cage, John（1952/2012）*4'33''*（Cage Centennial Edition）. Edition Peters.

Ligeti, György（1961）*Atmosphéres*. Vienna: Universal Edition.

Stockhausen, Karlheinz（1968）*Stimmung*. Vienna: Universal Edition.

浅田彰（1992）『ヘルメスの音楽』ちくま学芸文庫

井筒俊彦（1991）『意識と本質──精神的東洋を索めて』岩波文庫

岡本太郎（1999）『今日の芸術──時代を創造するものは誰か』光文社知恵の森文庫

北村紗衣編（2016）『共感覚から見えるもの──アートと科学を彩る五感の世界』勉誠出版

國分功一郎（2017）『中動態の世界——意思と責任の考古学』医学書院

シェーファー、マリー（2006）『世界の調律——サウンドスケープとは何か』鳥越けい子・小川博司・庄野泰子・田中直子・若尾裕訳、平凡社

ストー、アンソニー（1994）『音楽する精神——人はなぜ音楽を聴くのか』佐藤由紀・大沢忠雄・黒川孝文訳、白揚社

ニーチェ、フリードリッヒ（1872/2004）『（音楽の精神からの）悲劇の誕生』西尾幹二訳、中央公論新社

フィッシャー＝リヒテ、エリカ（2009）『パフォーマンスの美学』中島裕昭・平田栄一朗・寺尾格・三輪玲子・四ツ谷亮子訳、論創社

ブーレーズ、ピエール、ジャン＝ピエール・シャンジュー、フィリップ・マヌリ（2017）『魅了されたニューロン——脳と音楽をめぐる対話』笠羽映子訳、法政大学出版局

ヘガティ、ポール（2014）『ノイズ／ミュージック——歴史・方法・思想 ルッソロからゼロ年代まで』若尾裕・嶋田美訳、みすず書房

ホフスタッター、ダグラス R.（2005）『ゲーデル、エッシャー、バッハ——あるいは不思議の環 20 周年記念版』野崎昭弘・柳瀬尚紀・はやしはじめ訳、白揚社

宮沢賢治（1934/1988）『セロ弾きのゴーシュ——宮沢賢治童話集』第三文明社

三善晃（1993）『ぴあのふぉるて』毎日新聞出版

吉岡洋・岡田暁生 編（2009）『文学・芸術は何のためにあるのか？』東信堂

〈補論コラム〉

Cook, Nicholas (2014). *Beyond the Score: Music as Performance*. Oxford University Press.

大森滋生（2002）『音楽史の形成とメディア』平凡社

スモール、クリストファー（2011）『ミュージッキング：音楽は〈行為〉である』野澤豊一、西島千尋訳、水声社

ヘインズ、ブルース（2022）『古楽の終焉：HIP「歴史的知識にもとづく演奏」とはなにか』大竹尚之訳、アルテスパブリッシング

渡辺裕（2001）『西洋音楽演奏史論序説：ベートーヴェンピアノ・ソナタの演奏史研究』、春秋社

〈創作編〉

岡本太郎（2003）『強く生きる言葉』イースト・プレス

〈ふりかえり編〉

McCarthy, Kevin F., Elizabeth Heneghan Ondaatje, Laura Zakaras, and Arthur Brooks（2004）, *Gifts of the Muse: Reframing the Debate About the Benefits of the Arts*. Santa Monica, CA: RAND Corporation.
https://www.rand.org/pubs/monographs/MG218.html. Also available in print form.

National Advisory Committee on Creative and Cultural Education（1999）*All Our Futures: Creativity, Culture and Education*.
https://sirkenrobinson.com/pdf/allourfutures.pdf

Sterelny, K.（2006）. "Memes revisited", *British Journal for the Philosophy of Science* 57, pp. 145-165.

恵志美奈子（2012）「『教育普及事業』をめぐる用語の混乱」『芸術と環境——劇場制度・国際交流・文化政策』伊藤裕夫、藤井慎太郎編、論創社所収，pp. 34-45

OECD 教育研究革新センター（2016）『アートの教育学——革新型社会を拓く学びの場』明石書店

クック、ニコラス（2022）『音楽とは——ニコラス・クックが語る 5 つの視点』音楽之友社

ドーキンス、リチャード（2006）『利己的な遺伝子〈増補新装版〉』日高敏隆・岸由二・羽田節子・垂水雄二訳、紀伊國屋書店

古田あさひ（2024）「行政やアート NPO の性質に照らして今後の公共文化施設の課題を考察する——滋賀県の文化政策における「本物」という表現の使用事例から」神戸大学大学院国際文化学研究科修了研究レポート

三菱 UFJ リサーチ＆コンサルティング株式会社（2020）「令和元年度　文化芸術による子供育成推進事業に関する調査研究報告書」
https://www.bunka.go.jp/seisaku/geijutsubunka/shinshin/kodomo/ikuseijigyo_kensho/pdf/92660401_01.pdf

289

付録　授業実施の記録
作成：高橋 舞・岡野 宏

より詳細な記録・参考文献を下記の Web サイトに掲載しています。（2024 年 12 月現在）
https://www.utp.or.jp/book/b10094541.html

2017 年秋学期（A1 ターム）　理論と実践から芸術を学ぶ

『3 名』（2017 年演劇）

授業趣旨
全学自由研究ゼミナール「教養としての芸術学」は、芸術に関する講読や創作体験を通して、芸術を座学と実践の両面から学ぶ姿勢を身につけるための授業です。2017 年 A1 タームでは演劇と音楽を対象として、作品や理論などの資料を読み込む演習と実際に創作を行う実践ワークショップを行います。実施にあたり第一線で活躍する学外のゲスト講師からの協力を得て開講します。演劇や音楽の実技経験は不問です。

※演劇の 2017 年度シラバスは、〈演劇編 1-1〉および〈1-4〉に掲載。

音楽テーマ「楽譜のアルケオロジーと共感覚的ワークショップ」
講義ごとに「楽譜のアルケオロジー」「共感覚的表現」「音律」「アポロとディオニュソ

ス」などのテーマを設け、古楽、現代音楽、民族音楽、ポピュラー音楽、サウンドアートなど多様なジャンルからなる作品群とその理論、美学的背景について紹介します。また、それらの作品や手法の実演、及び「コンテクストを発展させる」、「諸感覚を研ぎ澄ませる」、「作品制作」など、身体をとおして思考を深めていくことを目的としたワークを行います。

	テーマ	講義・議論・ワーク内容
8	音楽1	▶ 未来人へ演劇作品を伝えるためのスケッチ ▶ 忘れられない音体験を話す、記憶の中の音を思い出す ▶ 三善晃のエッセイ、リベラルアーツの歴史について解説
9	音楽2	▶ 日本の楽譜および初期の西洋音楽の楽譜 ▶ ケージ《4'33"》の鑑賞（演奏：野口桃江）と作品をめぐるグループディスカッション、発表 ▶ 楽器ごとの音の考察、倍音、周波数、全員で音出し
10	音楽3	▶ 音楽構造の美 ▶ 絵画を観るように楽譜を読むワーク、楽曲分析 ▶ 音名、モノコルド、ピュタゴラス音律、音程、平均律、微分音、教会旋法、五音音階 ▶ 音出し：「主唱」と「答唱」、ドリア旋法
11	音楽4	▶ ニーチェ『悲劇の誕生』を読む：アポロとディオニュソス ▶ チャイコフスキー《四季》の演奏を聴く（演奏：加藤露弥） ▶ 共感覚的表現について ▶ 制作テーマについて発表、チームビルディング ▶ 即興演奏：身体楽譜を書いてみる
12	音楽5	▶ チーム中間発表 ▶ グループワーク「日常のなかから何かを取り除く」 ▶ チームごとに自分たちの作品についてディスカッション
13	音楽6	学内発表会

学内発表会プログラム

演劇　「駒場キャンパスでサイトスペシフィックな作品をつくる」

2017年10月17日（火）10：45-12：10

東京大学駒場キャンパス（コミュニケーションプラザ北館前集合）

『かくれんぼ』『まだ、先が』『アパートメント／かいらんばん』

『昼間の景色』『3名』『キョリ』

音楽

2017年11月10日（金）10:45-12:10

東京大学駒場キャンパス（駒場コミュニケーションプラザ北館　音楽実習室）

『れるられる』『ぐるぐる』『早朝の風景』『おんがく』

2018 年秋学期（A1 ターム）　外に向かうと内がうかぶ・内が見えたら外が見える

共通テーマ「外に向かうと内がうかぶ・内が見えたら外が見える」
本授業は創作体験を通して芸術を実践と座学の両面から学び、実社会における想像力や物事を把握するための新しい回路をひらくことを目的としています。その取りかかりとして、まずは外に目を向けて興味を持つことから始めます。自分がどこに関心を向けているのかを客観的に捉えることが自己を知ることにつながり、その発見がさらに外に向かう表現や語りにつながる——そのような内と外の行き来を、この授業で言語／非言語の両方から体験・考察します。

演劇編
演劇編では「当事者／非当事者として語ること」をテーマに、【架空の「家族を」つくる】と【受難を語る】という二つの作品制作を行います。自分の本当の話をするところから始めて、そもそも「家族とは何か」を問い直し、徐々にフィクションへ移行していく中で、演劇における当事者性について考えます。1 回目の授業（9/28）には、家族の思い出の品を持って来てください。「思い出の品」は家族全体の思い出ではなく、父、母、姉、自分にとって家族にあたる人……など誰か一人に絞って、必ず現物（例えば写真ならデータではなくプリントで）を最低 3 つ以上持ってきてください。多い方が望ましいです。

音楽編
「外の音」「内の音」そして「音以前の音」に対して耳をひらくことから始まるこのワークショップでは、フリー・インプロヴィゼーションの手法を用いて、必ずしも西洋音楽の理論に拠らない、非言語的コミュニケーションを段階的に行っていきます。これと並行して、音を媒体とした芸術作品についてジャンルを問わず幅広くながめながら、美学的な議論と、システムとしての分析・応用を重ねます。身体をとおして思考を深め、新しい表現を模索する自由な場を創りたいと思っています。音楽経験の有無は問いません。

292　付録　授業実施の記録

	テーマ	講義・議論・ワーク内容
1	ガイダンス	授業内容の説明
2	演劇1	▶ 「作品を作る」ことに対するイメージ ▶ 当事者と非当事者 ▶ 鳥公園『蒸発』(2013)、『カンロ』(2013) ▶ 架空の家族をつくる：思い出の品についてのエピソード ▶ もってきた物を紹介する
3	演劇2	▶ 体を動かすワーク「ピンポンパンゲーム」 ▶ 荒川洋治『詩とことば』朗読 ▶ 鳥公園『カンロ』(2013) 記録映像鑑賞とディスカッション
4	演劇3	▶ 映画『サウルの息子』感想をお互いにコピーし合う ▶ 世阿弥の「離見の見」 ▶ 『カンロ』と伊藤比呂美の詩：感想を書きだす、作者に質問する ▶ 架空の家族をつくる：家族にまつわるモノに触れながら話す
5	演劇4	▶ 居心地のいい空間についてスケッチし、活用する ▶ ターナーの風景画 ▶ 契約結婚についてのディスカッション ▶ 架空の家族をつくる
6	合同	▶ 架空の家族をつくるパフォーマンス ▶ 即興演奏
7	音楽1	▶ ウォームアップ：タッピング、楽音と非楽音 ▶ インプロヴィゼーション：ロングトーン、ドローン、音で会話 ▶ スペクトログラム、ラモー、メシアン、倍音列、空気の振動、可聴域、ジャン＝クロード・リセの無限音階 ▶ これまでに体験した印象的な音響 ▶ 音はどこから音楽になるか：ホワイトノイズ、無調音楽
8	音楽2	▶ 声を出すワーク：ホーミー、倍音発声、子音と母音 ▶ 歌うワーク：コールアンドレスポンス、台湾のアミ族の歌 ▶ 楽器で音を出すワーク：ペンタトニック ▶ ブリージングのワーク ▶ This happy madness（演奏：Eri Liao）
9	音楽3	▶ 音楽に関する体験を語る：音楽と科学、AI、認知機能 ▶ セリー音楽、アートサイエンス、バイオアート ▶ 学生のDTM作品を聴く ▶ 音楽の構造について ▶ 音を出すワーク：形式を取り入れた即興
10	音楽4	▶ バッハの《音楽の捧げもの》から〈蟹のカノン〉の分析、発表 ▶ セリー音楽の楽譜を見ながら分析 ▶ 音を出すワーク：学生が作成した構造を演奏する ▶ 美しさを "味わう"：八坂圭の絵画を観る

11	創作 1	▶ 気になったものを写真で撮り、シェア ▶ ペアになり目隠しして歩く ▶ チーム分け：創作に取り入れるワードを 6 つ書く
12	創作 2	▶ 発表と感想の共有 ▶ 学生の案を元に即興演奏 ▶ 発表会の構成を考える
13	創作 3	中間発表
14	発表	学内発表会

学内発表会プログラム

日程：2018 年 11 月 9 日（金）10：40–12：10

場所：東京大学駒場キャンパス　駒場コミュニケーションプラザ北館音楽実習室

『存在拾って』『oto』『あ、、』『のけものとして』『ひかれる！』

2020 年春学期（S2 ターム）　理論と実践から芸術を学ぶ

授業趣旨

全学自由研究ゼミナール「教養としての芸術学」は講読や創作体験を通して、芸術を座学と実践の両面から学ぶ授業です。

2020 年度 S2 タームでは演劇と音楽を対象に、作品や理論を参照しながら実際に創作を行うワークショップを行います。これらを通して芸術に触れ、自分なりに表現してみることを目指します。実施にあたり第一線で活躍する学外のゲスト講師からの協力を得て開講します。音楽や演劇の実技経験は不問ですので、興味はあるけれどもこれまで機会がなかったという人や、異なる物の見方や自分を表現する新しい方法を探している人も歓迎します。受講者には授業外でも準備に取り組み、芸術作品に多く触れる積極性を期待します。

【授業オンライン化を受けて】

本授業は元々実習を含む授業ではありますが、それも含めてオンラインで実施することになりました。このような時期だからこそ、その場に人々が集まることのない状況での表現について考えてみる機会とします。

※演劇と音楽の 2020 年度シラバスは〈補論〉1 に掲載。

294　付録　授業実施の記録

	テーマ	講義・議論・ワーク内容
1	ガイダンス	授業の説明、アイスブレイク、オンラインでのリサーチ方法
2	演劇1	▶ 聞こえる音を書く、言葉を体で表現するワーク ▶ 太田省吾の語りはなぜこんなに分かりにくいのか ▶ 荒川洋治『詩とことば』と質疑応答 ▶ 内藤礼と高嶺格の作品紹介
3	演劇2	▶ 絵画作品に何を見たかを書き、抽象的なテーマを考える ▶ 荒川洋治『詩とことば』とグループでの話し合い ▶ ピナ・バウシュになりきって『カフェ・ミュラー』について質問に答えるワーク ▶ 講師二人の対談
4	音楽1	▶ 自分の音楽体験を語る ▶ 写真から感じ取るワーク ▶ 音を想像するワーク ▶ チームに分かれて音の借り物競争
5	音楽2	▶ プレワーク：体をタッピング ▶ 触れるとき、触れられるときの感覚を音にする ▶ 感触をオノマトペにする、オノマトペを即興で重ねる ▶ アミ族の民謡「石頭歌」 ▶ ド、ファ、ソを使った即興、ミラータッチ共感覚
6	演劇3	▶ ダンサー田中泯が主催する桃花村での体験：自分の感覚の再発見 ▶ カンノケント×西尾佳織 パフォーマンス作品『遠い親密』 ▶ 講師二人の対談を記事にする ▶ 作品をつくる：気になるものの写真を撮る ▶ 作品をつくる：3枚の写真に説明とタイトルを付ける、グループ内で発表する
7	演劇4	▶ 投票で一位になった対談記事を実際に読んでみる ▶ サンティアゴ・シエラの作品、ニコラ・ブリオー「リレーショナル・アート」、クレア・ビショップ「敵対と関係性の美学」、批判的公共性 ▶ 丹羽良徳「88の提案」と「わたしの怒りを盗むな」／サンティアゴ・シエラの作品：グループディスカッション ▶ チーム創作
8	演劇5	▶ 本番までの流れの説明 ▶ チームごとの話し合い、リハーサル
9	演劇6	発表会
10	音楽3	▶ ノイズ、尺八、現代音楽における打楽器 ▶ ワーク：ボディパーカッション ▶ Controlled Improvisation ▶ ジョン・ケージ《Music for Carillon》鑑賞（演奏：窪田翔） ▶ 演劇作品の音響化：グループごとに発表、感想共有

11	音楽 4	▶ 現代音楽における破壊、拡張、アップデート ▶ Music for Carillon：偶然性と不確定性 ▶ メディア・アート ▶ 共感覚ワークショップ ▶ チームビルディング：表現の形態、質感、色、トピックなど6つのキーワードを書き出す、キーワードの深掘りとチーム分け
12	音楽 5	▶ チームごとに発表、フィードバックと感想 ▶ タイトル、プログラムノートについて ▶ グループや個人による作業／講師からの助言／中間発表
13	音楽 6	発表会

発表会プログラム

演劇テーマ「自分から遠い存在・他者」

2020 年 7 月 3 日（金）11：30 ～ 12：10　Zoom ミーティング使用

『見えない世界の発見』『数学は本当に遠かったのか』『無常』『江戸』

音楽

2020 年 7 月 17 日（金）11：20 ～ 12：10　Zoom ミーティング使用

『思い出』『3 回生きたオレ』『famiconized rainswap』『filter』『チーズケーキ』

〈5-4　絵画を観るように楽譜を読む〉"とある楽譜"の答え：
「曲のはじまりと終わりから、同じ旋律が進んでいる」でした！
俗に「蟹のカノン」と呼ばれる、J. S. バッハの
《音楽の捧げもの Das Musikalische Opfer》の一部です。

図版出典一覧
＊ことわりのない図表は各執筆者作成

はじめに

1 岡本佳子（提供：岡本佳子）／イラストレーション：鈴木哲生

8 授業風景（提供：岡本佳子）

演劇編

13 西尾佳織（撮影：© 引地信彦）／イラストレーション：鈴木哲生

26 「単語を身体でやってみる」（イラストレーション：鈴木哲生）

31 図 2 萬鐵五郎《裸体美人》（1912 年、東京国立近代美術館蔵、文化庁「文化遺産オンライン」https://bunka.nii.ac.jp/heritages/detail/213649）

32 図 3 エゴン・シーレ《家族》（Schiele, Egon, Familie. Oil on canvas, 1918, AFLO169998149）

38 「他人の感想を眺める」（イラストレーション：鈴木哲生）

39 「SICF19 にて カンノケント×西尾佳織「遠い親密」」（2019 年、撮影：市川勝弘、提供：スパイラル／株式会社ワコールアートセンター）

63–65 図 8-13「ラトヴィア国立美術館「TOP in Formation」展」（2017 年、撮影：西尾佳織。Courtesy of Zuzāns Collection (https://www.zuzeum.com/). "TOP in formation," 29.07.2017.-17.09.2017, at Latvian National Museum of Art; Exhibition of the Zuzāns Collection (https://www.lnmm.lv/en/latvian-national-museum-of-art/exhibitions/top-in-formation-384).

92 「自分自身に戻ってディスカッション」（イラストレーション：鈴木哲生）

97 長沼 航さん（撮影：© 内田颯太）

音楽編

101 野口桃江（提供：野口桃江、撮影：©Mai Yanagisawa）／イラストレーション：鈴木哲生

103 図 1「従来の作曲」（イラストレーション：鈴木哲生）

104 図 2「身体楽譜《SENSORIAL SCORE》(2012)」（イラストレーション：鈴木哲生）

105 図 3「自作自演型作品《Automic Resonance》(2014)」（イラストレーション：

298　図版出典一覧

鈴木哲生）

106　図 4「インスタレーション型作品《Harmony of Spheres》(2013)」（イラストレーション：鈴木哲生）

121　譜例 1「ジョン・ケージ《4'33"》(1952) 比例記譜版、タチェット版のイメージ」（編集部作成）

137　図 8「音韻表」ウィキペディア「母音」より作成／図 9「倍音発声をする人のfMRI 画像」（Anna-Maria Hefele (2017) MRI/ Sehnsucht nach dem Frühlinge (Mozart), YouTube, https://www.youtube.com/watch?v=d6cyHGOht58)／譜例 2「楽譜《Stimmung》」（Karlheinz Stockhausen, 1967, Stimmung for ssattb vocalists, Nr. 24 (UE14805). Courtesy Universal Edition, www.universaledition.com)

144　イラストレーション：鈴木哲生

149　図 11、12「作品『かくれんぼ』の図式」（撮影：野口桃江）

150　図 13「作品『まだ、先が』の図式」（撮影：野口桃江）

152　譜例 11「ジェルジ・リゲティ《Atmosphères》(1961)」（György Ligeti, 1961, Atmosphères. for orchestra (UE11418). Courtesy Universal Edition, www.universaledition.com)

153　譜例 12「とある楽譜（抜粋）」(J. S. Bach, Musikalisches Opfer, BWV 1079, from Alfred Dörffel (ed.) (1885) Bach Gesellschaft Ausgabe, Band 31.2, Lepzig: Breitkopf und Härtel. Cited from https://imslp.org/wiki/Special: ReverseLookup/10042

157　図 14「コンセプトマップ『音楽とは何か？』」（撮影：野口桃江）

169　写真 2～5「写真から体験を立ち上げる」（アマナイメージズ、「海と空に雲」(10816004628)、「霧の森に差し込む陽の光」(10685004207)、「夏祭りの屋台」(27215000001)、「ホッキョクグマ」(25023072673))

176　写真 6《SENSORIAL SCORE》初演における Maya Felixbrodt と著者（野口桃江）（撮影：©Sarvenaz Mostofey)

180　写真 7『窓辺に置かれた絵』（授業動画のキャプチャー、撮影：野口桃江）

182　前野怜太さん（提供：前野怜太）

補論　オンライン授業編

187　イラストレーション：鈴木哲生

199　『数学は本当に遠かったのか』(2020 年演劇)（提供：岡本佳子）

201　譜例 1《石頭歌》(台湾原住民アミ族の歌)

203　譜例 2「ボディパーカッションを使ったリズム遊び」（イラストレーション：鈴木

哲生）

207　高橋　舞さん（提供：高橋　舞）

211　杉田南実さん（提供：杉田南実）

創作編

215　イラストレーション：鈴木哲生

229　写真（提供：岡本佳子）

230　図1 『れるられる』の構成（提供：長沼航）

234　図2 『おんがく』（2017年音楽）（提供：岡本佳子）

237　写真（提供：岡本佳子）

237　岡本佳子作成

250　中尾幸志郎さん、増渕健太さん、南平悠希子さん（撮影：三浦雨林）

250、252、256　撮影：三浦雨林

ふりかえり編

263　イラストレーション：鈴木哲生

271　図1 芸術の利点を理解するための枠組み（McCarthy, K.（2005）*Gifts of the Muse: Reframing the Debate about the Benefits of the Arts*, RAND Corporation より岡本佳子作成）。

280　「座談会時に発表会録画を鑑賞」（撮影：岡本佳子）

おわりに／付録

281　イラストレーション：鈴木哲生

289　『3名』（2017年演劇）（提供：岡本佳子）

執筆者紹介

岡本佳子（おかもと・よしこ）神戸大学大学院国際文化学研究科講師。『東大キャリア教室で1年生に伝えている大切なこと』（共著、出版会、2019年）、『神秘劇をオペラ座へ』（松籟社、2019年）、『オペラ／音楽劇研究の現在』（共著、水声社、2021年）、ほか。（詳細は本文 p. 1）

西尾佳織（にしお・かおり）劇作家、演出家、「鳥公園」主宰。『カンロ』（2013年）、『終わりにする、一人と一人が丘』（2019年）、『ヨブ呼んでるよー Hey God, Job's calling you!-』（2023年）ほか。（詳細は本文 p. 13）

野口桃江（のぐち・ももこ）アーティスト・作曲家・パフォーマー。打楽器曲《π for solo percussion》（2008）、体験型インスタレーション《Hacked piano: Revivify 52328》（2023）、ワークショップ実践『QUENELLE—感覚つながる小型 EV』（2020〜）ほか。（詳細は本文 p. 101）

演劇と音楽の創作ワークショップ
アートへの回路をひらく座学・実践12日間

2024年12月25日　初　版

［検印廃止］

編著者　　岡本佳子・西尾佳織・野口桃江

発行所　　一般財団法人　東京大学出版会
　　　　　代表者　吉見俊哉
　　　　　153-0041 東京都目黒区駒場4-5-29
　　　　　https://www.utp.or.jp/
　　　　　電話 03-6407-1069　Fax 03-6407-1991
　　　　　振替 00160-6-59964

組　版　　有限会社プログレス
印刷所　　株式会社ヒライ
製本所　　誠製本株式会社

©2024 Y. Okamoto, K. Nishio, & M. Noguchi
ISBN 978-4-13-053099-6　Printed in Japan

JCOPY〈出版者著作権管理機構　委託出版物〉
本書の無断複写は著作権法上での例外を除き禁じられています。複写される場合は、そのつど事前に、出版者著作権管理機構（電話 03-5244-5088、FAX 03-5244-5089、e-mail: info@jcopy.or.jp）の許諾を得てください。

標葉靖子 岡本佳子 編 中村優希	東大キャリア教室で１年生に 伝えている大切なこと 変化を生きる 13 の流儀	Ａ５	2800 円
宇野重規 著	未 来 を は じ め る 「人と一緒にいること」の政治学	四六	1600 円
石井洋二郎 著 藤垣裕子	大人になるためのリベラルアーツ 思考演習 12 題	Ａ５	2900 円
石井洋二郎 著 藤垣裕子	続・大人になるためのリベラルアーツ 思考演習 12 題	Ａ５	2900 円
東大教養教育 高度化機構 編 ＡＬ部門	東京大学のアクティブラーニング 教室・オンラインでの授業実施と支援	Ａ５	2700 円

ここに表示された価格は本体価格です．ご購入の
際には消費税が加算されますのでご了承ください．